普通高等学校"十四五"规划新闻传播类专业数字化精品教材

编辑委员会

主　编　张　昆　（华中科技大学）

编　委　（以姓氏拼音为序）

蔡　琪	（湖南师范大学）	舒咏平	（华中科技大学）
曹　丹	（黄淮学院）	唐海江	（华中科技大学）
陈先红	（华中科技大学）	陶喜红	（中南民族大学）
陈信凌	（南昌大学）	魏　奇	（南昌理工学院）
董广安	（郑州大学）	吴廷俊	（华中科技大学）
段　博	（河南师范大学）	吴卫华	（三峡大学）
方雪琴	（河南财经政法大学）	吴玉兰	（中南财经政法大学）
何志武	（华中科技大学）	肖华锋	（南昌航空大学）
季水河	（湘潭大学）	萧燕雄	（湖南师范大学）
姜小凌	（湖北文理学院）	徐　红	（中南民族大学）
靳义增	（南阳师范学院）	喻发胜	（华中师范大学）
廖声武	（湖北大学）	喻继军	（中国地质大学）
刘　洁	（华中科技大学）	张德胜	（武汉体育学院）
彭祝斌	（湖南大学）	张举玺	（河南大学）
强月新	（武汉大学）	郑　坚	（湖南工业大学）
邱新有	（江西师范大学）	钟　瑛	（华中科技大学）
尚恒志	（河南工业大学）	邹火明	（长江大学）
石长顺	（华中科技大学）		

新闻作品赏析
（第二版）

普通高等学校『十四五』规划
新闻传播类专业数字化精品教材

丛书主编◎张昆

主　编◎王卫明　胡　丹　黄晓军
副主编◎王继发　李婷玉　颜　亮　刘冬华　曾　绯

华中科技大学出版社
http://press.hust.edu.cn
中国·武汉

内 容 提 要

本书介绍了赏析新闻作品的基本原理与方法,包括报纸、杂志、广播、电视、新媒体(包括微博、微信、手机客户端)等媒介,涉及消息、通讯、评论、节目编排、新闻专题、新闻访谈、网页设计、新闻摄影、新闻漫画等类型的新闻作品赏析,并辑录了一些优秀的新闻作品及相关的赏析文章。本书既可用于本科生和研究生教学,亦可用于在职人员研究和进修。

图书在版编目(CIP)数据

新闻作品赏析/王卫明,胡丹,黄晓军主编.—2 版.—武汉:华中科技大学出版社,2022.12(2025.1 重印)
ISBN 978-7-5680-9010-0

Ⅰ.①新… Ⅱ.①王… ②胡… ③黄… Ⅲ.①新闻-作品-文学欣赏-中国-高等学校-教材 Ⅳ.①G219.2

中国国家版本馆 CIP 数据核字(2023)第 004204 号

新闻作品赏析(第二版) 王卫明 胡 丹 黄晓军 主编
Xinwen Zuopin Shangxi (Di-er Ban)

策划编辑:周晓方 陈培斌	
责任编辑:殷 茵	
封面设计:原色设计	
责任校对:张汇娟	
责任监印:周治超	
出版发行:华中科技大学出版社(中国·武汉)	电话:(027)81321913
武汉市东湖新技术开发区华工科技园	邮编:430223

录 排:武汉正风天下文化发展有限公司
印 刷:武汉开心印刷有限公司
开 本:787mm×1092mm 1/16
印 张:12.75 插页:2
字 数:308 千字
版 次:2025 年 1 月第 2 版第 3 次印刷
定 价:48.00 元

本书若有印装质量问题,请向出版社营销中心调换
全国免费服务热线:400-6679-118 竭诚为您服务
版权所有 侵权必究

总 序

当前,世界新闻传播学的发展正处在一个关键的历史节点,新闻传播学科国际化、实践化趋势日益凸显。尤其是现代传播技术的发展,新兴媒体层出不穷、迅猛崛起,媒介生态格局突变,使得新媒体与传统媒体共生的格局面临着各种新的问题。传播手段、形式的变化带来的传播模式的变化,媒体融合背景下专业人才需求的演变,媒体融合时代传统媒体的生存与发展战略,网络化时代的传播自由与社会责任,新的媒介格局决定的社会变迁,全球化语境下国家软实力建构与传播体系发展,等等,这些问题都不是传统意义上的新闻传播学所能完全解释的。

传统意义上的新闻传播学本身需要突破,需要新视野、新方法、新理论,需要拓展新的思维空间。新闻传播学科"复合型、专业化"人才培养模式改革势在必行,尤其是媒介融合时代专业人才需求的演变,使得已出版的教材与新形势下的教学要求不相适应的矛盾日益突出,加强中国新闻传播教育对交叉应用型人才培养急需的相关教材建设迫在眉睫。毋庸置疑,这对新闻传播学而言是一种巨大的推力,在它的推动下,新闻传播学才有可能在现有基础上实现新的超越。"普通高等学校'十四五'规划新闻传播类专业数字化精品教材"正是在这种巨大推力下应运而生的。

为编写这套教材,我们专门成立了编委会,编委会成员有国务院学位委员会学科评议组新闻传播学科组成员、新闻与传播专业学位教育指导委员会委员,教育部高等学校新闻传播学类教学指导委员会委员,以及中国新闻史学会新闻传播教育史研究委员会、中国新闻史学会、中国传播学会、中国广播电视学专业委员会、中国广告教育研究会的专家学者,各高校新闻传播学院(系)院长(主任)和主管教学的副院长(主任)与学术带头人。

在考虑本套教材整体结构时,编委会以教育部2012年最新颁布推出的普通高等学校本科专业目录新闻传播大类五大专业核心课程设置为指导蓝本,结合新闻传播学科人才培养特色和专业课程设置,同时以最新优势特设专业作为特色和补充,新老结合,优势互补,确定了以新闻传播学科平台课及新闻学、广播电视学、广告学、传播学(网络与新媒体)等四大专业核心课程教材共计36种为主体的系列教材体系。其中,新闻传播学科平台课程教材8种,即《新闻学概论》《传播学原理》《传播学研究方法》《媒介经营管理》《媒介伦理》《传播法》《新闻传播史》《新媒体导论》;新闻学专业核心课程教材6种,即《马克思主义新闻学经典导读》《新闻采访与写作》《新闻编辑学》《新闻评论》《新闻摄影》《新闻作品赏析》;广播电视学专业核心课程教材9种,即《广播电视导论》《电视摄像》《广播电视编辑》《广播电视新闻采访与报道》《广播电视写作》《电视专题与专栏》《广播电视新闻评论》《电视纪录片》《广播电视节目策划》;广告学专业核心课程教材

8种,即《品牌营销传播》《广告学概论》《广告调查与统计》《新媒体广告》《广告创意与策划》《广告文案》《广告摄影与设计》《广告投放》;传播学(网络与新媒体)专业核心课程教材5种,即《人际传播》《公共关系学》《活动传播》《网络新闻业务》《新媒体技术》等。

  为提高教材质量,编委会在组织编写时强调以"立足前沿,重在实用;兼容并蓄,突显个性"为特色,内容上注重案例教学,加强案例分析;形式上倡导图文并茂,强调多通过数据、图表形式加强理论实证分析,增强"悦读性"。本套教材的作者都具有比较丰富的教学经验,他们将自己在教学中的心得和成果毫无保留地奉献给读者,这种奉献精神正是推动新闻传播学科教育发展的动力。

  我们期待"普通高等学校'十四五'规划新闻传播类专业数字化精品教材"的出版能够给中国新闻传播学科各专业的教材建设、人才培养乃至学术研究注入新的活力,期待这套教材能够激活中部地区的新闻传播学科资源,推动中青年学术英才在科学思维和教学探索方面攀上新的台阶、进入新的境界,从而实现中国新闻传播教育与新闻传播学术的中部崛起。

国务院学位委员会学科评议组新闻传播学科组成员
2006—2010 教育部高等学校新闻传播学类教学指导委员会副主任委员
华中科技大学新闻与信息传播学院教授、博导

张昆

2022 年 12 月修订

前言 PREFACE

新闻生产是社会主义文化强国建设的重要领域。习近平在党的二十大报告中提出,推进文化自信自强,铸就社会主义文化新辉煌。这就要求新闻界生产出更多更好的新闻作品,新闻学子必须为此做出不懈努力。

新闻学专业的学习,有很多路径,其中一条路径便是通过赏析新闻佳作获得丰富的新闻实践经验,借鉴之,仿效之,超越之。

新闻作品赏析,就是以欣赏的态度去分析新闻作品的优点、亮点、可取之处,其对象是质量较高的新闻作品、优秀的新闻作品。

古人云:"近朱者赤,近墨者黑。"要想熟练掌握新闻实践的高超技能,就要多多阅读、背诵、抄写、赏析优秀的新闻工作者优秀的新闻作品。

什么是优秀的新闻作品呢?这个问题的答案,难以定论。通常来讲,在权威的专业大赛、专业评奖中获奖[①]的作品,大多质量较高,称得上是优秀的新闻作品。

有些新闻作品,虽然并未获奖,但是依然质量上乘,值得人们学习、赏析。

值得一提的是,有些新闻作品,虽然优秀,但其中也有不足之处,赏析者应当"择其善者而从之,其不善者而改之"。

总的来说,赏析新闻作品,首先要熟悉作品本身,尽可能了解作品生产的全部过程和各个环节。其次,要了解并尊重新闻传播规律,善于运用新闻学、传播学、美学、心理学、叙事学、哲学等多种学科理论;赏析者要有积极的心态、正面的眼光、欣赏的心态、学习的姿态,写出来的赏析文字以表扬为主而非以批判为主。

在赏析新闻作品时,可以量化分析与质化分析并用、横向比较与纵向比较分别开展,要将作品放到历史大视野、全球视野中解读。

对新闻作品的赏析,可以从不同的方向、角度、层次、路径展开。背景分析、选题分析、生产过程分析、传播者分析、传播内容分析(包括新闻导向分析、新闻题材分析、新闻结构分析、新闻语言分析)、传播媒介分析、传播受众分析、传播效果分析、传播价值分析,是主要的分析方向。

---

① 中国新闻奖获奖作品详见 http://www.xinhuanet.com/zgjx/jiang/zgxwj.htm。普利策奖获奖作品详见 http://www.pulitzer.org/prize-winners-categories。世界新闻摄影大赛获奖作品详见 www.worldpressphoto.org。

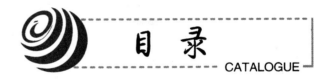

目录

第一章 报纸新闻作品赏析 /1

第一节 报纸新闻作品概述 /1
一、报纸概述 /1
二、报纸新闻作品概述 /2

第二节 消息类作品的赏析 /4
一、消息的特点 /4
二、消息的结构 /7
三、消息的类别 /11
四、消息作品的赏析要点 /14

第三节 通讯类作品的赏析 /16
一、通讯的特点 /16
二、通讯的分类 /17
三、通讯作品的赏析要点 /18

第四节 新闻评论类作品赏析 /24
一、新闻评论的特点 /25
二、新闻评论的分类 /25
三、新闻评论作品的赏析要点 /26

第五节 新闻版面类作品的赏析 /30
一、报纸版面的功能 /31
二、版面空间与符号 /31
三、版面的美化 /32
四、报纸新闻版面的赏析要点 /33

第二章 杂志新闻作品赏析 /37

第一节 杂志新闻作品概述 /37
一、杂志与期刊的关系 /37
二、新闻类杂志的定义 /37
三、杂志新闻作品的特点 /38
四、杂志新闻作品的分类 /39
五、杂志新闻作品的评析方法 /40

第二节 杂志新闻消息类作品的赏析/43
　　一、杂志消息的特点/43
　　二、杂志消息的分类/44
　　三、杂志新闻消息类作品的评析方法/44
第三节 杂志新闻通讯类作品的赏析/48
　　一、杂志新闻通讯的特点/48
　　二、杂志新闻通讯的分类/49
　　三、杂志新闻通讯作品的评析方法/50
　　四、杂志新闻通讯作品案例分析/50
第四节 杂志新闻评论类作品的赏析/59
　　一、杂志新闻评论的特点/59
　　二、杂志新闻评论的分类/63
　　三、杂志新闻评论的评析方法/64
第五节 杂志版面编排类作品的赏析/69
　　一、新闻期刊版式设计概述/69
　　二、新闻期刊版面元素/72
　　三、期刊版面编排作品案例分析/73

第三章 广播新闻作品赏析/79

第一节 广播新闻作品概述/79
　　一、广播、广播新闻、广播稿的定义/79
　　二、广播的社会作用和发展/79
　　三、广播的特点/80
　　四、广播新闻的种类/81
　　五、广播新闻作品的赏析要点/81
第二节 广播消息的赏析/82
　　一、广播消息的定义/82
　　二、广播消息的传播特点/83
　　三、广播消息作品的赏析要点/84
第三节 广播新闻专题的赏析/86
　　一、广播新闻专题的定义/86
　　二、广播新闻专题的赏析要点/86
第四节 广播评论的赏析/90
　　一、广播评论的定义/90
　　二、广播评论的特点/90
　　三、广播评论的分类/91
　　四、广播评论作品的赏析要点/92

第五节　广播系列报道的赏析/95
　　一、广播系列报道的定义/95
　　二、广播系列报道作品的赏析要点/95
第六节　广播连续报道的赏析/98
　　一、广播连续报道的定义/98
　　二、广播连续报道的赏析要点/98
第七节　广播新闻访谈的赏析/101
　　一、广播新闻访谈的定义/101
　　二、广播新闻访谈节目的赏析要点/101
第八节　广播新闻现场直播的赏析/103
　　一、广播新闻现场直播的定义/103
　　二、广播新闻现场直播的特点/103
　　三、广播新闻现场直播作品的赏析要点/104
第九节　广播新闻节目编排的赏析/108
　　一、广播新闻节目编排的定义/108
　　二、广播新闻节目编排的特点/108
　　三、广播新闻节目编排作品的赏析要点/109

第四章　电视新闻作品赏析/113

第一节　电视新闻作品概述/113
　　一、电视新闻的特点/113
　　二、电视新闻的分类/114
　　三、电视新闻的评价标准/114
　　四、电视新闻作品的赏析要点/114
第二节　电视消息的赏析/116
第三节　电视新闻专题的赏析/120
第四节　电视新闻评论的赏析/125
第五节　电视系列报道与连续报道的赏析/126
第六节　电视新闻访谈的赏析/127
第七节　电视新闻现场直播的赏析/128
第八节　电视新闻节目编排的赏析/129

第五章　新媒体新闻作品赏析/131

第一节　新媒体新闻作品概述/131
　　一、新媒体新闻作品的特点/131
　　二、新媒体新闻作品的分类/132
　　三、新媒体新闻作品的评价标准/132
　　四、新媒体新闻作品的赏析要点/133

第二节　微博新闻作品的赏析/134
第三节　微信新闻作品的赏析/137
第四节　网络新闻专题的赏析/143
第五节　网络访谈的赏析/148
第六节　网络新闻评论的赏析/153
第七节　网页设计作品的赏析/157
第八节　手机客户端新闻作品的赏析/160
第九节　H5 新闻作品的赏析/164

第六章　新闻摄影与新闻漫画作品赏析/169

第一节　新闻摄影作品概述/169
　一、新闻摄影作品的特点/169
　二、新闻摄影作品的分类/173
　三、新闻摄影作品的评价标准/173
　四、新闻摄影作品的赏析要点/176
第二节　单幅类新闻摄影作品的赏析/177
第三节　专题类新闻摄影作品的赏析/178
第四节　新闻漫画作品的赏析/185
　一、新闻漫画作品概述/185
　二、新闻漫画作品案例分析/187

参考文献/190

附录/191

后记/195

第一章 报纸新闻作品赏析

第一节 报纸新闻作品概述

一、报纸概述

报纸是历史悠久且常见的媒介形态。它在传统三大媒介中最早出现，20世纪90年代以来，在城市居民的日常生活中更是随处可见，和人们的生活密切相关。就一般人的感知而言，带有"日报"字样的是各级党报，代表党和政府的言论，具有很高的权威性；带有"都市报"字样的属于市民报，各种晨报、晚报也属于市民报类型，具备民生意识和娱乐性。

如果按照报道和发行的区域分，有全国性报纸和地方性报纸，前者如《人民日报》《光明日报》等，后者如《江西日报》《长江日报》等。如果按照内容分，有综合性报纸和专业性报纸，前者如《人民日报》及各种日报，后者如《经济日报》《法制日报》等。专业性报纸也就是行业报。

报纸的类别实际上可以反映出该报的总体定位，而报纸定位则直接影响着报纸新闻作品在选题和语言方面的特色。比如党报类的选题重大严肃，语言严谨，而市民报类的选题则偏软一些，更具人情味一些，语言显得活泼。全国性报纸相比地方性报纸视野开阔，专业性报纸比综合性报纸选题范围更集中。

不管是哪种类型的报纸，报纸这种媒介与其他媒介相比具有自己的特点。在传播效果上，仅有视觉没有声音，使得信息接收的强制性较低，读者对内容的选择性较强，所以读者的兴趣与关注对于报纸新闻生产者很重要。

从另一个角度看，报纸是印刷媒介，其信息并不随着时间的流逝而消失，且对报纸信息的接触是读者的主动选择，因此信息的接收投入程度较高且较为深入，其内容也能获得较为完整的理解。这种特性使报纸媒体在承载复杂信息上具有绝对的优势。

报纸的主要内容是新闻，主要发行地区为都市区，文字限制了不识字人口的阅读，使报纸拥有相对较高素质的阅读群体。当然，在新媒体的冲击下，报纸受到了较大影响，特别是年轻族群并不习惯购买报纸阅读，而是习惯从网络获取新闻信息。

在网络时代，各报纷纷推出电子报或者手机App，以适应技术环境和阅读趣味的新变化,但这只是阅读终端发生了变化,而报纸的阅读模式并未有大的变化。今后如果有阅读软屏推出,也只不过是将纸质的换成了软屏的而已,而报纸的便携性与阅读的方便性或可让报纸这种媒介重塑辉煌。

在所有的新闻传播媒介中,报纸是最方便进行新闻评析的。如上所述,报纸可便携,而且阅读非常方便,可以放在手头细细品味。新闻作品是新闻工作者创作出来的具有一定独特性的智力成果。就形式而言,有事实和言论两大类。常见的有消息、通讯和评论三种。在中国新闻奖的评奖对象中,还把系列报道以及新闻版面作为评奖的对象。其实,系列报道可以归属到通讯类里去,而新闻版面则属于一种外在形式的评析。

二、报纸新闻作品概述

报纸这种媒介既然具有不同于其他媒介的特点,那么其新闻作品也具有相应的特点。

报纸新闻作品的第一个特点是通过文字来传达内容。广播是通过声音、电视主要是通过镜头画面来传达内容。相比之下,文字需要读者通过联想和思维,才能理解字里行间的信息及其意义。因此,读者应具有一定的文化水平,具有基本的阅读能力。而记者也需要熟练恰当地运用文字来描述事件。写作能力是当好记者的基本能力,写作水平如何也是读者衡量报纸新闻优劣的一个重要尺度。

报纸新闻作品的第二个特点是读者可以反复阅读。广播的声音一发即消逝,电视的声画也很快地闪过,而报纸的读者可自由控制阅读过程。读者重读他们已经阅读过的东西,或校正记忆或重新研究其内容,相比广播、电视而言,可获得重复传播后的积累效果。

报纸新闻作品的第三个特点是文本更加严谨。报纸新闻作品要求准确无误,因为白纸黑字,一旦出现差错会引起社会纠纷;也因为报纸新闻能反复阅读,要能经受读者反复研读和推敲,新闻作品文本必须严谨。相比之下,广播和电视,即使出现差错,有时也不太容易被听众或观众注意到。而且,报纸媒介是最早的近代媒介,是具有权威性的媒体。在我国的新闻体制中,各级党报代表各级党委和政府,能提供权威的信息,是官方消息最正规的发布渠道。

在网络化的时代,报纸新闻也有时效性不足的弱点。日报实际上报道的是前一天的信息,而电子媒体则可以即时播报,尤其是网络媒体和基于网络的社交媒体,其即时性和交互性不是作为印刷媒体的报纸能比拟的。而且,在提供声音、画面形象上,报纸也不如广播、电视以及网络。

报纸新闻作品,跟其他的文字作品一样,对之进行评析无外乎内容和形式两个方面。内容的评析侧重作品的价值、主题和角度,形式的评析侧重结构、表达和语言。根据这种评析惯例,下面强调三点。

1. 考察新闻价值

拿到报纸新闻作品,首先看的是新闻性的强弱,依照新闻价值的大小进行分析和判断。一般所说的新闻价值有五个要素,即时新性、重要性、显著性、接近性、趣味性。

时新性考察事实是否在时间上是新近发生的,在内容上是人们所未知的新鲜事。事实在时间上越是新近发生的,新闻价值就越高;在内容上越是前所未见的,包括最新的情况、最新的问题、最新的成就、最新的经验等,新闻价值也越高。

重要性考察作品中的事实是否具有为多数人关心的社会意义。只有影响到多数人,为多数人关心,才具有重要性;而且影响到的人越多,其新闻价值就越大。凡属多数人所迫切关心的事实、与多数人利害攸关的事实、在实际生活中多数人迫切需要解决的问题,都是具有重要性的新闻。

显著性考察作品中事实所涉及的人物、地点等因素是否为众人所瞩目,事实因这些因素格外为人们所关注;同时,也衡量某些事实极其不同寻常,极好或极坏,这种极端情况也会特别地吸引人们的注意力。

接近性考察作品中事实是否在地理上或心理上接近受众,并因而引起受众的普遍关注。地理上的接近是指事实发生的地点就在接受者的周围,与距离接受者较远发生的事件相比,这类事件更会对接受者的生活产生影响,因而会受到重视。心理上的接近是指某一事实会在相同社会类型的人中引起共同兴趣,包括同一民族习惯、同一年龄层次、同一兴趣爱好、同一文化传统、同一生活状况、同一性别等。

趣味性考察作品事实是否因为新奇,为人们所未料及;或者是否富有戏剧性,情节曲折跌宕;或者是否极具人情味,能在一般人日常生活所形成的情感中引起共鸣,从而对受众具有特别的吸引力。一般说来,奇闻趣事、社会新闻、反常现象、奇特遭遇、感人事迹等都可归入此类。

上述考察新闻价值的五个要素中,时新性是必备的,没有时新性,不成其为新闻,更不用说作品了。其他的要素则或多或少具备其中的一种。所具备的要素越多,要素表现的程度越高(比如不是一般的重要,而是非常重要;不是一般的显著,而是非常显著;不是有一点趣味,而是十分有趣),新闻价值就越大,就越是一则特别为人们所关注的新闻。

2. 考察写作特性

新闻稿的写作成品是新闻评析的对象。记者在写作时是遵循一定的写作准则的,比如标题怎样写、导语怎样写、结构怎样安排等等,记者是按照作品的写作特性进行写作的。从另一面讲,内化在记者心中,记者遵循"写好"的这些准则,实际上也是进行评析的准则。新闻作品的体裁不同,反映出来的写作特性是不同的。

消息,一要考察其标题的拟法,是否形象、生动、概括地传达了新闻事件的全部内容;二要考察导语的写法,导语是否精练、概括,是否将最关键的核心信息传达出来;结构主要看是哪种类型,是倒金字塔型、沙漏型还是华尔街日报型,有什么效果。通讯,则看其表现的主题是否富有时代气息,报道的角度是否独到,报道的人物是否真切感人、富有立体感,结构是否合理、新颖,是否提供给读者直观的印象。

消息和通讯是按照新闻体裁区分的,也有按照专业内容来区分的,比如政治新闻、经济新闻、科技新闻等,还有按照报道方式区分的,比如客观报道、深度报道等。这些类别对应不同的写作特性。比如经济新闻兼具政策性、专业性,又要求具有服务性和贴近性,在评析经济新闻作品时要看其能否找准经济工作中的症结和难点,能否释疑解惑,是否能够去塞求通、化专业为通俗。

深度报道可细分为解释性报道、调查性报道、精确报道等,尽管报道形式千姿百态,但评析的标准,最重要的是看是否具有深度,作品是否把精力放在"原因"和"怎么样"上,说明来龙去脉,阐明本质意义,估计事件影响,揭示发展趋势。

3. 考察表现效果

记者遵循一定的写作特性创作出新闻作品后,就成为读者阅读和评析的对象了。站在阅读者和评析者的角度,对报纸新闻作品所展现出来的总的效果的衡量,比如人物塑造是否真实饱满而感人,情节结构是否有悬念、能激发读者的兴趣,语言是否鲜明生动而传神,总的说来是否给读者留下了深刻的印象,是对作品表现力和阅读效果的衡量。

有研究者认为这是考察作品的审美特性。对审美特性的考察主要针对通讯报道的人物形象之美、情节之美、结构方式、语言和表现技巧等。其实,用文学中的审美特性来评析新闻作品,有些勉强。比如新闻作品中人物形象的塑造和文学作品中人物形象的塑造有根本的不同,新闻作品中的人物形象必须真实,是现实中的真人真事。

新闻作品中塑造人物的细节材料,是记者通过采访挖掘而来的,不能虚构,也不能夸张。细节的描述方法是采用白描,而不能采用文学笔法里浓墨重彩式的铺张和渲染。情节结构可以富有悬念,但是在直观上要有能清晰辨别整个作品展开的层次逻辑,方便读者理解作品,且在叙述的顺序和时间的设置上不能太复杂。而语言的风格则是大众化的,准确、简洁、鲜明、生动是新闻作品语言要求的共性,并不刻意追求特别的语言风格。

之所以新闻作品相对于文学作品来说,在审美特性上显得收敛和节制,是因为新闻作品受限于真实性和大众传播产品的通俗性。由大众传播产品的通俗性还衍生出表达效率的要求。也就是说新闻作品追求一种有效率的表达。这种效率表现在:一方面,记者的创作以尽可能短的篇幅包含更多的信息;另一方面,读者极容易从记者的文字中领略到记者要传达的信息,且花费的时间和精力较少。这种极有效率的表达,对新闻作品中文字的表现效果要求就更高了。

第二节 消息类作品的赏析

一、消息的特点

平常所说的新闻,狭义地理解就是消息这种文体。它是以简洁的文字迅速、及时地报道新闻事实的一种新闻体裁。

消息是新闻大家族中的主力军。翻开报纸或收听、收看广播电视的新闻节目就会发现,消息是它们传播的主要内容。从新闻媒介的角度看,发布消息是各类新闻媒介最主要的职能。现代社会,随着经济的发展和人们之间的联系变得密切、广泛,传播信息、发布新闻的职能受到各类新闻媒介的重视和加强。

从受众的角度看,消息对他们的影响更大、更广泛。消息以直接的事实打动受众,影响舆论,具有很强的说服力。从新闻写作的角度看,消息写作可以说是新闻写作的基本功。其他的新闻体裁大多具备消息写作的基本特征。了解和掌握消息的特点,才能对消息类作品的赏析做到切中要害,恰到好处。

消息的基本特征,概括起来有三条。

一是事实为本。不同的新闻体裁对观点的表达、材料的选择和安排是有差别的。比如新闻评论就以阐发意见为主,事实是评论的对象或者是支撑论点的论据;通讯、特写可以采用一点文学手法,如抒情、议论等;消息则以事实为本,它只叙述那些看得见、摸得着的客观事实,介绍何人、何事、何时、何地等,一般不需要直接抒情和议论,它的倾向性是渗透在事实之中的。从文字上看,说话人只是客观朴素地叙述他所见新闻的事实,这样就会让读者觉得只是从他那里接受事实,而不是从他那里接受意见。消息表达的是无形的意见。

作品赏析示例

湖北新冠肺炎新增病例首次零报告

周芳　刘娜　陈会君　廖志慧

经过50多天艰苦卓绝的战斗,3月18日,湖北首次在全省范围内实现新增确诊病例、疑似病例零报告,除武汉市外的16个市州连续14天无新增确诊病例。3月19日,省新冠肺炎疫情防控指挥部召开的新闻发布会介绍,湖北疫情防控形势持续向好,蔓延扩散势头已得到有效遏制,医疗救治工作取得阶段性成果。

新冠肺炎疫情是新中国成立以来在我国发生的传播速度最快、感染范围最广、防控难度最大的重大突发公共卫生事件。1月22日,为遏制疫情扩散,党中央果断要求湖北对人员外流实施全面严格管控。坚决贯彻党中央决策部署,始终把人民群众生命安全和身体健康放在第一位,湖北打响疫情防控的人民战争、总体战、阻击战。

救治,与病魔较量! 从抢建火神山、雷神山医院,改建方舱医院,到改扩建定点医院,在中央指导组推动下,武汉最终完成6万张病床,相当于一个月内完成60家三级医院建设,实现从"人等床"到"床等人"根本性扭转。钟南山、李兰娟、王辰等10位院士及团队汇聚湖北,全国4.26万名医务人员驰援湖北。"真没想到母亲能治愈!"3月1日,54岁的丁女士与98岁的母亲同时从雷神山医院出院,她百感交集。

防控,与时间赛跑! 武汉市在3300多个社区、村湾展开3天拉网式大排查。湖北58万多名党员下沉一线,服务社区居民。

保障,与困难斗争! 从中央到地方,国家各部委调配,19个省份对口支援湖北。从城市到乡村,50多万名志愿者贡献力量。截至3月17日,全省累计接收社会捐赠资金超过141亿元,物资超过1亿件。

世界卫生组织总干事谭德塞在接受新华社记者采访时说,病毒在中国受到重创,这一成果应归功于中国政府的领导以及人民的配合。钟南山院士感叹,武汉本来就是一个英雄的城市。

目前,湖北在医院救治的患者还有6636名,其中重症、危重症2274例,多数合并基础疾病,救治难度较大,住院病例"清零"尚需时日。社区感染和院内感染风险仍然存在,新增病例隐患并没有完全排除。

不获全胜决不轻言成功。眼下,湖北深入贯彻落实以习近平同志为核心的党中央决策部署,毫不放松抓紧抓实抓细各项防控工作,统筹推进疫情防控和经济社会发展,慎终如始、一鼓作气,坚决打赢湖北保卫战、武汉保卫战。

(第31届中国新闻奖一等奖,《湖北日报》2020年3月20日)

【简析】

新冠肺炎疫情暴发之后,为了让群众能够更加直观地掌握疫情进展,了解相关资讯,媒体需要及时报道最新、丰富的数据信息,尤其是各地区每日新增确诊人数、重症人数等。这则《湖北新冠肺炎新增病例首次零报告》的消息,无疑是抗疫战争传递的最大"好消息",具有风向标的重大意义。该消息以事实为本,通过具体数据,不但清晰地向读者传达了湖北疫情及抗疫成果,也传递出抗疫战即将胜利的信息。

二是迅速及时。常说新闻是易碎品,就是说新闻具有很强的时效性。在所有新闻体裁中,消息的时效性最强。在报道同一件新闻事件时,记者一般先发消息,再根据需要采写通讯、特写等。从事实发生,到记者采写,再到读者接收到信息,这其中的时间差越小,就越能体现消息的时效性。当然,在网络时代,报纸新闻在这方面居于劣势。

三是简洁生动。消息作为新闻大家族中最简短的文体,它只要求把最重要的事实叙述清楚就可以了。报纸上的消息,字数一般500字到1000字,有的只有一句话,即所谓标题新闻或一句话新闻。简洁的好处在于,在一定的容量内能传播更多的信息。也因为简短,才更容易吸引受众,更好地发挥舆论引导作用,因为从阅读习惯而言,冗长的文字是不受读者欢迎的。

简洁不难做到,难点在既简洁又生动上。把消息写得简洁而生动,是吸引受众的关键,也是衡量记者业务水平的标准,也因此成为赏析消息类新闻作品的一个分析点。

我国所有贫困县全部脱贫

侯雪静

23日,贵州省宣布剩余的9个贫困县退出贫困县序列。至此,我国832个贫困县全部脱贫。

党的十八大以来,以习近平同志为核心的党中央把贫困人口脱贫作为全面建成小康社会的底线任务和标志性指标,在全国范围全面打响脱贫攻坚战,创造了人类减贫史上的奇迹。

按照贫困县退出的有关政策规定,贫困县退出以贫困发生率为主要衡量标准,原则上贫困县贫困发生率降至2%以下,西部地区降至3%以下。各省(自治区、直辖市)统一组织退出贫困县的检查,并对退出贫困县的质量负责。贫困县退出以后,国务院扶贫开发领导小组组织中央和国家机关有关部门及相关力量对退出情况进行抽查,确保脱贫成果经得起检验。已经退出的贫困县、贫困村和贫困户在脱贫攻坚期内,有关扶持政策不变。

2017年2月26日,江西省井冈山市宣布在全国率先脱贫摘帽。截至2016年年底,井冈山市贫困发生率降至1.6%,是我国贫困退出机制建立后首个脱贫摘帽的贫困县。

发展产业、易地搬迁、生态补偿……每个贫困户脱贫背后,都是一个系统工程、一场需要拼搏的硬仗。自2013年以来累计减少贫困人口9300多万,年均减贫1000万以上,经过今年的努力,剩余贫困人口将如期脱贫。

久困于穷,冀以小康。中华民族彻底摆脱绝对贫困、实现全面小康的千年梦想,即将在我们这一代人手中实现。

(第31届中国新闻奖二等奖,新华社2020年11月23日)

【简析】

2020年是我国脱贫攻坚收官之年,但突如其来的新冠疫情和严重洪涝灾害,给脱贫攻坚带来了严峻挑战,在这艰难时刻,我国最终完成了全面脱贫的伟大任务。这篇获奖作品,是记者在数年跟踪调研的基础之上完成的,向读者传达了脱贫攻坚战即将全面胜利的重磅消息。它的获奖,有两个主要原因:第一,作品主题重大,立意深远。脱贫攻坚是国之大事,作品一经刊发,在全国范围尤其是数百万扶贫干部中引起了强烈共鸣。第二,内容简洁明了。本作品全文不足600字,但却用精炼的文字、简洁的数据、清新的铺陈,记录了我国脱贫攻坚的战略历程和成果,增加了文章的可读性和可信度。

二、消息的结构

消息的结构,也就是消息的谋篇布局。安排文章结构的根本目的,在于更好地表现主题。消息的结构可以从外部和内部两个方面来考察:外部结构是指不同的消息在组织新闻素材、安排写作顺序时表现出来的一些共同规律。内部结构是指一篇消息的构件有哪些,这些构件的关系又如何。对结构的把握,有助于在赏析时辨别消息的整体框架和逻辑。

1. 消息的外部结构

不管消息的主题如何,记者在组织新闻素材、安排写作顺序时,常常采用四种结构形式:倒金字塔结构、金字塔结构、混合式结构、自由式结构。

1) 倒金字塔结构

金字塔是埃及古代文明的象征,是底基宽大的锥体状建筑物。倒金字塔结构,顾名思义,是要求按照新闻素材的重要性来安排顺序、组织材料。它要求消息的开头部分写入最重要、最吸引人的事情(导语),随后展开部分也要按照材料的重要性依次排列,最次要者置之末尾。倒金字塔结构符合快速表达和快速交流的逻辑,是一种有效率的表达结构。在赏析作品时要注意到这种结构的优势:其一,结构简明,便于记者快速采写报道;其二,把最重要、最吸引人的事实放在前面,比较切合读者的阅读心理;其三,便于编辑选择稿件、处理稿件。

"世界屋脊的屋脊"通了大网电

阿里联网工程正式投运,三十八万农牧民告别缺电历史

田雪乔　索朗多吉

寒冬来临之际,又一条"电力天路"腾跃雪域高原。12月4日,阿里与藏中电网联网工程投运,结束了阿里电网孤网运行的历史。这是西藏电力跨越式发展的又一个里程碑,西藏自治区统一电网形成。

"父母那代人点蜡烛,我们这代用上电了,下一代就不知道缺电是啥滋味了。"58岁的措布加二十多年前离开老家普兰县到噶尔县狮泉河镇工作,"我在一家银行上班。那时候电不够也不稳。行里备着发电机,可也总坏。我经常自己修。"而如今在普兰县冈仁波齐峰脚下的塔尔钦小镇上,57岁的赤来终于等来了大网电。他开的家庭旅馆8年间增加了近50个房间,但给客人配的电热水壶等电器有时只能当摆设。赤来说:"电不够用,停电了要靠光伏板救急。抽水机有时也带不动,我们要跑很远去挑水,就盼着赶紧通大网电。"

阿里地区平均海拔超过4500米,被称为"世界屋脊的屋脊""高原上的高原"。这里有壮美的高原风光、悠久的历史文化,却也因为自然环境恶劣,基础设施较为薄弱。此前,阿里地区长期缺电,依靠小水电等电源供电。阿里联网工程可为当地送来稳定的大网电,改善沿线38万农牧民的用电条件,还将促进西藏清洁能源开发外送,加速当地资源优势转化为发展优势,是造福西藏各族人民的又一条光明线、保障线、团结线、幸福线。

阿里联网工程于2019年9月开工,2020年2月作为国家电网有限公司首批复工的重点项目之一复工,并为务工人员提供返岗就业条件。定日县青年次旦曲美在工程中学到了技术,还打算以后买辆吊车再去干其他工程。工程建设共吸纳当地农牧民就业2678人,零星用工10246人次,采购当地砂石料等物资总金额超过8400万元。

阿里联网工程是继青藏联网、川藏联网和藏中电力联网工程后,国家电网公司建成的又一项超高海拔、超大难度输变电工程。工程新建6座变电站、1689千米输电线路,总投资74亿元。从日喀则到阿里,工程3次跨越雅鲁藏布江,翻越海拔5300米以上的孔唐拉姆山、马攸木拉山。建设者克服高寒缺氧、沼泽地施工等难题,在关键技术攻关、生态环境保护、人员健康保障等方面创新探索,高质量完成建设任务,为高海拔电网工程建设积累了新经验。

工程投运是新的起点。26岁的阿里供电公司员工多布旦是工程新建的220千伏巴尔、霍尔两座变电站的站长,4月份起就为后续运维工作做准备:"这是阿里第一次有220千伏电压等级变电站。把技术钻透了、本事练硬了,我们有信心运维好联网工程。"

（第31届中国新闻奖三等奖，《国家电网报》2020年12月7日）

【简析】

这则消息共有6段，按照倒金字塔结构组织安排结构。第一段导语，是该消息最重要的事实：西藏自治区统一电网形成；第二段内容对导语展开补充，交代电网统一前阿里地区因缺电造成的生活窘境；第三段解释阿里地区通电难的原因以及阿里联网工程的重要性；第四段通过对阿里联网工程的详细描述，强调该工程对当地人民具有重大经济意义；第五段通过描述工程建设的艰难细节，体现出工程建设者的不易与伟大；最后以站长的话作为结尾来做总结，直接表明建设者的伟大决心与坚定信念。该消息按照新闻素材的重要性次序安排段落，逐层补充和完善主体信息，不仅利于读者阅读，也方便编辑组稿。

2）金字塔结构

金字塔结构与倒金字塔结构正好相反，它主要是按照新闻事件发生的时间顺序来展开叙述，也被称为编年体式结构。一般没有导语，事件的开端就是消息的开头，事件结束，消息也就结束。随着事件的发展，高潮逐步展开，一般在消息的后面出现，常常使受众产生一种悬念感，不得不继续读下去，直到真相大白为止。这种结构适合写作那些故事性强、以情节取胜的消息，现场短新闻经常采用这种结构形式。

3）混合式结构

混合式结构是一种将倒金字塔结构和金字塔结构混合起来的消息结构形式。这种结构，一般有导语，首先告诉读者最主要的新闻事实，然后按照时间顺序把事情的来龙去脉介绍清楚。当然，除了时间顺序外，也有按照事件的逻辑关系和空间视角展开叙述的。

96家院士专家工作站被摘牌

朱建华　　陈洁

12月20日,湖北省科协在其官方网站上发布公告,注销湖北柳树沟矿业股份有限公司院士专家工作站。这是湖北今年注销的第96家院士专家工作站。

湖北省科协主管全省院士专家工作站,今年已4次公布院士专家工作站注销或撤销名单,第一次有61家,第二次有33家,第三次和第四次均为1家。按照《湖北省院士专家工作站管理办法》规定,连续两次考核不合格的工作站,予以摘牌。

院士专家工作站是一项服务经济社会发展、服务企业技术创新的开创性工作,在我国已有16年历史。近年来,多地建站速度不断刷新,建站数量不断攀升。2016年湖北全省有院士专家工作站402家,到2017年8月已增至504家。截至去年,全国院士专家工作站已有近5000家。

去年,湖北浩华生物技术有限公司院士专家工作站获评"全国模范院士专家工作站"。今年11月4日,湖北省科协在官方网站上发布公告注销了该工作站。长江日报记者联系到该公司负责人胡群兵,他表示已知工作站被注销一事。据了解,该站注销系"合作院士说自己精力不够,主动要求取消合作"。

湖北省科协向被摘牌的院士专家工作站所在的地市州科协发出"红头文件",要求及时回收工作站批准文件、工作站牌匾,"建站企业不得再利用工作站及协议专家的影响开展宣传或从事其他活动"。

长江日报今年7月曾披露,一位院士不到两年建了89家院士专家工作站。按照中共中央办公厅、国务院办公厅文件要求,每名未退休院士受聘的院士工作站不超过1家、退休院士不超过3家,院士在每家工作站全职工作时间每年不少于3个月。

科协系统在加强院士专家工作站管理的同时,中国科学院、中国工程院今年均发出通知,要求院士严格规范参与院士专家工作站建设。12月3日,中国工程院院长李晓红与新当选的院士交流时,希望院士们"不为虚名所扰,不被功利所惑,一定要像爱护眼睛一样,爱护我们的院士形象"。

"该撤!"中国科学院院士曹文宣对湖北加强院士专家工作站管理表示支持,"一些院士工作站打着院士名号申请经费,其实是徒有虚名。"中国科学院院士张俐娜认为,规范管理院士专家工作站,该撤销的要撤销,批准新建站也要慎重,要用制度来规范。

(第30届中国新闻奖三等奖,《长江日报》2019年12月22日)

【简析】

这则消息采用了混合式结构。导语段落介绍最新事实——湖北2019年已经注销了96家院士专家工作站;第二段和第三段对导语介绍的事实进行内容拓展,补充背景信息,让读者了解院士专家工作站是一项开创性工作;从第四段开始,转而以时间线为轴,对事物发展的过程进行报道,分别介绍了部分院士工作站被摘牌的经过,以及中国科学院院士对这项工作的支持态度。这是一篇反映党中央决策部署落地生根的典型报道,体现了鲜明的政治方向和价值取向。

4)自由式结构

自由式结构,是从"文无定法"的角度,把倒金字塔、金字塔、混合式结构以外的结构,诸如镜头画面式、对话式、问答式等结构统称为自由式结构。

2. 消息的内部结构

以上说的是消息的外部结构,从内部结构看,消息有标题、导语、背景、主体和结尾几个部分,下面择要说明之。

消息标题就是消息的题目,其主要职能是概括和揭示新闻的主要内容,帮助受众和编辑尽快了解主要的新闻事实,评价新闻的内容,表明作者的态度和倾向,吸引受众产生阅读新闻的兴趣。赏析标题时应从以上这些方面着眼。

导语是消息的第一自然段或开头部分,它常常以极简要的文字介绍消息的主要事实,从而揭示新闻主题,吸引读者看下去。导语的作用在于告知事实、吸引受众和奠定基调。在写作上要突出主要新闻事实,用丰富多彩、生动感人的表现手法吸引受众,而且还要尽可能短。

背景是补充新闻事实、深化新闻主题或者答疑的材料。在写作上要善于选择那些与新闻事实联系密切、能够深化报道主题的材料写入背景,把那些与主题关系不大的一般材料尽量舍弃。在表达上,应让材料尽量与新闻事实融为一体、天衣无缝。

主体是消息的展开部分,在写作上要紧扣主题,精选事实或者变化角度,增加信息,在表达上要显得错落有致、波澜起伏。

结尾是消息的最后部分,行于所当行,止于所当止。一般采用水到渠成、自然结尾的方法。也可以补充事实,回应导语,或者借题发挥,引人深思。

三、消息的类别

按照不同的划分标准,消息可以划分许多类别。比如,按照新闻与事件的关系,可分为事件性消息和非事件性消息。按照表达方式分,可分为描写性消息和分析性消息。按照消息写作特点分,可分为简讯、动态消息、综合消息和人物消息。简讯实际上是动态消息的减缩版。而人物消息中对人的刻画,在通讯体裁中更多见。至于述评性分析类消息,则是非典型的消息类别,实际上综合了报道和评论的特色。这里只对动态消息和综合消息的赏析加以说明。

1. 动态消息

动态消息是对新近发生的新闻事件进行及时简要报道的一种消息品种。它的篇幅一般长于简讯,能够弥补简讯的不足。动态消息迅速及时,简明扼要,一般说来,只要抓住主要的新闻事实展开叙述,把事件的来龙去脉交代清楚就可以了。切忌四面出击,抓不住要领。动态消息贵在对动态或者变化的捕捉。一般"首次、首例、第一"的事件,是动态消息钟爱的对象。例如以下获奖作品:

丽水发布全国首份村级GEP核算报告 1.6亿元!这个村的绿水青山"有价"(《浙江日报》2019年5月31日)

以陕北为核心的黄土高原地区成为全国连片增绿幅度最大地区(《陕西日报》2019年1月9日)

浙江,全国首个生态省(《浙江日报》2020年5月7日)

"中国第一位个体工商户"精彩蝶变 以民营企业家章华妹命名的市场昨开业(《温州晚报》2020年5月19日)

明显地具备"第一"要素的事实,新闻价值比较高,但更可贵的是事实中的亮点是需要记者高度的新闻敏感和判断力去挖掘的,这样的稿子更见记者的功底。

查处形式主义官僚主义问题数据首次公布

毛翔

1月19日,中央纪委国家监委公布了2019年12月全国查处违反中央八项规定精神问题统计表,这是连续第76个月发布相关数据。与之前相比,这次发布的月报统计表有两个显著变化:一是首次向社会公开发布查处形式主义、官僚主义问题的数据,二是对查处享乐主义、奢靡之风问题的数据统计指标进行了优化调整。

形式主义、官僚主义是现阶段党内存在的突出矛盾和问题,是阻碍党的路线方针政策和党中央重大决策部署贯彻落实的大敌。中央纪委国家监委认真对标对表习近平总书记重要指示批示精神和《中国共产党问责条例》《中国共产党纪律处分条例》等法规文件要求,立足治理高度,聚焦突出问题,在公布的数据统计表中增加"贯彻党中央重大决策部署有令不行、有禁不止,或者表态多调门高、行动少落实差,脱离实际、脱离群众,造成严重后果"等4类突出问题。2019年,全国共查处形式主义、官僚主义问题7.49万起,处理党员干部10.80万人。

顺应工作实践发展,新公布的数据统计指标对享乐主义、奢靡之风问题类型作出调整,在长期关注"四风"问题并持续做好相关数据统计的基础上,将原数据统计指标中的9类问题调整为"违规收送名贵特产和礼品礼金""违规吃喝""违规操办婚丧喜庆""违规发放津补贴或福利""公款旅游以及违规接受管理和服务对象等旅游活动安排""其他"等6类问题。2019年全国共查处享乐主义、奢靡之风问题6.14万起,处理党员干部8.62万人。

"习近平总书记在十九届中央纪委四次全会上强调,要坚决贯彻中央八项规定精神,保持定力、寸步不让,防止老问题复燃、新问题萌发、小问题坐大。"中央纪委国家监委相关负责人表示,调整数据统计指标,是贯彻落实习近平总书记关于加强作风建设重要指示批示精神,贯彻落实党的十九届四中全会、中央纪委四次全会部署要求的具体举措。各级纪检监察机关要充分发挥数据统计指标体系"指挥棒""风向标"重要作用,全面落实实事求是、依规依纪、精准处置的工作要求,坚持稳中求进总基调,保持工作定力,从讲政治的高度整治形式主义、官僚主义,紧盯薄弱环节严查享乐、奢靡问题,驰而不息纠治"四风",为党和国家事业发展提供作风保障。

(第31届中国新闻奖三等奖,《中国纪检监察报》2020年1月19日)

【简析】

该消息聚焦热点,紧跟时事,对国家处理官僚主义、形式主义问题的最新部署动态展开报道。记者在文中对问题数据及时进行详细梳理和统计,消息简明扼要,时效性强、数据翔实,抓住主要事实直击痛点,及时回应了人民群众关注的热点问题;同时,也向党员干部们敲响警钟,让他们明白,国家对于这类问题持零容忍态度。

2. 综合消息

综合消息是对新闻事实进行全局性和阶段性报道的消息品种,与一事一报的动态消息相比,有两个显著特点。一是报道的内容更加广泛,需要对有关的新闻事实进行全局概括或阶段总结式的报道。二是报道的主题更加明确深刻,记者在对众多的材料进行分析综合的基础上,形成见解,做出判断。

按照题材的类别,综合消息有三种表现形式。一是横向综合,即把不同地区、不同行业的有关情况,在同一个主题下综合起来报道。二是纵向综合,即对同一地区、同一行业的某项工作在一段时期内的发展变化进行总结报道,各行各业的年终总结报道大多属此类。三是横向与纵向相结合的综合,即把不同地区、行业在一段时期内发生的变化进行报道,表现一个重大的主题。

综合消息在写作上要胸有全局,把握时机,即要求记者具有全局观和时间观。对横向综合而言,记者必须把握不同地区、行业的做法、成绩对全局的指导意义。对纵向综合而言,记者要有意识地选取综合报道的时机,突出新闻价值。对众多的素材要进行深入的分析、取舍,形成自己的见解,提炼出新闻的主题。而且在运用材料时,要点面结合。只有面上的概括材料而缺乏深度的说服力,显得空泛而不丰满;只有点上的具体材料而缺乏广度,文章也立不起来。

作品赏析示例

城镇居民医保、新农合7月1日"并轨"
城乡居民同病同保障

夏胜为　田婷

我省将打破城乡地域、身份限制,实现城乡居民同病同保障,大病保险待遇稳步提高。5月28日,省政府办公厅公布《安徽省统一城乡居民基本医疗保险和大病保险保障待遇实施方案(试行)》。7月1日起,我省将实施统一的城乡居民基本医疗保险和大病保险制度,城乡居民医保待遇不再有差别。

"城镇居民医保与新农合整合后,门诊待遇局部调整,住院待遇总体持平,大病保险待遇稳步提高。"省医保局有关负责人表示,如门诊待遇方面,常见慢性病、特殊慢性病种,较未整合地区城镇居民医保大幅扩容;大病保险待遇方面,整合后待遇提高,如整合前新农合5万元以内段报销55%,城镇居民医保0元至2万元段报销50%、2万元至10万元段报销60%,整合后5万元以内段统一报销60%。

具体而言,门诊待遇方面,参保人员普通门诊合规费用报销55%,高血压(Ⅱ级、Ⅲ

级)等30种常见慢性病门诊合规费用报销60%,白血病等17种特殊慢性病门诊合规费用参照住院待遇报销。

住院待遇方面,医院分"一级及以下""二级和县级""三级(市属)""三级(省属)"和"省外医院"5个类别,起付线分别为200元、500元、700元、1000元和当次住院总费用的20%(低于2000元的按2000元计算,最高不超过1万元),报销比例分别为85%、80%、75%、70%和60%。跨市域、跨省住院起付线会提高,报销比例有所下降。基本医保报销封顶线为20万元至30万元。

大病保险待遇方面,起付线1万元至2万元;起付线以上至5万元以内、5万元至10万元、10万元至20万元和20万元以上费用段,报销比例分别为60%、65%、75%和80%;省内医院大病保险封顶线20万元至30万元,省外医院大病保险封顶线15万元至20万元。

"城乡居民基本医保'并轨',在医疗卫生服务上进一步体现公平。"安徽医科大学公共卫生学院院长、博士生导师江启成表示,在不同的基本医疗保险制度下,城乡居民过去在基本药物目录、报销比例等方面存在差别,医生对不同人群就医用药服务要考虑药物目录、费用负担等因素影响。城乡居民基本医保统一,破解了待遇差距难题,有助于居民公平享有基本医疗保险权益,提高医疗服务效率。

省医保局有关负责人表示,从省级层面统一城乡居民医疗保障待遇,是完善城乡居民医保制度的重要举措,将推动保障更加公平、管理更加规范、医疗资源利用更加高效。

(第30届中国新闻奖二等奖,《安徽日报》2019年5月29日)

【简析】

这是一则典型的纵向综合消息,对安徽省调整医疗保障的利好政策进行及时报道,开篇就给读者指明这一好消息——安徽省将实施统一的城乡居民基本医疗保险和大病保险制度,城乡居民医保待遇不再有差别。接下来,记者通过扎实调研,获得了翔实的方案细节及调整后的相关数据,有力地佐证了新方案的惠民力度;之后又深入相关医院、权威部门进行采访,肯定了新方案的调整是城乡居民医疗保障的重要举措。

医保关乎民生,一直以来就是老百姓较为关注的热点话题。该消息对该话题进行重点报道,通过列数字、摆事实的方法,点面结合,让读者能够在最短时间内清晰地明了医疗保障政策调整带来的变化,有着很强的针对性和指导性。

四、消息作品的赏析要点

消息作品的赏析,主要着眼消息的新闻价值,也就是事实中的亮点。这些亮点可能因为带有"首次""第一"的元素,天然地具有被关注的特性,也可能淹没在众多的事实中,需要记者挖掘并突显出来,后者更能体现记者的新闻素养和写作的功力。

消息总的说来篇幅短小,如果能承载更多有价值的信息,做到言简意赅,以小见大,从一个很有意义的视角展现一个重大的主题,就更能够说明作品的优秀程度。而且,限于篇幅,在有限的空间里短而不枯燥,行文有起伏,文字具备可读性和感染力,也能体现消息作品文字的魅力和记者本人的文字水平。

作品赏析示例

告别"同命不同价"!

董柳 陈虹伶 王静

告别"同命不同价"!广东省高级人民法院24日上午发布了《关于在全省法院民事诉讼中开展人身损害赔偿标准城乡统一试点工作的通知》(以下简称《通知》)。农村居民受害人可获赔的"两金一费"(残疾赔偿金、死亡赔偿金、被扶养人生活费)数额,从此将有较大幅度提升。

《通知》打破了目前存在的城乡差异局面,明确了统一标准,实现了"一视同仁"。《通知》明确:2020年1月1日以后发生的人身损害,在民事诉讼中统一按照有关法律和司法解释规定的城镇居民标准计算残疾赔偿金、死亡赔偿金、被扶养人生活费,其他人身损害赔偿项目计算标准保持不变。

现行司法实践中,"两金一费"因城乡居民不同身份采用不同计算标准,导致赔偿数额差异较大。根据《广东省2019年度人身损害赔偿计算标准》,2018年广东省(深圳、珠海、汕头除外)城镇居民、农村居民人均可支配收入分别为42066元/年、17168元/年,相差达2.45倍;人均生活消费支出分别为28875元/年、15411元/年,相差达1.87倍。也就是说,同样的人身损害,城镇居民获赔,有可能分别是农村居民的2.45倍和1.87倍。

以广东省某起机动车交通事故损害赔偿责任纠纷为例,35岁的农村居民王某被机动车碰撞身亡,双方承担事故同等责任,王某生前与另一人共同抚养其60岁的母亲。按照2019年度农村居民人身损害赔偿计算标准,其近亲属可获得死亡赔偿金20.6万余元,其母亲可获得被扶养人生活费9.2万余元,两项合计29.8万余元。若按照城镇居民标准计算,死亡赔偿金为50.4万余元,被扶养人生活费17.3万余元,两项合计67.7万余元。赔偿权利人获得的赔偿数额提高了37.9万余元,达2.27倍。

"开展人身损害赔偿标准城乡统一试点,是人民法院深化司法体制改革,为促进城乡融合发展提供司法服务和保障的根本要求,也是平等保护受害人的生命权、健康权,更好地实现公平正义的重大举措。"广东高院副院长谭玲告诉记者,"试点期间,受诉法院将在立案、审理环节向当事人主动释明统一适用城镇居民赔偿标准,平等、充分地保障当事人诉讼权利。"

(第30届中国新闻奖一等奖,《羊城晚报》2019年12月24日)

【简析】

中国人民大学新闻学院刘保全研究员在2020年12月《新闻爱好者》中,发表文章《好发现与好表现的完美统———评第三十届中国新闻奖消息一等奖作品〈告别"同命不同价"〉》,对该作品进行点评,称其为"一篇将好发现与好表现完美统一的新闻精品",并总结出该消息三个值得赞赏的特色:

第一,"两个首发",拔得头筹。中国新闻奖参评材料推荐表上介绍,该报道实现了"两个首发":新媒体稿全网首发、报纸稿全国首发,其中新媒体稿在3小时内阅读量就突破了30万。该报道被腾讯、新浪、大众网等广泛转载,这篇消息的标题"告别'同命不同价'"也被《人民日报》、中新社等广泛采用,取得了良好的传播效果和社会影响。

第二,深入群众,捕捉敏感点。从文中可知,记者在提前获知广东省高院即将发布广东省将告别"同命不同价"的重大消息时,立刻与省高院对接、采访并完成这篇消息,这种深入群众、捕捉敏感点的操作,无疑是这篇消息获得成果的重要前提。

第三,主题重大,事实说话。这篇消息在阐释重大惠民政策的同时,彰显了社会进步,弘扬了"中华人民共和国公民在法律面前一律平等"的宪法精神和"平等"这一社会主义核心价值观。它记录了广东省平等保护城乡居民权利的里程碑意义,用事实说话,说服力很强,主题重大,获奖在情理之中。

第三节 通讯类作品的赏析

通讯是一种详细、生动的新闻报道体裁。广义地说,除了消息外,各类详报型或深度型的新闻体裁都包含在通讯之内。通讯既然是新闻作品,也具备新闻作品内在的规定性,即真实、时效性、新闻价值。

一、通讯的特点

与消息相比,通讯在体裁上具有如下特点。

第一,在内容的详略上通讯报道的事实比消息详细、完整,富于情节,可以满足欲知详情的读者的需要。一件事情发生了,消息往往是对事件的主要新闻要素(何事、何时、何人、何地、状况、原因等)进行报道,让受众尽快了解到最重要的概括性信息;而通讯往往在消息之后,将事情的来龙去脉、前因后果等读者渴望知道的详细信息加以整合,然后进行完整的报道。详细、深入、完整是通讯文体的突出特色。

第二,在表现力上,通讯报道的事实往往比消息更形象、更生动,它以感性的素材还原生活的原生形态,使这种文体更具感染力。消息文字多用概括性手法叙述事实,而通讯多用详述和描写手法表现事实,强调事实的生动性和可感知性。通讯对事实的表达多样化,结合叙述,兼以描写、说明、抒情、议论等方式,富有感情色彩或理论色彩。

第三,在风格上,通讯体现出作者较强的主体意识和个人风格。作者的主体意识体现在作品鲜明的主题上,记者选择事实进行报道,里面已经包含着记者对事实的认识。记者在对事物有较深层次的认识之后,围绕着主题选择素材来组织文章;同时,还"以情入文",将强烈的情感写进通讯,而不是像写消息那样用客观手法,于情感方面比较含蓄、不动声色。

记者用自己对世界的理解,用自己的思想和人生经验、认识能力去把握复杂的现实,通过表现事实来表现记者的个人认识,这种把握和表达必然带有记者鲜明的个人色彩,形成个人风格,比如有的报道激情、质朴,有的报道细腻、清秀,而有的则冷峻、干练。

第四,在时效性上,与消息比,通讯时效性稍差。通讯对材料的要求比较严格。要将通讯写得更详细、更生动、更典型,记者需要一个采集、选择和认识的过程;同时因为事实多、篇幅长,写作上要比消息花的时间更长。另外,通讯强调报道的完整性,有时还必须等新闻事件有一个较充分的展示过程或等事件的发展有一个阶段性结果时,采写通讯的时机方成熟。

二、通讯的分类

通讯最常见的分类有人物通讯、事件通讯、工作通讯、社会观察通讯、风貌通讯、新闻特写。也有按照报道形式分的,比如访问记、专访、特写、大特写、新闻小故事、集纳、侧记、巡礼、读者来信等。与消息相比,人物通讯对应人物消息,事件通讯对应动态消息或事件性消息,工作通讯对应经验消息或综合消息,新闻特写对应描写性消息,只是通讯篇幅长于消息,在写作上是有共同性的,是可以相互借鉴的。

深度报道也可以涵盖在通讯里面。它往往和人物通讯、事件通讯、工作通讯、社会观察通讯有交集。深度报道强调的是内容的深度,而常见的分类法则是从题材和表现方式来分的。以下就不同分类标准的通讯摘要加以说明。

1. 人物通讯

人物通讯以通讯的形式报道具有新闻价值的人物,反映其行为、事迹和生活,再现其精神境界、人生轨迹和生存状态,从而达到教育启迪,或监督批判、警示社会的目的。它的报道对象通常有典型人物、与新闻有关的新闻人物、精英人物、符合报道主旨和符合主流意识形态弘扬的精神的普通人、具有认识价值的普通人、批评或揭露性报道中的反面人物等。

人物通讯在写作上要凸显人物的内心世界,展示其思想发展的历程。对一些做出成绩的人物,要写出他们之所以能做出成绩的思想根源。对于反面人物,不仅要陈述其犯罪事实的脉络,更要展示其犯罪的思想脉络和灵魂堕落的轨迹,以及作为一个"过来人"的反思和忏悔。在报道中既要讲故事,又要摆脱事实的过程线,追踪人物的思想线、心理线。

把人物具有代表性的谈话、行为和情节表现出来,人物的性格才能再现出来,因此,在采集素材时,要注意捕捉人物的典型事例、凸显人物精神面貌的个性语言、具有代表性的细节。还要在社会生活的矛盾中表现人物,抓住关键的事实,看这个人在众多矛盾中如何做出了别人难以做出的选择。

2. 事件通讯

事件通讯就是详细地报道社会上发生的新闻事件的通讯,主要包括突发性事件、在社会上产生较大影响的事件、反映社会精神风貌的小故事。事件通讯的写作要清晰地展示事件的来龙去脉、主要情节和转折点。事件虽然有不同侧面,但写作时要提炼出最有新闻价值的主题,首选那些老百姓最关心的、有普遍意义的角度去认识新闻事实。

事件通讯的写作要展示事件的关键场面,捕捉事件的戏剧性情节。在结构上根据需要采用单线条过程结构法或多线条过程结构法。事件通讯要写好事件中的人物,和人物通讯要写好事件一样,要因事显人,因人写事。

3. 新闻特写

新闻特写是以描写为主要表现手段,截取新闻事实中某个最能反映其特点或本质的"片段"、"剖面"或者细节,进行形象化的再现与放大的一种新闻体裁。特写实际上有别于一般的通讯,它通过巧妙地截取、适当地放大,具有镜头感,更强调"以小见大"的传播效果。在很多情况下,记者是将目击的事件和感受结合在一起写,具有现场感。

新闻特写的写作关键在于抓准"镜头",并且要有精彩的细节描写,细节不论写人写事,都要有特点,体现动感。新闻特写也要抓住新闻事实的高潮来写,注重情景交融,要善于运用背景烘托与凸显要表达的主题。

4. 深度报道

深度报道是一种集中反映某新闻事实和新闻现象,揭示其真相、实质和背景,探索其原因和发展趋向的综合报道方式。它要求把深刻和全面的报道旨趣贯穿新闻传播的全过程。从体裁上说,这类报道可以是任何体裁,多以通讯、新闻述评的方式出现。复杂的事件通讯、工作通讯、社会观察通讯往往具有深度。从形式和结构上说,可以是独立报道,也可以是连续报道、系列报道和组合报道。从内容传达和报道方式上看,可以分为解释性报道、调查性报道、预测性报道、精确性报道。

深度报道一般是选题重大、内容深刻的新闻。它所报道的对象,不管是社会问题还是新闻事件,都是现实生活中迫切需要解决或需要引起普遍关注的问题。深度报道要深入探讨事实的来龙去脉、前因后果,又要揭示出新闻事实的实质和意义、影响,预测事物发展变化的趋势及规律,从而给读者以启发性的认识。

深度报道在写作上,不能像客观报道那样简单地、平面地、就事论事地报道新闻事件,而是要深入地对新闻事件进行挖掘,特别是对新闻事件发生的原因、新闻事件与其他事物的联系、新闻事件的影响和发展趋势等进行深入挖掘,让事实经过理性的过滤,在作品中带有全息摄影的特征,给受众以全方位的信息。

三、通讯作品的赏析要点

通讯作品的赏析主要可以从三个方面进行。一是主题,二是结构,三是表现手法。

主题是通讯的灵魂,是通讯的中心思想。通讯的主题是通讯的新闻价值所在,赏析通讯时需要考察作品的主题是否符合事物的本质特征,与客观存在的实际是否相符,是否反映出生活的本质,传播后能否获得正面的社会效果。要考察其主题的深刻性,是否来自全局,是否具有历史感和关注了人的心灵。还要看作品的主题是否新鲜,是否具有时代色彩,是否对社会生活中新出现的倾向和问题进行了说明、表态。

结构是通讯的骨架。按照时间顺序、事物发展的顺序,或作者对报道对象的认知顺序安排材料,称为纵式结构。以空间转换或按照事物性质层次安排材料,称为横式结构。将上述两种结构结合起来运用,时间为"经",空间为"纬",采用"纵横交织"的方式来安排层次,称之为纵横式结构。对结构的考察主要看其是否清晰紧凑、富于变化。

表现手法是展现通讯特色的部分。细节是通讯的血肉,赏析通讯时要看其对细节的选取是否有特色、以一当十,是否能以小见大。语言上,要考察引语的使用情况,看其语言在思辨性、描摹性和抒情性方面有何特色。

作品赏析示例

大年三十,记者来到全军驻地海拔最高的边防连,感受戍边官兵的家国情怀——

屹立在喀喇昆仑之巅

夏洪青　蔡鹏程　李蕾　许必成

大自然是如此吝啬,夺走了这里60%的氧气,使之成为"生命禁区的禁区"。

大自然又是那么慷慨,把喀喇昆仑之巅的雪域奇观,毫无保留地展现给一群年轻的士兵。5418米,这个令人望而生畏的数字,是河尾滩边防连的海拔高度,也是屹立在这里的戍边军人的精神高度。河尾滩边防连是什么样?英雄的守防官兵又是一群什么样的人?带着敬仰与向往,记者一行乘车翻雪山,上达坂,过冰河,于农历大年三十16时30分赶到连队,聆听这里的戍边故事。

有一种思念,叫不敢相见

气喘吁吁地爬上连队门前的50级台阶,记者首先看到的是被皑皑白雪映衬得分外醒目的五星红旗和大红灯笼。走进宿舍,上等兵李明辉正在视频聊天。"妈,别担心,我在这里挺好的!您看,山上啥都不缺。"看到母亲,李明辉移动手机,让母亲看看窗户上的剪纸、墙上的中国结、桌上的新鲜水果,但摄像头始终没有对向自己。"儿呀,让妈看看你!""妈,信号不好,我先挂了。"在上山的路上,团政委胡晨刚曾告诉记者,为解决长期困扰守防官兵的通信难题,上级协调有关单位专门为连队建了通信基站,营区里随时能通电话、通网络。记者疑惑:李明辉为啥要"说谎"?连队指导员崔阳阳解开谜底:许多战士视频时都不敢照脸,怕家人看见自己的样子揪心。记者仔细打量李明辉发现,由于长期缺氧、暴晒和爬冰卧雪,他嘴唇发紫,铺满"高原红"的脸上留有多个被紫外线灼伤的瘢痕,粗糙的双手上裂开了一道道口子……战士们说,越是过年越想家,越是想家越不想让家人看到自己的模样。在高耸入云、寸草不生的无人区,守防官兵长期经受着身体与心理的极限考验。曾任连队指导员的股长马龙飞向记者回顾起这样几个情景——有的战士身体反应大,没有食欲,吃饭不动筷子。焦急的连队干部被迫命令大家吃。战士们吃了吐、吐了还得吃,连队干部流着泪在一旁监督。采访中记者得知,连队已婚官兵都拒绝军嫂上山来探亲。"不是不想见,是不敢见。不想让她来受这个苦,也不想让她知道我的苦。"上士张斌说。丈夫的劝阻,没能改变军嫂谭杨上山探亲的决心。2017年春节前,她克服重重困难来到河尾滩,探望时任连队指导员的丈夫亓凤阳,成为迄今连队唯一上山探亲的军嫂。目睹丈夫工作的环境,看到战士们被高原风霜侵蚀的脸,谭杨心疼得泣不成声。

有一种大爱,叫转身离开

21时许,记者和连队官兵围在一起包饺子。下士段天词动作娴熟,他告诉记者,入伍前在家过年,大年三十晚上他都会陪着父母包饺子。"想家了吧?""嗯,我妈有糖尿病,腰内还有钢板,担心她!"刚才还有说有笑的段天词,说到父母时眼泪直打转。茫茫雪域,远离繁华。遥隔千里,心中有家。然而,特殊的身份与使命,使在这里为国尽忠、戍守边关的官兵不得不远离家人,无法完全尽到儿子之孝、丈夫之义、父亲之责,他们因此深感内疚。

有段时间,连队任务重,正在执行任务的上士马双喜收到妻子从山下捎来的信:不到一岁的孩子大腿骨折,急需到外地专科医院检查确诊。任务紧急,马双喜无法立即撤出战位。完成任务后,他准备请假往回赶,突遇大雪封山,道路中断。3个月后,马双喜才急匆匆赶到家。随军随队,是一件令军人军属们高兴的事,因为这意味着两地分居的结束。但对于河尾滩官兵的妻儿来说,千里迢迢随军来到部队后,仍然要过着两地分居的日子。因为,连队所在边防团的家属院,离哨所还有近千公里,海拔落差4000多米。团聚,对他们来说实在太难了。山下的家人遥望山上,山上的官兵牵挂山下。正在连队和官兵一起过年的营长侯法营说起山下的妻儿,心情有些复杂。那次回家探亲,孩子拉着他的手向小伙伴们宣告:"你们看,我有爸爸,我有爸爸!"听到孩子的话,侯法营心里很不是滋味。那年,列兵魏武的父亲遭遇车祸生命垂危,连队请示上级后为他批假,并协调送给养的车捎他下山。当他辗转回到家,父亲已去世。料理完父亲的后事返回部队时,姐姐推着轮椅上的母亲把他送到村口。魏武一步一回头,走了很远还看见母亲向他挥手。没想到,这一转身,竟成永别。7个月后,母亲因忧伤过度离开人世。强忍着父母双亡的悲痛,魏武递交了选取士官的申请,继续留在雪山守防。这一留,又是6年。对于河尾滩边防连官兵而言,家是那么远,又是那么近。近在心里,远在天涯。他们转身离开家的时候,心里装着一个更大的家。

有一种春天,叫守望雪山

夜幕降临,窗外雪花飞舞,室内欢歌笑语,一场由连队官兵自编自演的雪山春晚正在进行。上等兵陈涛涛和张保龙表演的二人转说唱《擦皮鞋》逗得大家前俯后仰。排长张军提醒大家动作幅度小一点,当心高原反应。这时,下士高国龙无意间冒出一句:"要是巴依尔班长在,他肯定会唱那首《父亲的草原母亲的河》。"晚会现场顿时安静了下来,张军用眼瞪了高国龙一眼。记者明白,他是在责备高国龙不该在这个时候勾起大家的心痛往事。中士叶尔登巴依尔·红尔是连队的狙击手,体能在全团数一数二。巡逻路上,他经常弓着腰,让战友踩着他的背爬上雪坡。强健的体魄,没有抵挡住高原的侵蚀。2016年年初的一次执勤任务中,他出现头痛、胸闷等高原反应。在高原摸爬滚打好几年的巴依尔并未在意,因为这些症状在河尾滩早已司空见惯。直到第3天,他出现昏迷症状,被紧急送往400多公里外的高原医疗站。诊断结果令人震惊:脑水肿、心肌炎。军医全力抢救,还是未能留住巴依尔年轻的生命。在大雪纷纷的春天,这名25岁的边防士兵永远地离开了。如今,在康西瓦烈士陵园碑林的最后一排,一座新的墓碑面朝雪山,静静伫立。河尾滩的官兵,是在用生命守卫祖国的领土主权。他们常年经受极度高寒缺氧爬冰卧雪,用血肉之躯铸就了钢铁边关。

在一次巡逻途中,下士李栋与战友走散,遭遇雪崩被困。艰难等待10多个小时后,连队救援官兵终于赶到。饥寒交加、筋疲力尽的李栋晕倒在地。第二天醒来,他发现脚趾已经失去了知觉。"可能要截肢!"当医护人员告诉他这个消息,李栋冷静地说:"少几个脚趾不是大问题,只要保住脚就行,我还得继续巡逻执勤。"一句"我还得继续巡逻执勤",彰显着这群年轻官兵的豪迈和无畏。虽然在这里有那么多让人泪目的故事,但在这群年轻官兵的脸上,记者看到的更多是灿烂的笑容。因为有这样一个英雄的群体守卫,河尾滩虽然高寒缺氧,但不缺温暖人心的微笑;虽然冰封雪裹,却难掩顽强生命的色彩。自然高原的海拔亘古不变,但精神高原的海拔,却因为一代代戍边军人的屹立不断增加……昆仑之巅四季飘雪,全年只有一个季节。这里的守防官兵置身雪海,心里却春暖花开。春暖花开,是因为他们戍边的身影,始终在习主席和中央军委关注关心关怀的目光里。这些年,河尾滩的戍边条件一直在改善……春暖花开,是因为守防的每一天,那些"老高原""老边防"精神滋润出的精神之花、理想之花朵朵绚烂,盛开在海拔5418米的雪山哨所,盛开在官兵心中。

春暖花开,还因为在国门界碑一侧,在这些边防军人的身后,是不断发展前进中的伟大祖国,是收获了更多自信和勇气的13亿多中国人民……

(第30届中国新闻奖一等奖,《解放军报》2019年2月5日)

【简析】

这是一篇树立"英雄情怀"的扛鼎力作。从新闻采写上看,它有以下三个特色值得学习与借鉴。

第一,深入采访结硕果。新闻采访好比挖矿,挖得越深,获得的宝藏就越多越金贵,采访又好比涉水,涉深水者得蛟龙,涉浅水者收小虾。《屹立在喀喇昆仑之巅》是一篇深入基层、扎实采访的好文章,它的获奖,再一次充分证明深入生活一线采访的重要性。

第二,激情四溢,笔下情怀暖人心。大量的新闻实践表明,一名记者如果没有激情,没有热爱,笔下就无法流淌着情怀,"有一种思念,叫不敢相见""有一种大爱,叫转身离开""有一种春天,叫守望雪山",文章接连出现这些饱含激情的措辞,使全文充满了英雄主义情怀。

第三,细节魅力,感人至深。细节是金,细节决定成败,细节决定水平。这篇通讯中有着大量的细节描写,它的获奖,就因为讲的故事有细节、情节,强调趣味性、人情化和矛盾冲突,以至于引人入胜。这再一次说明细节的魅力感人至深。

(中国人民大学新闻学院 刘保全)

一颗石榴籽 扎根红土地

李春霞 米日古力·吾 周鹏 王琦铭 洪怀峰 宋思嘉

17年前,来自昆仑山北麓、塔克拉玛干沙漠南缘墨玉县的阿卜杜拉·吾拉西木,与妻子一起来到江西南昌卖葡萄干。他们当时一定想不到,17年后自己会成为拥有44

家连锁店的餐饮业主;他们更想不到,阿卜杜拉会获得江西省道德模范、江西省民族团结进步模范个人等一系列荣誉。

一个新疆籍经商人员,何以在江西这块红色的土地上获得如此高的荣誉? 17年来,阿卜杜拉扎根南昌,与当地群众手足相亲,用点点滴滴的行动,作了最生动的回答。

"我在南昌有很多亲人"

12月19日,南昌,细雨连绵,寒风扑面。

"光明,妈妈身体还好吗?电话怎么无人接听?"在位于南昌市广场东路的新疆阿布拉江烤肉王餐厅,阿卜杜拉挤出时间给刘凤玲的儿子万光明打电话。得知刘凤玲身体好着呢,因为手机静音没听到电话铃声,他悬着的心才放下。

刘凤玲是南昌市民,也是阿卜杜拉的"妈妈"。2015年,刘凤玲住在阿卜杜拉开的烤肉店楼上,看他忙不过来,刘凤玲就去帮着穿烤肉、擦桌子。阿卜杜拉过意不去,提出给刘凤玲发工资,刘凤玲坚决不要。"家都是邻里,搭把手是应该的。"刘凤玲说。

"我心里暖暖的,她跟我妈妈年纪差不多,又对我那么好,我就情不自禁地喊她'妈妈'。"阿卜杜拉动情地回忆。

2018年,南昌市旧城改造,刘凤玲搬了家,与阿卜杜拉不能天天见面,彼此多了一份牵挂。

近几日,南昌气温接连下降。怕阿卜杜拉担心,12月21日,刘凤玲拎着一袋苹果、一袋橘子辗转来到他家。

"妈妈,天冷了,我再给您买件新棉袄吧。""不要买,上次你给我买的新衣服还没来得及穿呢。你换了新店面,多留点钱做生意。"阿卜杜拉一家人和刘凤玲围坐在餐桌旁,吃着热气腾腾的抓饭,有说有笑。

"南昌是我的家,在这里,我有很多亲人!"阿卜杜拉掰着手指头告诉记者,2002年他和妻子刚到南昌时,口袋里只有40元钱。房产中介吕庭杨热心地帮他找到住处,允许他缓交房租;2010年南昌市对火车站周边环境进行综合整治,不能摆摊了,南昌市公安局西湖分局民警徐勇为他担保,帮他租到店面;店里生意忙,邻居罗国莲帮他照看孩子。

去年,阿卜杜拉的店面租金上涨,让他很犯愁。南昌市西湖区丁公路街道党工委书记彭小惠知道后帮他找到新店面,面积相差无几,租金只有老店的三分之一,还请专业设计师为他设计店面招牌,帮他注册商标。

"你看,这店面招牌上有骆驼、沙漠、火焰山、丝绸之路、滕王阁,意思是我穿过沙漠,来到南昌创业,有了一个新家。"阿卜杜拉指着店面介绍。

这些点滴的温暖,让阿卜杜拉在南昌市扎下了根,也给了他回报社会的动力。

"阿卜杜拉也帮了我不少忙。"徐勇说,工作中遇到新疆籍务工人员,语言不通,阿卜杜拉就帮忙翻译。

2018年初,得知南昌市石埠镇竹园村一些贫困群众需要帮助,阿卜杜拉就准备了羊肉等慰问品送到村里,还给每户贫困家庭送去600元慰问金。近几年,他每年都拿出10万元,帮助有困难的群众。

"我们每个人都是一颗石榴籽。我们要向他学习,播撒一粒粒民族团结的种子。"彭小惠谈及阿卜杜拉,脸上写满了肯定。

"把每家店都开成民族团结的窗口"

"美味的烤肉来啦!"12月20日晚,夜色渐浓,在南昌市天佑路的新疆阿布拉江烤肉王连锁店,店长阿卜迪力喀哈尔·热杰普将一串串烤肉端到顾客桌前,热情地招呼着。

"听说这儿的烤肉材料新鲜、分量足、味道好,我们专门来品尝。"顾客王先生一边吃一边告诉记者。

阿卜迪力喀哈尔来自墨玉县乌尔其乡米来特艾热克村,受益于新疆农村富余劳动力转移就业的好政策,2016年,他来到南昌,跟阿卜杜拉学烹饪、烧烤等技能,现在开了一家百余平方米的烧烤店,年利润十几万元,还吸纳了3名新疆籍务工人员就业。

"2017年我开店时,阿卜杜拉借给我11万元,我特别感动。"阿卜迪力喀哈尔动容地说。

为引导更多乡亲走出家门就业创业,在江西和新疆两地相关部门的支持下,阿卜杜拉挑起驻江西新疆和田籍务工经商人员服务工作队队长的担子,积极开展就业帮扶。在当地政府的支持下,他还创办了国家通用语言文字培训中心,帮助新疆籍务工经商人员提高普通话水平,尽快融入当地。

对表现优秀的员工,阿卜杜拉为他们提供无息创业基金,还允许免费加盟他的烧烤店,但有一个条件——守法诚信经营,和周围邻居、商户搞好关系,多交朋友,多做有利于民族团结的事。

在阿卜杜拉看来,财富是把金锁,诚信就是金钥匙。"这些年我在南昌做生意,如果投机取巧、偷工减料,大家不会信任我,更不会帮我,我也不会有今天,更没有能力去帮你们就业创业。"阿卜杜拉每周给员工开例会,都反复讲诚信、讲感恩、讲民族团结,"我们要把每家店都开成民族团结的窗口,每个人都要做民族团结的践行者"。

在阿卜杜拉的带动下,南昌市现有44家"新疆阿布拉江烤肉王餐厅"连锁店,带动新疆籍外出务工人员200多人就业创业。

来自墨玉县奎牙镇阔什艾日克村的阿卜杜热合曼·加帕尔,2016年在阿卜杜拉的帮助下开了打馕店,并和南昌市民周欢、王立军成为好朋友,还一起做起馕生意。

12月21日,在位于南昌县的江西热合曼食品有限公司,一字排开的环保电烤箱有序运作,馕香味扑面而来。王立军指着刚出炉的烤馕向记者说:"阿卜杜热合曼热情、朴实、仗义,我们经常一起吃饭,我还跟他一起去过几次新疆。去年我们一同创立了公司,今年6月投产,现有维吾尔族、汉族员工7名,一天可生产几千个馕。前景越来越好!"

"做得更好才对得起这些荣誉"

"社会是一所更大的大学,我在社会上学到很多知识,学会怎么做人。"12月20日,在南昌航空大学大学生活动中心,学生们围着辅导员阿卜杜拉,被他的故事吸引。

2017年10月11日,南昌航空大学党委书记郭杰忠颁发聘书,正式聘请只读到小学五年级的阿卜杜拉为校外辅导员。

"大学生思想政治教育,既要言传更要身教,才能做到知行合一。"南昌航空大学学生工作部部长罗来松说,阿卜杜拉虽然文化水平不高,但他身上凝聚的奋斗精神、诚信理念、感恩意识,值得每一位大学生学习和传承。

"真没想到,我也能到大学当老师。"这份校外辅导员的工作,阿卜杜拉格外珍惜,"我要做得更好,才能对得起党和政府给我的这些荣誉。"

2018年,阿卜杜拉组织公司员工成立了"阿布拉江志愿服务队"。从此,慰问困难群众、关爱留守儿童、照顾孤寡老人……常能看到他们的身影。阿米乃·阿卜杜拉就是其中的一员,12月21日,在南昌市西湖区丁公路街道金府社区87岁的空巢老人金秀琴家里,阿米乃像孙女一样,帮老人收拾房子、拖地、剪指甲。

"就像阿卜杜拉大哥说的那样,民族团结一家亲,大家都要拿出真心。别人有困难,伸手帮一把,自己心里也高兴。"阿米乃说。

阿卜杜拉已经带动身边越来越多的人,成为民族团结的践行者。

12月21日,阿卜杜拉居住地所在的南昌市西湖区丁公路街道恒茂华城社区,正在进行办公室装修。社区主任胡俊告诉记者,社区专门辟出场地,以阿卜杜拉的名义打造"三个场馆"——阿卜杜拉工作展示室、国家通用语言文字培训室、创业馆。

"模范就在我们身边。我们要依托'阿布拉江志愿服务队'和'三个场馆',打造阿卜杜拉民族团结品牌,发挥典型示范作用,传播社会正能量。"胡俊说。

(第30届中国新闻奖二等奖,《新疆日报》2019年12月23日)

【简析】

这是一篇精彩的人物类通讯作品。人物通讯作品内容重视受众的共鸣,这就要求在创作人物通讯时,创作者要选择受众喜闻乐见的人物,就其亲身经历展开写作。这篇作品讲述普通经商人阿卜杜拉·吾拉西木从新疆来到南昌经商、生活定居的故事,通过细腻的描写,将阿卜杜拉17年间的故事呈现在读者面前,展现了平凡又伟大的亲情之美、友谊之美、人性之美,在一个个小故事中见证了阿卜杜拉如何"成为民族团结的践行者"的过程。

本文主题"以小见大"。阿卜杜拉是一名新疆籍维吾尔族青年,也只是一名普通的中国公民,却做着不平凡的事情。报道讲述阿卜杜拉用真心、行动树立了新疆人在内地省市的良好形象,用普通但不平凡的行动,为全国各省民族团结工作做出了典范,本文以小见大,传播了社会正能量。

文章也尽展朴实、亲切的文笔之美。全文没有华丽的辞藻,字里行间都是朴素写实的情景描述,包裹着浓浓的生活气息,但正是从这样普通的情景描写中,读者看到了阿卜杜拉在南昌的真实生活经历——南昌人在他需要帮助时伸出援助之手,他也身体力行地将这份温暖继续传递下去,这种双向的情感,令全文主题再次得到升华。

第四节 新闻评论类作品赏析

新闻评论是社会各界对新近发生的新闻事件所发表的言论的总称,以传播意见性信息为主要目的和手段。它表达人们对新闻事件的判断,以及对由新闻引发的各类社会问题的思考。新闻评论既是新闻从业人员必须掌握的一项写作能力，又是一种现代公民利用大众传播媒体的表达方式。

新闻评论作为一种文体有四种属性。其一是人们进行意见传播与观点交流的实用工具。这一点和演说辩论、标语、广告、开会是一样的。其二是应用文，是实用文体。这点和书信、说明文、判决书等形式是一样的。其三是议论文。这一点与古代论说文、书评等形式是一样的。其四是大众传播的新闻媒体对以上属性的特殊规定性。

一、新闻评论的特点

1. 新闻性

新闻评论的新闻性，主要表现在它所评论的对象，是当前重要的新闻事件，或现实生活中需要解决的问题。它的内容是具有迫切的现实意义的。新闻评论可以针对一个新闻事件、一种倾向、一个问题发言，但这些都必须是广大公众最关心、最感兴趣的。与新闻性相关，新闻评论要具备较强的时效性：新闻事实与新闻评论写作的时间最短，新闻评论写作与传播之间的时间最短。这样，才能及时提出问题，不失时机地对一些重要事件和问题做出反应或表明态度。

2. 论理性

新闻评论作为一种意见传播，不同于一般的表达，它不同于嬉笑怒骂这类情感性、感性化的表达。新闻评论应该具备理性的内容和理性的形式。理性的内容，包括它应当有论点、论据、论证等要素；理性的形式，包括它应当遵循人类思维与思想交流的一般规则，也就是逻辑。这是人们意见传播与观点交流有效性的一个前提，有了逻辑的保证，人们之间的意见传播与观点交流、持不同观点的人们之间的说服与认同才是有可能的。

3. 效率性

新闻评论与新闻其他文体及其传播手段的共同特征就是追求传播效率。效率是收益和成本之比。对于信息的传播来说，收益应当包括有用的信息被明确地传播和接受、理解；成本应当包括占用的时间和空间、耗用的物力，以报纸文字的信息传播来说，即是篇幅、字数。仅从表达和传播的效率这个角度看，古代的议论性文体的低效率主要表现在信息的冗杂和结构的纡缓，这和同为论说文体的新闻评论大为不同。

二、新闻评论的分类

报纸言论类作品按照不同的分类标准可以分成不同的类型。根据体裁、规格的不同，可以分为社论、评论员文章、短评、按语、专栏评论和述评等；根据论证的性质，可以分为立论性评论和驳论性评论；根据评论的主体不同，可分为代表编辑部的言论、代表读者的言论；根据评论对象的不同，可分为政治评论、经济评论、体育评论和文娱评论等；以是否署名为依据，可分为署名评论和不署名评论。

新闻评论的分类总结如下（见表1-1）。

表 1-1　新闻评论的分类

分类标准	类　　别
体裁、规格	社论、评论员文章、短评、按语、专栏评论、述评等
论证性质	立论性评论、驳论性评论
评论主体	代表编辑部的言论、代表读者的言论
评论对象	政治评论、经济评论、体育评论、文娱评论等
是否署名	署名评论、不署名评论

三、新闻评论作品的赏析要点

新闻评论作品可按照文章的构成要素分别进行赏析。这些要素包括选题、标题、论点、论据、论证、结构、语言风格等。

1. 选题

常见的有事件性选题、非事件性选题、周期性选题。事件性选题，就是"事评"，就事论事或就事论理。非事件性选题，一般来说是"选问题"的选题，这类选题节奏缓、时效性要差一些，但其不可替代性在于：有一些深刻的思考，需要经过长期的观察与积淀，并不是事件性选题的"急就章"所能解决的。周期性选题以固定的时间周期出现，比如以纪念日或其他周期性活动为题的评论，这类选题常以社论居多。

选题要新，在时间上要接近眼下。若选的事情比较陈旧，时效已失，缺乏人关注，文章写得再好，也不会被人重视。选题要真，所评论的对象是事实。如果是一则假消息，在认可假消息的前提下进行评论，文章写得再好，也一无是处，还传播了假消息。选题要普遍，也就是为大众所关心。关心的人不多，事实本身已失去评论的价值，即便做好了文章，也是浪费笔墨。

2. 标题

新闻评论的标题，完整的要素包括事实与观点。一眼看到标题，不知道你评论什么，或者知道你评的是什么，但是看不到你的观点，或在文章的最后才能看到你的观点，读者也许就没有阅读欲望了。新闻评论标题既要标出客观信息，又要标出主观信息，这就不仅需要很强的概括能力，而且还要进行艰难的取舍，在标题中不得不放弃一些信息。不同媒体定位不同，对评论标题中的信息有不同的侧重、取舍。新闻评论标题做得好不好，首先要看其信息的选择和取舍，其次才是修辞。

3. 论点

科学性、有新意、明确、全面、深刻，这几条都可以作为赏析论点的标准，但最主要的是有新意和明确。有新意，也可以说是有争议性。如果你的观点是人们普遍同意的，那就没必要去"论"。实际上，没有争议性的表达，起到的是论据的作用。人们没有必要去论证像"地球是圆的""谋杀是错的"这样的论点。其次是明确，当论点没有得到明确表达的时候，受众通常用自己的观点来填补空白，论者就失去了对议论的控制。论者没有表达出明确的观点，就会失去受众的合作，受众不知所云，就会放弃接受。

4. 论据

论据是证明论点的依据,一般分为两种:一种是可以直接观察、感觉的客观事实,也就是事实性论据,包括新闻事件、历史事实、规范事实(如法律条文);另一种是总体上可以被受众接受为真的信念或前提,即理论性论据,通常是各种知识性材料。

论据的要求有四。其一是相关,必须与中心论点有关;其二是可靠,事实必须确有其事;其三是新鲜,新鲜对受众的触动更大,会给评论带来附加值;其四是接近,评论者与论据的距离要近,不能是转了好几手的材料,距离越远,可靠性越低。

5. 论证

论证是用论据来证明论点的过程。论证的要求是要具备逻辑性。掌握新闻评论中的逻辑,关键在于辨清新闻评论论证的前提与结论。论证都是从前提到结论,基本的逻辑论证方法表现为前提和结论的如下三种关系。

演绎的:由一般原理推出特殊情况下的结论。

归纳的:由个别知识推出一般知识的结论。

类比的:根据两个或两类事物在一系列属性上的相同或相似,推出它们在其他属性上也相同或相似。

在赏析新闻评论作品时要辨别作者所用的逻辑推理、论证是否有力,是否存在逻辑推理的漏洞。

6. 结构

新闻评论的外层结构反映开头、结尾以及中间论述部分的关系。一般来说,按照效率性的要求,新闻评论把认识过程中最后得出的结论,也即作者的判断写在前面。在认识上,从前提开始;在表达上,从结论开始。结尾可以强化或具象化论点。当然,这不是硬性框框。内层结构反映论证部分不同内容之间的关系,有并列关系和递进关系。总的来说,结构应该简单清楚。

7. 语言风格

新闻评论的语言,以传播效率为第一重要的价值,总的说来应该平白易读,讲求直笔,多用概念和判断,不应该曲折枝蔓。从传播效果来看,情感也具有一定的感染说服作用。常见的摆事实、讲道理,动之以情,晓之以理,情理交融的方式方法也一向为评论写作者所采用。

向群众汇报

刘冬梅 陈欣 闫丽

"面对来访群众,我认真倾听,主动向他们汇报了解决问题的思路和举措,赢得了支持和理解。"近日,市委领导同志深入社区指导第二批"不忘初心、牢记使命"主题教育,一位干部在座谈中说。

"向群众'汇报'用得十分准确,体现了群众与党员干部的'主仆关系'。"市委领导同志立即对"向群众汇报"的做法给予充分肯定。

"向群众汇报",是对人民群众的恭敬之心。我们党来自人民、植根人民,党员干部无论职务高低,都是人民的公仆。开展好"不忘初心、牢记使命"主题教育,把群众观点、群众路线植根于思想中、落实到行动上,必须始终牢记"人民公仆"的身份,从"向群众汇报"做起,打掉"官架子",扑下身子、找准差距,尽心竭力为民服务。

"向群众汇报",关键要抓住"汇报"二字,这不是"通知",更不是上级对下级的"通报"。做到做好"汇报",意味着党员干部要牢牢抓住"为民"这一出发点,不能有私心私欲,不能高高在上当"官老爷",不能生怕群众给自己找麻烦。党员干部必须时刻牢记,手中的权力是人民赋予的,无论职务多高、功劳多大,都并非什么特殊人物,在面对人民群众时要始终秉持恭敬之心。

人民群众是我们党的力量之源,我们所做的一切工作都是为了群众。"向群众汇报",就是把群众满意作为最高标准,一方面要问需于民,时时与百姓需求对标,让工作顺应群众的需要,将服务做到群众心坎上;另一方面要问计于民,接受人民群众监督评判,自觉向群众请教,从人民群众中汲取智慧和力量。言之倾心、行之尽心,才能和群众心连心。"向群众汇报",就是要走出机关、"走出"文件和书本,在与群众的互动交流中受触动、受教育、受启发,接上地气、摸透情况,从而有针对性地创新工作方式方法,拿出破解难题的实招硬招,真正让群众见到行动、感到变化。

党员干部的一举一动关乎党的形象。以"向群众汇报"的态度为民服务,就是把党的好形象树立在群众心中,任何党员干部对此都不能置身事外。甘当小学生、请群众担任"评判员",党员干部拿出诚心诚意,就会赢得百姓的真心实意。

(第30届中国新闻奖一等奖,《天津日报》2019年10月21日)

【简析】

坚持人民立场,为人民说话

本文篇幅不长,但是意义深远,反映的主题重大,能够获得评论类一等奖,从写作上看,主要得益于它的两大特色。

第一,主题鲜明,论证深刻。眼下有评论作品,总是居高临下,充斥着自说自话、口号式的宣讲,"填鸭式"的灌输,刻板的说教,让受众产生距离感,给评论留下了晦涩难懂的印象。如何让普通老百姓读得懂、听得明白大道理中的精髓要义,并入脑入心,就必须主题鲜明,论证深刻,通俗易懂。这篇评论在这方面做得很成功。

第二,坚持人民立场,为人民说话。我国是人民民主专政的社会主义国家,人民是国家的主人,这决定了我国主流意识形态话语必须坚持人民立场,为人民说话,为人民服务。

习近平总书记始终把人民放在最高位置,行之所向,言之所至,思之所及,无不关乎人民福祉,无不体现人民情怀。以人民为中心是习近平新时代中国特色社会主义思想最鲜明的底色。中国共产党百年奋斗历史,概括起来就是不断实现好、维护好、发展好最广大人民根本利益的历史。要情系人民、感恩人民、敬畏人民,把人民放在心中最高位置。关注人民需求、维护人民利益,说人民想说的话、办人民欢迎的事,把工作做到人民心坎上,弄清楚新闻工作服务大众还是小众的问题,真正把党和人民赋予的新闻报道权、舆论监督权用到为民造福上来。这篇评论牢牢抓住"为民"这一出发点,并给出了生动答案。

(中国人民大学新闻学院 刘保全)

别把超时加班美化为"拼搏和敬业"

郑莉

近日一则由互联网程序员引发的新闻登上了热搜榜——一名程序员在 GitHub 社区上建立了一个"996.icu"(即工作 996,生病 ICU)的项目,披露部分互联网公司"996"工作制现象,大量"996工作者"涌入并控诉。

"工作 996,生病 ICU",意味着长期过劳工作,最终面临健康风险。由此引发的"996"加班问题再次进入公众视野。许多被证实采用"996"工作制的公司被推上舆论的风口浪尖。其中,有新兴互联网公司,也不乏跻身世界 500 强的大型企业。

所谓"996"工作制,即每天从早 9 点工作到晚 9 点,每周工作 6 天。以此测算,每周工作时间达到了 72 小时。而这一制度是违法的。1995 年施行的《中华人民共和国劳动法》规定了劳动者每日工作时间不超过 8 小时、平均每周工作时间不超过 44 小时的工时制度,并强调"劳动者享有休息休假的权利"。法律也考虑到不同企业的实际情况,规定用人单位由于生产经营需要,经与工会和劳动者协商后可以延长工作时间,一般每日不得超过 1 小时;因特殊原因需要延长工作时间的,在保障劳动者身体健康的条件下延长工作时间每日不得超过 3 小时,但是每月不得超过 36 小时。与此同时,用人单位安排加班的,应当按照国家有关规定向劳动者支付加班费。

随着我国劳动法律制度的不断完善,保护劳动者权益的制度体系和社会氛围已经形成,侵犯劳动者休息权的行为不再明目张胆,但是有的超时加班却披上了"温情的面纱"——企业用加班文化将员工捆绑在岗位上,要求员工付出更多工作时间和劳动力,以此期许提高企业的 KPI(关键绩效指标);员工忍耐着适应加班文化,以此换取稳定的收入和职业的发展。

如此加班给劳动者带来的是幸福吗?日前,整个微博都在安慰一个因为逆行被交警拦住、情绪失控大哭的小伙子。小伙子的一句话戳到了许多人的泪点:"我加班到十一二点,所有人都在催我,我真的好烦啊。我只是想哭一下……"

因为一件小事瞬间崩溃,程序员在网上自发声讨"996"工作制,这反映了重压之下的劳动者已不堪重负。全国总工会开展的第八次全国职工队伍状况调查显示,迫使职工超时加班现象较为普遍,每周工作超过 48 小时的职工占 21.6%,仅有 44% 的职工表示加班加点按劳动法规定足额拿到了加班费或安排了相当时间倒休。

诺贝尔奖得主科斯曾经感叹:"中国人的勤奋令世界惊叹和汗颜。"但问题的另一面是,辛勤劳动不等于无所顾忌的加班和漫无边际的任务指标;"为幸福而奋斗"也不应当成为企业逾越法律红线、忽视员工健康权休息权的代名词。

将超时加班美化为"拼搏和敬业"的企业文化,这是用温情的姿态,变相强迫劳动者加班。这不仅阻碍了企业的可持续发展,更可能损害高质量发展的耐力。因为劳动者的健康是国家发展的基石。过度延长工作时间,会导致一系列恶果,包括健康受损、生育率下降、心理疾病,甚至过劳死。

高质量发展是一场耐力赛。劳动者的身心健康不仅是这场"耐力赛"的推动力,也应是衡量高质量发展的重要指标之一。秉持以人为本的原则,关注和维护劳动者的身心健康,这才是创造价值和利润的正确路径。

"五一"国际劳动节即将来临,这个节日正是为争取8小时工作制而来。今天,应该撩开"996加班文化"的温情面纱了。高质量发展,需要的是更合理的工作节奏、更高效的运转模式、更科学的管理方法,需要企业承担起维护劳动者权益的法律责任,需要全社会对"8小时工作制"意义的认可。

(第30届中国新闻奖二等奖,《工人日报》2019年4月11日)

【简析】

近年,员工加班猝死的新闻屡见不鲜,劳资关系成为社会关注的热点。这篇评论就是在这样的环境下,针对员工加班问题展开讨论,契合了时代话题,引人深思。

第一,论题聚焦。近几年,一些企业将"996工作制"常态化,并赋予其"敬业""奋斗"色彩,令员工敢怒不敢言,对此,社会舆论一直有质疑声音。该评论迅速抓住舆论的焦点,就员工加班问题进行评论,论点鲜明,论述丰富,坚定维护广大劳动者权益,体现了"工字号"媒体的责任担当。

第二,条理清晰。本文逻辑条理清晰,首先对相关术语"996"进行解释,再一步步旁征博引,从法律意义、案例、名人名言等视角,深入展开论证,增加论点的说服力。

第三,情理结合。这篇评论既有法律角度的理性说明,又引入被加班逼到崩溃小伙的感性故事,情理皆在,一同驳斥了"加班是拼搏和敬业"的论点,可以引起很多"加班族"的共鸣,在社会中获得反响,给不少类似美化"加班"行为、理念的企业敲响了警钟。

第五节 新闻版面类作品的赏析

版面是各类稿件在报纸上编排布局的产物,是读者第一接触到的对象。版面作为一种表现形式,与内容是紧密联系不可分割的。内容对版面形式起支配作用,版面形式必须适合内容的要求并为内容服务。版面受内容的制约,但反过来又对内容产生很大的影响。一个完美的表现内容的版面,能极大地增强内容的表现力;反之,一个不适应表现内容的版面,会使本来精彩的内容为之减色,甚至受到歪曲。

一、报纸版面的功能

版面语言是引导舆论的重要方式。通过稿件在版面中的不同地位可表达稿件的不同意义,通过各种编排手段的运用,可强调某种特定的意义或表达特定的感情,以增强稿件内容的感染力和表现力。

版面是帮助和吸引读者阅读的重要手段。一个好的版面不仅能使读者顺利地阅读下去,而且能根据文章的不同特点,创造优美的形式,形成特定的气氛,从而激发读者的审美情绪,使读者饶有兴味地阅读内容。

版面也是形成报纸个性的重要组成部分。读者拿到报纸,即使不看报头,只要一瞥版面,就能毫不费力地识别出这是哪家报纸。就像遇到朋友,不需要通名,从面孔就能毫不犹豫地认出他一样。版面的个性是报纸内在个性的外在表现,人们浏览报纸时,在看到形式上的独特性的同时,也感受到内容的独特性。

二、版面空间与符号

读者在阅读报纸的时候,对每个版面及每个版面上各个局部的注意程度是不同的,因而就形成不同的强势。在赏析版面时,要注意该版面是否正确运用了版面空间的强势。

一般而言,第一版是要闻版,与其他版相比,具有强势。其他版面,右边的版从强势来说,要优于左边的版。就一个版而言,上半版要优于下半版,上区优于下区,左区优于右区,上左优于上右,下右优于下左。认识到区序,可以考察稿件按照重要性安排是否恰当。

从阅读心理看,分栏过多,基本栏过窄,阅读时视线移动频繁,容易造成眼睛的疲劳;分栏太少,基本栏过宽,则阅读时容易产生错行的现象,影响阅读效率,甚至影响对原文的理解。为了突出某一篇稿件,采用变栏,可以收到比较好的效果。

占据的空间越大,给读者视角上的刺激就越强烈,就越容易引起读者的注意。新闻稿件主要看标题所占空间的大小,尤其是标题的长度和宽度。图片越大,则显示内容越重要。

每一篇文稿和每一稿群在版面中都以一定的形状出现,不同的形状会给读者不同的心理感受,如方形、矩形比较端庄,而不规则多边形、圆形、剪影则比较生动。两个形状部分重合,在视觉心理上,完整的外形会比不完整的外形优先受到注意。

报纸版面在编排上,是以字符、图像、线条、色彩等手段构成空间实体的。这些编排手段具有不同的特点,会使读者产生不同的阅读心理。

不同的字体字号具有不同的吸引力,大号字比小号字更强势,同一字体,黑体字比其他字体醒目。各种字体所具有的风格也完全不同。在运用标题的字体时,就需要根据稿件内容的特点相应地采用不同风格的字体。

和字符相比,图像在吸引读者注意,增强版面优势,以及美化、活泼版面方面具有更大的优势。特别是动态的、大幅面的图像,往往是版面的视觉中心。

线条在版面中可以显示不同的作用,包括强势作用、区分作用、结合作用、表情作用、美化作用。而色彩,可以传情,可以表现强势,可以生成美感,也可以表意。另外,空白是一种不着色的色彩。

三、版面的美化

对于报纸来说,不顾具体情况,强求版面的美,是不切实际的。但是,也不可以消极地对待版面的美,只要是有利于表达,应在尽可能的条件下去追求、去创造版面的美。一个美的版面,能让读者赏心悦目,从而吸引读者去阅读内容,并且更好地接受内容。

版面的美表现在构成版面的材料,如字体、图片、线条、装饰等必须是美的。一幅优美的图片、一个好看的题衬、一个漂亮的刊头,往往能使版面生色。此外,整个版面的布局结构都要符合审美要求。光材料好,整个布局不讲究,任意排列,不会使人产生美感。就如同房间里的各种家具都很精美,但乱糟糟地放在一起,不会使人有愉悦的感受。

版面的布局结构要美,必须做到变化与统一相结合。版面有变化,才有生气,才能避免呆板、老套。但没有统一,变化就会显得杂乱。

版面的变化具体表现为体裁的变化、栏的变化、标题的变化、空间的变化、布局结构的变化和色彩的变化。

① 体裁。一个版面最好有几种体裁,这样版面会显得比较丰富,最好图文并茂,既有照片,又有绘画。

② 栏。正文除了排基本栏之外,可以适当采用变栏的形式,如形成长栏、破栏、长转短等。

③ 标题。包括标题字数的变化、字号字体的变化、题式的变化、位置的变化。这些变化都可以搭配使用,创造出更多的变化。

④ 空间。版面除了文字、图片之外,要留有适当的空白,这样能使版面显得开朗而不闭塞、清秀而不臃肿。空白主要留在标题、文和图片的四周。文排得紧,标题或文四周留有适当的空白,有密有疏,疏密相间,这样的版面能让读者愉悦。

⑤ 布局。我国报纸版面的布局结构基本上是穿插和排列两种形式。每一种形式都可以产生出多种变化。

⑥ 色彩。客观性色彩来自彩色照片以及绘画,主观色彩主要表现于标题、线条等。版面上色彩的变化应讲求此两类色彩的配合,应以前一类色彩为主。

版面的统一则要求变化必须讲求和谐、比例、秩序和均衡。

① 和谐。版面的各种变化必须和内容一致。当版面的变化有助于表现内容的特定要求时,才能给人以和谐的美。就一个版面来说,版面的局部和版面的整体也应该和谐。局部和整体在表现特点上要统一,在构图上要统一。

② 比例。标题和辅题的字号大小要适当。标题的宽度与文字所占版面的宽度也要适当。框的边长要合于一定的比例,框、辟栏的大小与整个版面也要相称。

③ 秩序。秩序主要表现在重复上,版面中的重复就是指同一形式的反复出现,变化中的适当重复能增加版面的节奏感,如标题的题式和字体的重复。此外,正文应以基

本栏为主。

④ 均衡。版面的上与下、左与右要取得重量上的平衡。这种重量主要是指心理上的重量,浓的重于淡的,密的重于疏的。安排版面时,不能把大标题、图片、加框新闻、装饰等集中在一个部位,以避免版面的轻重不均。

四、报纸新闻版面的赏析要点

新闻版面的赏析,重在版面对内容的表现力上。版面的设计,以及图片、色彩等的运用要能够有力地凸显内容的特点,营造、强化内容自然呈现出来的风格,达到形式和内容的完美结合。在表现内容时,还应进行大胆的设想,在视觉上形成吸引力和冲击力,最大限度地凸显要表达的主题。

作品赏析示例

全国抗疫表彰大会

朱爱军 陈煜骅 倪佳 王晨 竺暨元 李梦达 周扬清 范志睿

(第31届中国新闻奖一等奖,《解放日报》2020年9月9日)

【简析】

抗疫斗争取得重大战略成果,为致敬那些在抗疫中做出突出贡献的民众,2020年9

月8日,全国抗击新冠肺炎疫情表彰大会在北京人民大会堂举行。《解放日报》首次尝试以"手绘制图"方式制作当天的新闻版面,运用这种特殊版面语言,向英雄致敬、向人民致敬,在全国报刊界独树一帜。

编辑策划在前,意在笔先,版面充分用足篇幅提供创作空间,精选精编标题、提要、导读,正文的制作以读者体验为优先考虑,版面呈现先声夺人,强势突出。

版面左侧绘制有湖北武汉地标黄鹤楼,右侧绘制的是上海地标东方明珠,版面下方绘制医患之间的互动,整个版面巧妙地将湖北与上海地域文化紧密结合起来,也将抗疫表彰主题烘托出来。版面整体以"红色"为主色调,绘制图以"灰色"为主,寓意"负重前行"中又展现希望。

标题制作主旨积极向上,新闻图片选用总书记与共和国勋章获得者、人民英雄国家荣誉称号获得者的合影,充满正能量。手绘图内容也呈现出生命至上、举国同心、舍生忘死、尊重科学、命运与共的伟大抗疫精神。

作品赏析示例

2020年"互联网之光"博览会开幕
透过这扇窗,看见未来

年滕昶　高驰弘　陈仰东　吴雄伟

(第31届中国新闻奖二等奖,《浙江日报》2020年11月23日)

【简析】

该版面以通版形式,以"窗"为表现形式,聚焦"互联网之光"博览会,将习近平总书记赋予浙江"重要窗口"的新使命新要求,和乌镇水乡的独特元素——"窗棂"相结合,体现了高远的立意和高超的构思。开启这扇"窗"的媒介,让读者看到乌镇街景、"互联网之光博览会"建筑的魅力,使版面有了穿越现实与未来并使之交融的纵深感。版面主标题"透过这扇窗,看见未来",既呼应了版面设计的主题,也契合了消息稿的主旨。

版面采用线条设计出具有互联网科技元素的图形,在其中排入图片和文字,用符号、时间轴等多种元素,又采用评论、图片等多维度报道,加入展品介绍和博览会发展历程,使内容与形式完美结合,使版面可读性与艺术性完美结合,受到业内外广泛关注。

作品赏析示例

建国七十周年庆典

倪佳　王晨　竺暨元

(第30届中国新闻奖一等奖,《解放日报》2019年10月2日)

【简析】

　　这是一张洋溢着喜气的报刊版面,红色是主色调,象征着吉祥欢庆的氛围,主题是建国七十周年庆典。那么,万众瞩目的庆典如何设计出令人耳目一新又符合审美需求的版面呢?让激越、鼓舞、振奋的场景浓缩于有限的版面,这本身就是挑战,该编辑策划的版面作品出色地提交了令人眼前一亮的答卷。

　　在全国各报多采取整版、通版形式报道国庆盛典设计版面时,《解放日报》大胆改变版式,采取竖版形式,从策划、立意、拟题、制图、导读制作,到版面设计呈现,一环扣一环,整个版面内容饱满、厚重大气。版面上半版主题以总书记讲话中的"中国的今天"和"中国的明天"为主线,重点展示和呈现盛典现场场景,用 1949 和 2019 两组数字形成对仗,以宣传特刊;新闻图片打造视觉焦点,呈现出国家领导人的卓越风姿。

　　通过设计编排,版面下半个版面用简单的文字内容,嵌入 70 年来取得的重大成就,并配合飞驰的复兴号列车,寓意我国正走在"从站起来、富起来到强起来"的复兴之路上;再采取文字沿线排版的设形式,来凸显标语口号"站起来、富起来、强起来",标题和重要的文字多用黑体字,体现出庄重性。

　　总之,整个版面形式铺陈大气,色彩运用得当,布局合理,和版面要表现的主题内容是高度统一的。

思考与练习

1. 有哪些专业知识可以用于报纸新闻作品的赏析?
2. 从最近出版的报纸中,选择一些新闻作品进行赏析。

第二章 杂志新闻作品赏析

第一节 杂志新闻作品概述

一、杂志与期刊的关系

对于杂志新闻作品的研究,首先我们有必要明确杂志与期刊的关系。

什么叫杂志?杂志指有一定的编辑方针、固定的刊名与开本,刊发众多作者不同的作品,以期、卷、号或年月为序,定期或不定期连续印装成册的出版物。定义中所指的定期连续出版物,学界通称为期刊,而杂志还包含了不定期的连续出版物。

什么是期刊?期刊是一种定期出版的连续出版物,它按照一定的方针编辑,刊登众多作者多样内容的文章,并以固定的刊名、相对固定的形式顺序编号,成册出版。

所以,从严格意义上来讲,杂志与期刊的两者含义有区别,杂志概念的范围大于期刊,两者存在包容的逻辑关系。

当前,我国出版单位正式公开出版发行的刊物,均为定期连续出版的期刊。以杂志所涵盖的基本概念而言,公众所统称的杂志,通常就是指定期出版的期刊,从两者的包容关系上讲,并没有对错,但若编辑出版界也把杂志与期刊完全等同,并得出杂志又称为期刊的结论,则属于概念错误。因此,不难知道,只要明确出版物是定期连续的出版物,即可将其归于杂志范畴的期刊类。

所以,在这里编者特别指出,之后提到的新闻类杂志特指新闻期刊。在本节之后的第二至第五小节,对于各类杂志新闻作品(包括消息类作品、通讯类作品、新闻评论类作品、版面编排类作品)的特性、分类、评价标准、赏析角度等方面的分析与阐述,我们都将以国内知名新闻期刊中的新闻作品作为研究的范例。

二、新闻类杂志的定义

要了解杂志新闻作品,首先要明确新闻类杂志的定义。

以上对于杂志的定义主要从形态和属性上来与书籍和报纸进行区分。目前杂志的数量空前庞大,全球有近15万种杂志,涉及各个领域、各个方面。如何对这些杂志进行比较科学的分类呢？根据不同的标准和依据有不同的分类方法，本书采用根据杂志内容来分类的方法从中划分出新闻类杂志。

编者参照杂志的定义对新闻类杂志的定义做了如下界定：新闻类杂志是面向公众的以时政生活和社会生活为主要报道内容的定期成册并连续出版的印刷品。

为了进一步了解新闻类杂志的定义，也可以参照邝云妙对新闻期刊的定义：新闻期刊即以新闻报道与背景分析为主要内容的期刊，又称时政性期刊，主要发表有关新闻情势和分析新闻人物的专文，专门展示新闻的全景与评论，预测新闻发展趋势。它有大多数报纸无法深入的说明与分析，因而深受读者欢迎。

新闻期刊将内容丰富的文章收集在一起，既是传递观念的利器，也是大众获取信息的便捷工具，同时又具有自己独特的形态和功能。与报纸相比，期刊侧重于深入的评述、阐释及对受众的教育、陶冶，报纸则主要是报道消息、传播新闻，即期刊侧重于解释为什么，而报纸则侧重于告诉读者是什么。

考虑到时效性与报道深度的统一，新闻类杂志多以周刊或双周刊为主，具有迅速、深入、综述以及富有情趣等特征。

三、杂志新闻作品的特点

顾名思义，杂志新闻作品就是刊登在新闻类杂志中的新闻作品。它包括消息类作品、通讯类作品、新闻评论类作品以及版面编排类作品等。杂志新闻作品与电视新闻作品或报纸新闻作品相比有它的独特之处。为了更好地了解杂志新闻作品的特性，我们可以结合新闻类杂志的特点来分析。

1. 杂志新闻作品的报道内容以时政新闻与社会生活为主

新闻类杂志以时政新闻、社会生活为主要报道内容，大多数为周刊、双周刊，这就决定了杂志新闻作品的内容以报道时政新闻与社会生活为主。如1998年改版后的《南风窗》将自己定位为"有责任感的政经杂志"。它的内容注重对中国现状的反思及对先进国家成熟机制的向往，并一直关注平民百姓的生活状态以及他们对于社会的期待，在财经领域里力求通过敏锐的触觉把握前沿信息，给读者提供精辟专业的分析。

2. 杂志新闻作品最主要和最佳的报道方式为深度报道

从世界各国发展的实践看，当一个国家进入小康社会后，阅读与视听需求就成了社会中增长最快的需求之一。当前，受众增长的信息需求与原有不平衡的信息供给之间的差距将进一步拉大，造成了"信息落差"。在这种情况下，以提供深度报道和整合信息为核心竞争力的新闻类杂志应该能够在满足受众的信息需求方面谋得一席之地。这就要求杂志新闻作品最主要和最佳的报道方式为深度报道。

深度报道已经成为新闻媒体提升传媒品牌、扩大社会影响力、加强舆论监督、吸引受众注意力的强有力手段。它不仅是真实信息的传递者，也是环境的守望者、民众思维的启蒙者。《新闻学大辞典》对于深度报道的解释是：运用解释、分析、预测的方法，从历史渊源、因果关系、矛盾演变、影响作用、发展趋势等方面报道新闻的形式。深度报道是新闻杂志的重中之重，因其关涉的事实复杂且影响深远，因此选题策划对于新闻杂志来说非常重要,选题成败往往能决定当期杂志的发行量。

3. 图片越来越成为杂志新闻作品独立的新闻要素和视觉语言

图片在杂志新闻作品中已经成为一种独立的新闻要素和视觉语言,杂志新闻作品对图片的需求激增,对其质量水平的要求也越来越高。这种需求促使新闻杂志与国内外的专业图片社、图片网站等图片供应机构的合作模式日趋成熟。

4. 杂志新闻作品的新闻性和时效性较低

期刊也有自身的弱势,如我国大多数新闻杂志为周刊和双周刊,其新闻作品的时效性和新闻性显然低于报纸新闻作品和电视新闻作品。

5. 杂志新闻作品在传递信息的同时,更多的是传递意见和观点

我国大多数新闻杂志对读者的文化水平要求较高,其新闻作品的语言特色更具有解释性和学术性的特点,杂志新闻作品更多传递的是一种意见和观点。如《中国新闻周刊》以报道时政"硬新闻"为主,有着鲜明的意见和观点,并力图成为读者的意见领袖。《中国新闻周刊》的主要读者群体是企业管理人员以及国家与社会的管理者。这类读者对社会有很强的影响力,他们更愿意在获得信息的同时能够得到明确的意见和观点,从而为自己做判断时提供参考。

6. 杂志新闻作品追求新闻性、娱乐性和文化性的统一

在市场充分发展时期,新闻类杂志的新闻性与娱乐性、文化性并不是完全对立的,杂志必须考虑的一个首要因素就是读者的阅读需求,刻板的新闻报道已经被市场渐渐抛弃,一份真正好看而又有竞争力的新闻杂志就要求新闻作品应该把新闻性、娱乐性、文化性很好地融合在一起。例如《三联生活周刊》就带有浓厚的亲近中国知识分子阅读习惯的人文色彩,以新闻调查和文化评析相组合的方式来关注时事热点、社会生活。其新闻作品所蕴含的深厚的人文精神和丰富的文化关怀赢得一批忠实读者的喜爱。

四、杂志新闻作品的分类

根据新闻文体划分,杂志新闻作品可以分为消息类作品、通讯类作品、评论类作品;按照新闻作品的形式划分,又可以划分出版面编排类作品。

1. 消息类作品

新闻消息是新闻工作中最常用的一种文体,它是一种记叙性文体,属于新闻报道的范畴。消息具有寓事于理、讲究实效、简短精粹的特点。一般地说,一条消息由标题、导语、主体、结尾和背景组成。

但是和报纸相比,杂志的出版频率较低,其时效性也不及报纸,因此杂志上刊登的消息不多,一般以分析性消息为主,且篇幅较长。一般来说,杂志新闻消息类作品具有新闻性、深入性、精选性、高远性的特点。

2. 通讯类作品

新闻通讯是详细报道有新闻价值的人物、事件的一种新闻体裁。新闻通讯也是新闻类杂志常采用的基本体裁之一。最常见的是人物通讯和事件通讯,还有风貌通讯、工作通讯、旅行通讯等。通讯除具有新闻性之外，还具有形象性。新闻通讯的写作要做到研究客观事物运动的规律、透过现象看本质、放开眼界看全局，还要抓住主要矛盾，主要矛盾抓住了，问题就解决得深，解决得透。

杂志的出版频率较低，时效性不及报纸，并且杂志的出版内容比报纸多，容量比报纸大，所以报纸大多刊登消息，而杂志以刊登通讯居多。由于杂志的容量大于报纸，杂志新闻通讯类作品可以为新闻事件提供充分的新闻背景与材料，可以更加深刻、立体地反映现实生活。可以这么说，杂志新闻作品内容的深刻性通过通讯这种形式得到了充分的发挥。此外，杂志的受众面较窄，所以杂志新闻通讯类作品的定位通常锁定某个群体的受众。相比于报纸，杂志新闻通讯类作品的语言更加偏向文学性，其表现手法丰富多样。

3. 评论类作品

评论类作品即新闻评论，原《人民日报》副总编辑范荣康先生认为：新闻评论是就当天或最近报道的新闻，或者虽未见诸报端但却有新闻意义的事实所发表的具有政治倾向的，以广大读者为对象的评论文章。新闻评论是一种传者意愿的直接表达，新闻评论必须依赖于新近发生或者发现的事实、问题或现象，新闻评论是一种说理的、传播知识的形式。

通常而言，杂志新闻评论类作品也有报纸新闻评论作品的特点，都具有新闻性、群众性、针对性、指导性等特点。但是结合新闻类杂志的特点，杂志新闻评论类作品也有其特点。从篇幅来看，一般杂志新闻评论类作品的篇幅总体上长于报纸评论；从读者定位来看，杂志新闻评论类作品的内容几乎都有比较明确的评论对象；从作品内容来看，杂志评论是对时间在一周到一个月不等的信息做深入追踪，将文字、图片与新闻资讯有机结合起来，文章的含金量高，杂志新闻评论通常与文化评析相结合，并且其选题更加追求深度。

4. 版面编排类作品

杂志新闻作品不仅在内容上要做到有深度，提高其竞争力，在版面编排上也要别出心裁、富有新意。版面编排不仅要具有独特的观赏性，还要具有内容的互利性。通常优秀的版面编排能以其特殊的版面语言诠释新闻期刊的定位与精华内容。新闻期刊版面编排设计既具有刊物内容和编排规范的从属性，又包含平面设计艺术创造的独立性。前者是针对期刊自身文化属性而言；后者指的是设计者在对原稿内容的理解与把握的基础之上，驾驭版面空间的艺术功力以及对平面设计的个性追求。

五、杂志新闻作品的评析方法

对杂志新闻作品的评析主要从内容与形式两方面入手。

1. 杂志新闻作品的内容是提高新闻类杂志核心竞争力的关键，作品内容是杂志的第一要素和基础

一种新闻媒介的传播内容是否受到欢迎是由两个基本层面的问题决定的：一是它所属的内容"类别"在满足社会需求的传播结构中所占的位置，二是它在同类传播内容中的优秀程度。可见新闻作品内容的重要性。对杂志新闻作品内容的评析,我们从新闻价值评析、新闻选题评析、观点评析三方面来着手。

1) 新闻价值评析

新闻价值评析包括以下几点。

时新性:新闻内容是否为新近发生和新鲜的事实。

重要性:指事关大局、影响普遍、与当前社会生活和广大群众利益有着密切的关系。其衡量尺度是看它对国家、民族、人民、社会所产生的影响。

显著性:事实所涉及的人物、地点或事件本身等因素是否为众人所瞩目。

接近性:事情发生的地点越近,与读者的切身利益和思想感情越密切,读者就越关心,新闻价值就越大。

趣味性:新闻报道的内容是否能引人入胜,使读者感兴趣。

前面提到,杂志的出版频率低于报纸,杂志的受众定位没有报纸广,杂志新闻作品的内容以报道时政新闻和社会生活为主,所以杂志新闻作品不可能全部涵盖这几种价值要素,它有所侧重。一篇好的杂志新闻作品一般来说要具备重要性、显著性和趣味性等特点。

2) 新闻选题评析

新闻选题是指新闻工作者根据所掌握的新闻素材,在正式采访报道之前进行的一场持续性的新闻选择和新闻策划的复杂思维活动和实践活动。

首先,要做好重点选题和独家报道。对一个事件从不同角度进行报道、分析和评论,或是对一个热点问题展开探讨和争鸣,无论从篇幅、报道力度、思想深度和影响力上都堪称一期杂志的重点,最能反映新闻杂志的核心内容。一本新闻类杂志若没有大多数读者关心的重点选题,就很难形成稳定的中心,杂志的导向和风格就很难保证。选题和报道要具有时代感,触及现实生活热点。但是,新闻类杂志的时效性难以与报纸、电视等媒体抗衡,因此选题不要仅限于热点事件本身,更多的是对热点事件做进一步深入的阐释,对其波及的部分做独到的发人深省的报道。20世纪40年代,摩尔在出任美国《新闻周刊》的总裁兼发行人时,曾提出"三度编辑公式",即新闻的本身、新闻的背景及新闻意义的解释。

封面故事是新闻类杂志的特殊产品。作为杂志形态,封面故事把题目印在封面上,相当于一个商品的包装。所以从某种意义来讲,应该把封面文章作为一个重点产品来做,更应该做好选题的策划。

其次,要做好创新性的选题策划。好的选题策划是用最巧妙的角度、最完善的手段、最引人入胜的笔触,阐释所要报道的事物的真实面貌,引导读者把握事实的深度与实质。选题策划的本质是创新,它对于提高新闻类杂志的质量是相当重要的,许多高知名度的杂志最初就是用一些巧妙的策划制造新闻"沸点",吸引读者的注意,从而开辟自己的市场。

要优化杂志新闻作品的选题,一是要着重政治、经济领域内的选题。杂志虽然"杂",但要主次分明、个性突出、非同质化。因此,新闻杂志作品在选题上应以时尚、消费文化为辅,更多地报道能够打动主流社会的政治、经济类的新闻。二是要立足于政治、经济的立场去处理时尚、个性消费等一类软性选题,在软性文章的躯体内插入"钢筋",使新闻作品外软内硬。

3)观点评析

目前,在业界已达成共识:观点是新闻类杂志的一大卖点。杂志新闻作品要对受众进行观点的引导,帮助他们进行理性思考。因为在客观上,竞争对手间的信息来源和能收集到的信息差不多,在今天,信息收集的重要性相对让位于信息整理和加工的重要性。尽管人们每天采访新闻,但事实上一个新闻媒体能获得的真正原创性的发现是很少的,记者采访很大程度上是收集信息,在这种情况下,一个媒体如果想胜出,要拼的就不完全是信息收集,更要拼信息的整理和加工,并从中提炼出独特的观点。

2. 对杂志新闻作品形式的评析,包括对新闻作品的结构评析、表达方法评析、新闻语言评析

1)结构评析

要看新闻作品的结构是否简要清晰、容易理解。此外,要看新闻作品的结构是否与重要事实有着直接关系,能够体现主题。还要看新闻作品的结构是否灵活多样,富有创新性。

2)表达方法评析

新闻作品的表达方法主要有叙事、描写、议论、抒情、说明等。对其评析整体上要求如下:叙述准确恰当、清晰明白、有条不紊,描写真实、生动、感人至深,说明简明扼要、清楚明了。对于以人物为报道对象的专业新闻杂志,叙事手法的运用显得尤为重要。如《南方人物周刊》是一本新闻类人物周刊,非常讲究叙事手法的运用,它对于时间的处理就很好地体现了独特的叙事技巧。在一般的新闻作品中,对于时间的处理可能是比较谨慎和保守的。《南方人物周刊》在时间方面借鉴了文学的写作手法,有"新闻故事化"的倾向。追述、预述、省略、停顿、场景、延缓、概要等时间处理方式,在"公共"栏目中出现得恰到好处,给其他人物报道提供了范本。

3)新闻语言评析

新闻语言是通过新闻媒体,向受众传播(报道)最新发生的具有新闻价值的信息时所用的语言。它是适合新闻报道要求、体现新闻特性的一种语言。一般的新闻作品,它的语言都具有客观、确切、简练、朴实、通俗等特点。但是杂志新闻作品的语言风格往往不是通俗易懂、轻松活泼的。首先,不管是在我国还是国外,大部分新闻类杂志将读者定位于文化水平较高的群体。美国三大新闻杂志的主要阅读对象是中产阶级,这个阶级无论是数量、经济地位还是社会影响,都在社会上占据强势的地位,是美国社会的主流人群。我国的新闻类杂志虽然在受众定位上各有侧重,但普遍针对受过良好文化教育的中青年读者。其次,深度报道越来越成为新闻作品的最佳报道方式。最后,杂志新闻作品的内容以时事政治和社会生活为主。因此,杂志新闻作品的语言应该具有解释性、学术性、严谨性等特点。

第二节 杂志新闻消息类作品的赏析

一、杂志消息的特点

和报纸相比,杂志的出版频率较低,其时效性不及报纸。因此杂志上刊登的消息不多,一般以分析性消息为主,且篇幅较长。有的杂志会刊登图片消息,篇幅简短。也有一些杂志则会转载报纸、网络等国内外其他媒体上关注度高的消息。

报纸上的消息类新闻报道是最能体现"新""快""短""实"特点的新闻类型之一,但新闻杂志上的消息慢也有慢的优点——杂志可以把出版周期内所发生的事情进行全面的综合和回顾。对于阅读时间比较少的读者来说,杂志的全面和系统正是它的长处。总体说来,它的主要特点表现在"新""深""精""高"这四个方面。

1. "新"即新闻性

具体来说,新闻性表现在两个方面:第一,新闻杂志上的新闻不像报纸等其他媒体上的动态新闻那么零碎,而是加强了新闻的综合与分析,给人以较完整的认识。它不是一般的消息,不是动态性的新闻,它能够帮助读者更多地了解事件的详细情况,了解事件的背景、影响及其发展趋势等。第二,新闻杂志上的新闻具有独特的时效性。它所体现的时效是深层的,因为它特有的理性沉淀过程,使它具有了一种本质的超前性和预见性,它总是立足于昨天和今天,关注着明天,以至更远。因此可以说,新闻杂志的这种超前性和预见性是对"时效"的另一种诠释。

2. "深"即深入性

所谓深入性,指的是新闻杂志通过对报道主体进行综合的、立体的和多维的深度报道,以揭示事物之间的联系,揭示运动着的事物的内在矛盾,开掘事物的深层次的内涵。不是就事论事,而是对新闻事件做深入分析,并预示其发展趋向,这是和新闻性紧密相连不可分割的一个特性,也是新闻杂志和报纸、广播、电视等媒介相区别的、相竞争的一个最重要的特性。

3. "精"即精选性

所谓精选性,指的是新闻杂志上的主流新闻都是在繁多的新闻中精选出来的,选题独到、主题重大。新闻杂志所报道的事实,除了具备新闻价值等共同标准外,还要有在媒介把握传播手段的技术特征、决定对新闻事实如何报道的过程中所体现出来的最具有该媒介特色的个性化标准。

4. "高"即高远性

新闻杂志的高和远,指的是新闻杂志因其内容的精深而表现出来的高瞻远瞩、高屋建瓴和高雅脱俗。新闻杂志思想内容的深刻不仅仅是因为新闻事件的重大和背景资料的丰富全面,同时也因为它能够在选择、采访、成文的过程中,思辨地用历史的观点、哲学的观点、文化的观点来审度这些富有时代特点的新闻事件、新闻人物和新闻现象。

二、杂志消息的分类

杂志消息，根据不同的分类标准，可以划分成若干类别。常见的有以下几种分类法。

按新闻事实发生的地域和范围来分，可分为国际消息、国内消息和地方消息，如《凤凰周刊》就包含"台港澳"新闻板块。

按报道的题材和内容来分，可分为政治新闻、工业新闻、农业新闻、商业新闻、财经新闻、军事新闻、环境新闻、文教新闻、科技新闻、体育新闻、社会新闻、人物新闻、娱乐新闻等。

按传播手段来分，可分为文字新闻和图片新闻。杂志通常会运用图片与文字有机结合的方式来代替纯文字报道，图文并茂地还原新闻现场，以吸引读者的眼球。常见的图片新闻以一张大图配以简短文字，字数都在100字以内，如《VISTA看天下》的《图说天下》栏目。也有以一组图片为主，中间穿插文字的图片新闻，如《凤凰周刊》的《图谋天下》栏目。

按篇幅的长短来分，可分为长消息和短消息。长消息一般都是分析性消息，按照消息的特性、各个杂志的分类标准将消息归入杂志的不同栏目中，能够帮助读者全面深刻地了解报道的内容。短消息通常属于非事件性消息，对时效性要求不高，而且以转载为主，通过集纳编排，组合而成一个特定的新闻栏目，如《南方周刊》的《社会万象》栏目。

三、杂志新闻消息类作品的评析方法

新闻杂志作品评析遵循一般新闻作品评析的基本原则，解释和分析其价值意义。但由于新闻杂志这种媒介形态自身的特殊性，在评析其作品时又有特殊的角度和方法。

1. 新闻主题

新闻主题的选择是对新闻杂志文本进行分析的重要内容。优秀的消息作品要求题材重大，其主题要能体现党和国家最主要的任务和重大事件。新闻杂志的选题范围广泛，涵盖了政治、经济、文化、科技、娱乐等领域。因此新闻主题是否重大，角度是否新颖，是否具有较强的现实针对性，是否能够充分把握住时代的脉搏，是评析新闻杂志作品的一个重要切入点。

2. 叙事风格

新闻报道是现代社会中一种非常重要的叙事形态，独特的叙事方式是形成新闻杂志个性风格的重要因素之一。叙事风格是从表现手法的角度对新闻杂志作品进行赏析的角度之一。

新闻杂志关注的范畴不再局限于硬新闻，即使是硬新闻也常常会软化包装，在精、深等方面下功夫，通过议论和抒情传达感情色彩与价值取向，从而形成亲切、平易的行文风格。有的文章采用西方客观报道手法，善于运用简洁的语言、巧妙的笔调，既报道了事实，又将自己的观点隐蔽在其中。有的采用特写的叙述手法，从平民的视角将新闻故事化,注重细节的描写,设置层层悬念,令读者欲罢不能。

3. 与读者的接近性

在读者日益分化的今天,每一种杂志的定位更加清晰、特色更为鲜明。不断满足读者的个性化需求,是创办杂志的出发点,也是归宿点。与读者的接近性表现在新闻作品的内容与形式两个方面:内容是否具有新闻价值,是否反映目标读者的关注焦点,形式是否满足读者的文化审美需求。那些具有震撼力的选题、生动活泼的语言风格,是许多杂志读者的期盼。

中俄"冬奥之约":友好没有止境,合作没有禁区

曹然

2022年2月4日,俄罗斯总统普京访华并出席北京冬奥会开幕式,中国国家主席习近平同普京举行会谈,双方发表《中华人民共和国和俄罗斯联邦关于新时代国际关系和全球可持续发展的联合声明》(下称《联合声明》)。这是两国领导人自2020年新冠疫情暴发以来首次进行面对面会谈。

"中俄两国之间有一个好传统,无论谁家办喜事,对方都会登门道贺、共襄盛举。"中国外交部副部长乐玉成在会谈结束后表示。2014年,习近平主席应普京邀请赴俄罗斯出席索契冬奥会开幕式,当时两国元首相约"2022年北京再聚首"。如今,跨越八年的"冬奥之约"得以实现,展现出两国领导人"无论在交往次数上,还是交流深度、广度、温度上,在大国领导人之间都绝无仅有"。

自2021年中美关系走出"最低谷"、俄美达成"战略稳定"共识以来,中俄关系走向备受国际社会关注。对此,《联合声明》表示,中俄"两国友好没有止境,合作没有禁区,加强战略协作不针对第三国,也不受第三国和国际形势变幻影响"。双方重申"相互尊重、和平共处、合作共赢的新型大国关系",指出中俄新型国家间关系超越冷战时期的军事政治同盟关系模式。

俄罗斯国际事务委员会总干事科尔图诺夫对《中国新闻周刊》表示,中俄关系发展,一方面需要更深层次的经济融合,转向更多的生产与技术合作;另一方面要在国际合作上连接"各自的重要项目"。

2021年,中俄双边贸易额突破1400亿美元,增长超过35%,再创历史新高。中国外交部2月4日披露,普京访华期间,中俄双方有关部门在经贸、能源、航天、体育等领域签署了15份合作文件。

中国外交部长王毅和俄罗斯外长拉夫罗夫2月3日会晤时表示,当前,因疫情造成的两国务实合作的所有"堵点"已总体打通。乐玉成则强调,两国企业新签署的《远东天然气供销协议》是继东线天然气管道之后能源领域又一重大标志性合作,为中国实现双碳目标提供了新的保障。

《联合声明》同时指出,双方将积极推进共建"一带一路"与欧亚经济联盟对接合作,深化中国同欧亚经济联盟各领域务实合作,提高亚太地区和欧亚地区互联互通水平。《联合声明》也展现了中俄双方对当前重大地区热点问题的共同立场。有分析就指出,《联合声明》敦促美国放弃在亚太和欧洲部署陆基中程和中短程导弹计划,为下一阶段军控对话确立了方向。

在北约和俄罗斯双方围绕乌克兰的战争危机逐渐转向长期外交博弈之际,中俄双方在《联合声明》中反对北约继续扩张,呼吁摒弃冷战时期意识形态,尊重他国主权、安全、利益及文明多样性、历史文化多样性,客观公正看待他国和平发展。《联合声明》称,中方理解并支持俄方提出的构建有法律约束力的欧洲长期安全保障的相关建议。

此前,美方和北约表示不接受俄方提出的"长期安全保障"建议。北约秘书长斯托尔滕贝格2月7日表示,中俄联合声明是"企图剥夺主权国家自主作出选择的权利"。中国驻欧盟使团发言人则回应道,在冷战结束30年后,北约搞集团政治和阵营对立,无助于世界的安全与稳定。

一些西方媒体将本次中俄外交活动,视为向美国等西方国家"传递强烈的信号"。美国总统拜登已决定在2022年春季访问印太地区,和日本、澳大利亚、印度等国领导人会晤。2月9日到12日,美国国务卿布林肯访问澳大利亚并出席美日印澳"四方安全对话"外长会议。外界将此视为拜登持续构建"对华统一战线"的新动向。因而,中俄共同发声,主张维护地区和平稳定,反对任何制造阵营对立和集团对抗的企图,正当其时。

(《中国新闻周刊》2022年2月14日)

【简析】

本文刊登于《中国新闻周刊》,选取2022年北京冬奥会开幕式主题作为切入视角,主要报道中俄两国如何发展友好伙伴关系。当下世界正处于"百年未有之大变局",单边主义悄然抬头,中俄关系不仅在我国周边外交中占有重要战略地位,而且对世界格局稳定都存在巨大影响,因此该选题具有深刻的现实意义。

该文的前半部分具体介绍了中俄两国的友好交往。作者借助"冬奥之约"展示了两国深厚的情谊,并且通过引用中俄重要人物的观点和合作案例,直接表现出"友好没有止境,合作没有禁区"的主题。

报道不仅聚焦中俄两国的合作发展,对于受众密切关注的俄乌战争问题,也进行了简略的说明,围绕乌克兰问题分别展现了俄方和美方、北约方的立场和看法。专家的陈述让读者对紧张的局势有了较为清晰的认知。其中,中方的立场也对本文"中俄关系"的主题起到重要的呼应作用。正是如此,新闻材料所蕴藏的新闻价值充分地表现出来。

本文最后一段报道了美方的近期动向以及西方媒体对于中俄外交活动的态度,更是间接地表现出中俄关系的良性发展,与主题相契合。而结尾的中俄共同发声,再次重申了中俄双方维护地区和平稳定、支持多边主义的鲜明态度。

这篇时政类报道中,作者直接转述了专家学者的观点,没有任何的辞藻累赘,以传递更多的信息为使命。全篇报道顺着冬奥、乌克兰局势的线索不断深入,不仅富有立体感,也增强了报道的深度和厚度,令读者印象深刻。

作品赏析示例

晚舟归航（节选）

祁彪　关珺冉

2021年9月25日21时48分左右，历时十余小时飞行，华为首席财务官孟晚舟乘坐中国政府的包机CA552，抵达深圳宝安国际机场。

孟晚舟身穿一身红色连衣裙，接过玫瑰花。"我终于回家了"，她发表简短感言，"作为一名普通的中国人，我以祖国为傲；作为一名奋斗的华为人，我以华为为傲。艰难方显勇毅，磨砺始得玉成。所有的挫折与困难、感激与感动、坚守与担当，都将化作我们前进的动力和拼搏的勇气。我们坚决拥护以习主席为核心的党中央，忠于自己的国家，热爱自己的事业……我想说，有五星红旗的地方，就有信念的灯塔。如果信念有颜色，那一定是中国红。"

当晚，在宝安国际机场T3航站楼国际到达厅，只有国航CA552一班国际航班降落于此。机场的大屏幕打出红底白字"欢迎孟晚舟回家"的字幕，机场的装饰灯亮起红色。

此前数小时，这里已经聚集了大量媒体和欢迎孟晚舟回国的民众。市民打出"晚舟归航、祖国万岁"、"华为家属：欢迎孟晚舟女士回家"的横幅。人们高唱《歌唱祖国》、《国歌》迎接孟晚舟，众人高喊"华为加油，祖国万岁"。

"回家的路，虽曲折起伏，却是世间最暖的归途。"在中国政府包机上，孟晚舟感慨万千。被拘押1028天后，终于可以回国与家人团聚。

孟晚舟的妹妹姚安娜通过微博发布消息称，"姐姐的飞机已飞过北极上空，很快就能回到伟大的祖国，姐姐永远是我的榜样，是全家的骄傲。"

据悉，孟晚舟归国的航班为中国国航临时执行的CA552航班，飞机编号为B2043，机龄8.1年，机型B777-300ER。由温哥华飞往深圳。根据航班追踪显示，此次归国航线不途经美国的阿拉斯加、阿留申群岛等地，而是直接北飞，不经过任何美国领空，穿越北极和俄罗斯上空，再进入中国领空。有网友评论称，这是避免美国"横生枝节"的安排，在最后关头总要提防美国"出幺蛾子"，毕竟孟晚舟滞留在加拿大就是美国所为。

2018年12月1日，孟晚舟在加拿大温哥华机场转机时，被加拿大边境服务局（CBSA）以应美方要求为由"逮捕"，这场引发巨大争议的事件就此开始。

在多方努力之下，当地时间9月24日，孟晚舟以视频形式于美国纽约布鲁克林（Brooklyn）联邦法院出庭，并和美方达成延期起诉协议。同日，卑诗省最高法院宣布，华为首席财务官孟晚舟于今天被释放，可自由离开加拿大。与此同时，新华社也发布消息，经中国政府不懈努力，当地时间9月24日，孟晚舟女士已经乘坐中国政府包机离开加拿大，即将回到祖国，并与家人团聚。

对此，华为公司发表声明表示，我们期待孟女士尽快安全回国，与家人团聚。华为将继续在美国纽约东区联邦地区法院的公司诉讼中维护自己的权利。

"和美方达成延期起诉协议,应该是孟晚舟与华为方面综合多种因素考虑,采取的一种解决孟晚舟在加拿大司法引渡程序问题的最为合适的方法。"东南大学法学院副教授、硕士生导师易波说。易波是国际法领域专家,专注研究中美比较法学领域,以访问学者身份在美国多所高校访学期间就一直关注孟晚舟案。

(《凤凰周刊》2021年10月25日)

【简析】

本篇刊登于2021年10月25日的《凤凰周刊》,聚焦"孟晚舟女士归航"这一备受公众关注的热点事件,具有较强的新闻价值;全文对该事件来龙去脉进行了梳理,体现出"中国共产党领导下的中国是每一位中国公民的坚强后盾"这一重大主题。

该文采取了追叙手法,从"孟晚舟女士归航"视角出发,对孟晚舟女士在加拿大温哥华机场转机时被无故"逮捕"、经多方努力出庭美国纽约布鲁克林联邦法院、顺利归国等经历进行了追溯性叙述,一方面让读者更为全面地了解事件发展的全过程,另一方面也点明"晚舟归航"的不易。

文中运用了多处细节描写,如"孟晚舟身穿一身红色连衣裙,接过玫瑰花""机场的大屏幕打出红底白字'欢迎孟晚舟回家'的字幕,机场的装饰灯亮起红色"等。这些细节烘托出温馨、喜庆的气氛,不仅表达了晚舟女士回国的欢喜心情,也昭示着全国上下对晚舟女士的尊重与敬佩。

该文对孟晚舟、媒体、部分市民、姚安娜、网友、华为公司、东南大学法学院副教授的态度及言论进行了报道,全方位展示了各界对晚舟归航事件的高度关注,也揭示出该事件背后错综复杂的国际局势,启发读者进行深度思考,是一篇优秀的杂志新闻作品。

第三节 杂志新闻通讯类作品的赏析

一、杂志新闻通讯的特点

和报纸相比,杂志的出版频率较低,其时效性总是不及报纸,并且杂志的出版内容比报纸多,容量比报纸大,所以报纸大多刊登消息,而杂志以通讯居多。

首先,出版内容和容量方面,报纸提供的主要是新闻,而杂志提供的主要是观点和知识;从单篇作品的篇幅上来说,杂志的容量要大于报纸。因此,杂志通讯可以为新闻事件提供充分的背景与资料,又可以更有深度地反映现实生活。穆青先生曾说:"新闻周刊的看家武器,是分析性、评述性、立体性的深度报道。"新闻杂志内容的深刻性通过通讯这种形式得到了充分的发挥,从而克服了其在时效性上的不足,在深度和广度上独辟蹊径。

其次,在满足受众需求方面,杂志比报纸更能够满足特定受众的特殊需求。杂志受众面较狭窄既是它的弱点,也是它的优势。杂志锁定某个群体的受众,为他们量身定制特定的内容,以使受众满意。所以杂志通讯的定位是锁定某个群体的受众的,而报纸通讯是符合大众喜好的。

最后,在审美形态方面,杂志通讯的语言偏向文学性,表现手法丰富多样,会大量借助多种文学手段,如描写、抒情、比喻、拟人等修辞手法;而报纸通讯的语言则更加准确严谨、明快流畅、简洁明了、通俗易懂。

综上所述,报纸通讯的特点是内容简短但时效性强,受众广,语言更加严谨;而杂志通讯的特点是篇幅长且内容深刻,受众单一,语言更偏向文学性。

二、杂志新闻通讯的分类

对通讯进行分类,特别是对杂志通讯进行分类,这是一件有些勉强的事情。不管是报纸通讯还是杂志通讯,通常人们都是按题材进行分类,分为人物通讯、事件通讯、工作通讯、风貌通讯。杂志通讯通常以人物通讯和事件通讯为主。这种分类方法已被沿用多年,自有其可取之处。但是杂志中会有一些访谈(或专访)、新闻分析、记者调查手记等,似无法包容其中。也有人按表达方式进行分类,将通讯分为叙述型通讯、描写型通讯、议论型通讯。但在一个具体作品中,哪种表达方式占多大的比重,这是难以界定的。叙述、描写、议论等多种表达方式同时并用,也是常有的事。

根据杂志这个平台的特色,经再三考虑,编者拟依据记者采写方式的不同而将杂志通讯分为以下三大类:叙事记述型、调查分析型、谈话实录型。

叙事记述型通讯,既可以记人(相当于人物通讯),也可以记事(相当于事件通讯),还可以记地(相当于风貌通讯、旅游通讯);既可以根据事后采访所得材料进行记述,也可以根据事发时的目击和同步采访所得材料进行记述。由体验式采访所形成的通讯作品以及现场目击记等,均属此类。这一类通讯,既包括篇幅大、分量重的典型报道,也包括短小精悍的特写、素描、新闻小故事等。

调查分析型通讯有与工作通讯一致之处,但也有很大的不同。它包含了对工作经验抑或失误、社会问题、认识误区、错误倾向的较多的理性思考。由此,一部分调查分析型通讯演变成了问题通讯,以提出各类严峻的问题为己任,目的在于引起有关受众的注意,可以开出"药方",也可以不给出"药方"。这类通讯中的一部分,往往要进行艰难的取证工作,对调查采访的要求很高,除进行公开记者身份的明访外,还常要进行隐蔽记者身份的暗访。通常所说的调查性报道、解释性报道、新闻分析、深度报道,大致都可以归入此类。

访谈实录型通讯包括专访、访谈、谈话记录类等比较特殊的通讯文体。在这一类通讯中,谈话既是主要的采访方式,同时也是作品的主要内容。记者的采访提问,常常被如实地写进通讯。被采访者的谈话则多被原封不动地大段引用(有时甚至由谈话构成全篇通讯),在这一点上,它又明显地有别于上述两类通讯。而这种访谈实录型通讯则基本出现在杂志上。

三、杂志新闻通讯作品的评析方法

杂志通讯作品评析要遵循一般新闻作品评析的基本原则,解释和分析其价值意义。杂志通讯评析,评的是新闻价值的大小、表达的思想是否深刻、有无揭示事物的本质、有何社会效果;析的是结合社会背景分析现实意义,分析其主题、角度、结构、语言的特点。

1. 主题提炼

主题是杂志通讯的"灵魂"。主题决定着杂志通讯的社会价值。主题支配着通讯写作的全过程,即材料取舍、谋篇布局、表达方式以及语言运用都围绕主题进行。因此,要正确地选择主题,深刻地提炼主题,完美地表现主题。

杂志通讯的主题,是人们评价杂志通讯时首要的评价标准。一篇杂志通讯的质量高低、价值大小,主要看其主题正确不正确、深刻不深刻,思想意义和指导作用大不大。杂志通讯主题要具有真实性、思想性、科学性等特点。

2. 语言艺术

前面已经提到过,报纸通讯的语言是严谨、明快流畅、简洁明了和通俗易懂。而杂志通讯的语言表达更注重"文似看山不喜平"的要求,行文有起有伏,有张有弛,跌宕多姿。

杂志通讯作为新闻作品的一个主要文体,以比较形象、细腻的笔法,对典型人物和事件进行具体而生动的报道。这种文体具有的形象性、趣味性、抒情性、滞后性等特征,使它成为杂志与报纸、广播、电视展开竞争的特殊武器。所以评析杂志通讯,其语言艺术是必不可少的一个环节。

3. 通讯结构

杂志通讯的结构,总体上要求做到统一和谐、完整严谨。统一和谐,指材料安排有序,自然而巧妙;完整严谨,指有头有尾,前呼后应。同时,杂志通讯结构要服从通讯主题的需要,并努力揭示新闻事实的内在联系。

评析通讯结构时应从表现事实为本的原则、表现主题为本的原则、简洁清晰原则、均衡对称原则和跌宕起伏原则这五大原则出发。

四、杂志新闻通讯作品案例分析

按照题材内容来分,通讯大致可以分为人物通讯、风貌通讯、事件通讯、工作通讯等四种。题材内容不同,刊登的平台不同,在写作上呈现出各自不同的特点。细心揣摩它们的写作技巧,会进一步提升我们在不同平台的新闻写作能力。杂志通讯以人物通讯和事件通讯为主,所以选择了以下两个案例进行评析,以彰显其本质特点与基本写作技巧。

1. 人物通讯作品评析

陶勇:"科技是一把更厉害的手术刀"

梁辰

每周三下午4:30是首都医科大学附属北京朝阳医院眼科的例会时间,主任陶勇会带着全科室的医生做病例分析和业务讨论。

这天的分享者是一位在读博士生,她的PPT以康德和孔子的名言开头,末了,又通过分析《红楼梦》的人物特点来提醒大家,要看到内在的真相而不能被表象所迷惑。

有些生硬的类比让在场的听众啼笑皆非,但在导师陶勇看来,她至少开始摆脱原来局限在单一学科的机械性重复,而将眼光投向更为广阔的人文和社会层面。这很大程度是受陶勇的影响。

陶勇把医学看作"人"学。他曾对立志报考医科大学的学生说:"未来决定你在医学领域高度的,不是你提前把解剖学读了,而在于你对医学的理解程度——如果你真的想成为一个好医生,不如从现在开始细心观察和体会人与人之间的关系、人与社会的关系、人与自然的关系。"

"我受伤后,为什么那么多患者跟我保持着联系?因为我看到了他们背后的故事,尝试去了解他们的人生。每一个故事又加深了我对医学、社会和人性的理解,让我能够从患者的角度去解决问题。"陶勇从不认为医生和患者只是一次性的买卖关系(详见本刊2020年报道:《陶勇 我看过太多悲惨的命运,更能承受打击》)。

陶勇对"关系"的理解,也延展到10岁的女儿。虽然孩子在寄宿制学校上学,而自己公务繁忙,两人见面的时间不多,但他掌握了一套特别受用的教育方式——在孩子面前示弱。

比如,让女儿掌握一个复杂汉字的写法,他会说:"这个字爸爸怎么都写不好,你能帮帮我吗?"——由此激发孩子学习的主动性。女儿学日语,为了给她一个表现的机会,他特意点了自己小时候最喜欢的《机器猫》日语歌,女儿就学来唱给他听。"孩子之所以会逆反,很大的原因是他的主张或能力没有观众来欣赏,家长应当放下身段当孩子的观众。"

医疗的最大问题在于无序

陶勇伤后复诊,原本每周三出诊主任号。2021年5月开始,他成为朝阳医院的知名专家团队成员——每周不直接出诊,也没有固定的出诊时间,只看那些从副主任医师和主治医师处转上来的疑难患者。

在他看来,这是科室内的分级诊疗(注:分级诊疗制度是指不同级别的医疗机构应该承担不同疾病的治疗,常见病、多发病在基层医院治疗,疑难病、危重病在大医院治疗),通过在眼科内部进行分级转诊,可以让医疗资源更加合理和有效地分配。

陶勇原先每天看诊的六七十个病人中,有相当一部分是病情并不严重但熟悉通过手机、互联网挂号的年轻人,还有一些是通过关系辗转找到他的"人情患者"(基本也是病情较轻的),真正有疑难眼病、岁数大的人,反而挂不上他的号。现在,他有了更多的精力去处理真正的疑难问题。

前不久,一名患有青光眼的 HIV(人类免疫缺陷病毒,又称艾滋病毒)感染者通过科里的一位主治医师找到陶勇。患者说明情况后,陶勇在一间独立的诊室给他做了诊断和激光治疗。这在以前几乎是不可能的——受伤之前,陶勇的诊室永远是人头攒动,很难顾及每一名患者的隐私。

"我觉得医疗现在最大的问题不是资源和投入少的问题,而在于无序。一旦建立了秩序,解决问题的能力就会提升很多。"陶勇说。

从体力上讲,他比原来付出得少了。原来每天看诊的几十号病人,好多都是不需要他"亲自去折腾的"。现在,他每周有了固定的健身时间,体重从刚出院时的 160 斤,减到现在的 140 斤,整个人看起来更精神了。

由于长期患有脂溢性皮炎,为了省却每天洗头、上药的麻烦,他做了一个大胆的决定——亲手推光了头发,戴上一款由专门做假发的患者给他挑选的假发,毫无违和感,最关键的是,这样"又节省出来好多时间"。

陶勇把时间的有效利用与实现生命的价值相关联,"我去年遭受的恶性伤医事件,是一种对身体和生命的打击,这是硬刀子。而为了绝对安全,让我的生命消耗在没有价值的吃喝拉撒睡、重复性工作和无效社交上,这是软刀子,对我而言,这也是一种伤医事件。"

从 Fast Follow 到 Original

陶勇在医疗以外的时间现在是这样分配的:70%在科研及其转化上,20%在科普,10%在公益——重心首先是科研。

陶勇在北京大学读书时,导师为黎晓新教授,她是最早把玻璃体切割手术带到中国的开拓者之一,享有"玻切女王"的美誉。毕业时,黎教授对同学们说,你们这一代不能只去模仿和引进了,那种叫 fast follow,而是要更多的 original,就是原创。

毕业后,陶勇多年研究葡萄膜炎,因其病因复杂、不易诊断、愈后效果差,被认为是眼科的绝对冷门。他凭借多年的临床经验,系统性地建立并推广了眼内液检测法——用一根极细的针从眼球内抽出非常少量的眼内液,可以同时检测上万种病原微生物指标,是眼科走向精准诊疗的"一个小贡献"。

这项技术第一次临床应用是在 10 年前,患者为一名 29 岁的东北小伙。他新婚不久,不幸患上了白血病,经历了骨髓移植和多次化疗后,出现了视物不清的症状。

陶勇给他做眼底检查的时候,发现离黄斑特别近的地方出现了病变。当时,陶勇刚评上副主任医师,出专家门诊。他有两种选择,一是在病人的黄斑病变还没有严重到影响视力的情况下,进行积极治疗,遏制病变。但这种治疗是有风险的,在患者视力尚好的情况下,如果积极治疗没有成功,病人可能会认为自己的视力下降是这次诊疗的后果。另一个选择就是等待,不采取任何措施,直到他的视力受到严重影响之后,再做治疗。这样就不会有被患者误解的风险,但视网膜的坏死病灶一旦扩散,就可能导致患者丧失视力。

犹豫了很久,陶勇选择了第一种方案。他利用眼内液检测技术,测出了这名患者是巨细胞病毒感染,于是迅速地采用了抗病毒的治疗方案,使病变在短时间内消退。

这次勇敢的尝试,给了陶勇很大的信心。此后10年,他和科研团队一直不断打磨和升级这项检测技术。"眼内炎症是致盲的主要原因,但凭经验并不能快速准确地诊断。医学肯定是要往更加精准、循证和数字化的方向发展。"受伤的左手让陶勇今后很难再登上手术台,但他相信科技是一把更厉害的手术刀。

这项利用分子生物学的技术创新是陶勇及其团队的十项专利之一,已经在北京朝阳医院科创中心的帮助下,实现成果转化,普及到全国三百多家医院,为五万多名眼病患者进行了检测。

"科技这块我已经积累了很多年,我现在的科研和转化团队已经搭建完毕,开始逐步走入正向循环——持续地产生新的科技成果,使产品持续供应,让患者、消费者享受到更加稳定和高质量的服务。"在科创中心的帮助下,陶勇以入股形式创办的第三方检验公司得以名正言顺地发展。

另一项科研成果,利用外泌体技术治疗眼底新生血管性疾病的联名SCI论文已于2021年7月26日在《Nature》子刊《Nature Biomedical Engineering》发表,目前正在进行工艺优化和标准化体系完善,为开展临床研究打下基础,争取早日获批新药准入。

作为一名眼科医生,陶勇经历了两个成长阶段。最初是医学生的阶段——学习书本上的知识,接受老师传授的经验,然后勤学苦练。对他来说,这个阶段正确但并不艰难,因为它是一个舒适区,所学的内容大多被前人证明是正确且行之有效的。

真正进入临床,陶勇开始陷入一种思考:如果我们诊疗得当的话,为什么还有那么多致盲性眼病?为什么还有这么多人失明?带着这种疑问,他开始思考自己学过的内容还有没有可提升的空间。

接下来是开拓阶段,不再局限于看病、开方、做手术的传统医疗方式,而是利用分子技术等现代科技手段和网络平台,让医疗更加精准和高效。

"这条路没有前人的经验,所以它相对艰难,既要克服知识上的漏洞,还要有开创性的技术和手段。但当疾病能在早期被及时诊断、病人的愈后效果更好的时候,你就会发现前面的艰难都烟消云散。"

陶勇记得北京大学人民医院示教室的墙上挂着前卫生部部长的题词"挑战疑难眼病","这六个字带来的使命感和责任感,让我愿意走出舒适区,去挑战无人区"。

先试先行的科研转化之路

早在2012年,陶勇就在北京大学人民医院成立了眼免疫和病原检测实验室,计划将眼内液检测技术在医院内部实现转化,但因为一直没有收费标准,这条路没有走通。

他开始寻求新的解决路径。在咨询了大量律师、高校教授和做过科技转化的同行后,陶勇找到了合伙人,解决了资金和法务问题,最终以入股的形式创办了第三方检验公司,将眼内液检测产品和试剂盒批量生产。

"在整个过程中我是非常谨慎的,每一步都确保回避红线,"陶勇坦言,体制内大多数人在做绝对"对"的事,而他则向前迈了一小步,"我是不干'错'的事。"

2019年11月,《北京市促进科技成果转化条例》获得通过,从制度层面为成果转化提供了支持。2021年6月,国务院办公厅发布《关于推动公立医院高质量发展的意见》,将"开展前沿医学科技创新研究和成果转化"作为重要内容之一,目的是带动全国医疗水平迈上新的台阶。

"如果说之前是踩在底线上面,不违规、不违法。现在则是借着政策的春风,我们这朵迎春花就会加速绽放。"作为长期兼顾临床和科研的医生,陶勇认为,从科研成果到转化落地,中间有一个"断环","其实我们国家今天的科研实力已经很强,SCI论文发表的数量和科研经费的投入都不少,但在应用这块的土壤施肥不够,导致种子可能很多都发不了芽。"

北京朝阳医院科创中心成立于2019年12月,科研处处长王京介绍,其成立初衷是搭建一个连接医生、科学家、企业研发团队、融资机构和销售渠道等多方的交流平台,既促进临床研发成果转化,又能将创新成果加速应用于临床。

陶勇的眼内液检测技术是科创中心成果转化的第一个项目,前前后后做了一年多,直到2021年才完全落地。"国家给的政策说明这条路能走通,但在具体实施的过程中总会遇到问题,特别是第一个项目,我们都是摸着石头过河。遇到问题,我们就想办法,出文件做一些保障措施,然后一点一点往前推进。"王京说,中途无论是陶勇还是院方都有过要放弃的时候,但大家相互鼓励着一起坚持了下来。

"第一个落地项目的鼓励和示范作用特别强,对于科研落地这块,很多人在观望,第一个项目的成功可以鼓励大家往前迈一步,踏踏实实去跟市场接触,并与医院一起,推介自己的科研成果,转化以后拿回正当的收益。"王京说。目前,北京朝阳医院科创中心启动的转化项目接近十个,其中三项已经完成。北京朝阳医院已将科研转化纳入员工职称评价和考核体系,并制定了一系列项目经费的激励措施。

近日,陶勇获得了北京朝阳医院联合海外人才创业大会(OTEC)共同举办的路演比赛一等奖。他把科研转化看作一个摸索的过程,"我们是先行先试,中间难免经历一些曲折,这是最难的。但摸索出一条路径,会让后来的人事半功倍。我很乐意做这种垫脚石,让别人踩在我的肩膀上走得更快。"

"之前总有人提醒我,事业单位的人这样做,不对。也有人说知识分子凭自己的智慧赚钱是理所应当。今天的高考状元大多选择金融、建筑和计算机专业,为什么?还不是因为有一个经济指标在导引。"陶勇觉得如果要把成果转化这件事情做大,就要遵循市场经济的规律。

他的检测公司目前还处在"烧钱"阶段,没有给他个人带来实际收入。但随着医疗产品市场的不断扩大,他觉得"未来上市也不是不可能"。

真有一天成为上市公司的老板,会怎样?陶勇不是没想象过,"很多东西就看你把它定义为目的还是手段。我自己对名牌、吃喝、穿戴这些的欲望本身就不是很强,我要很有钱了,就招更棒的科学家,开发更好的技术,让这些钱发挥更大的社会价值。"

(《南方人物周刊》2021年第29期)

【简析】

这是一篇优秀的人物通讯,其写作特色如下。

第一,选择典型事迹刻画人物特征。在人物通讯的采访过程中,记者往往能得到大量的第一手资料,如何筛选这些资料就成为关键,其中,以选择典型事迹最为重要。那么,如何选择典型事迹呢?应当选择那些特殊环境、特殊事件中与人物相关的事例。《陶勇:"科技是一把更厉害的手术刀"》选取了两个事迹:一个是陶勇采用眼内液检测技术治疗黄斑病变,另一个是陶勇创办第三方检验公司,将眼内液检测产品和试剂盒批量生产。这两个都是典型的例子,前者反映出陶勇在求学行医时的探索精神,后者体现了陶勇先行先试、敢为人先的创新品质。这些事例将陶勇写得栩栩如生、有骨有肉。

第二,细节描写丰富人物形象。细节虽小,但它绝不是通讯作品可有可无的细枝末节。有时,一个细节比千言万语生动得多、深刻得多、有力得多。在这篇通讯里,有较多的对陶勇内心想法的细节描写,如"这六个字带来的使命感和责任感,让我愿意走出舒适区,去挑战无人区"。这些细节的描写,表现了陶勇对待工作认真负责,对待科研严谨大胆的态度,丰富了人物形象,使人物形象更加丰润饱满。

第三,直接引语运用恰当。引语,是通讯用来表现主题的一种巧妙手法,引语的巧妙使用,也是评价一篇优秀的通讯作品的重要因素。如"之前总有人提醒我,事业单位的人这样做,不对",但陶勇认为"要把成果转化这件事情做大,就要遵循市场经济的规律"。直接引语的妙用,增强了新闻的真实感。此外,引语的使用也增强了这则新闻的深度,因为引语往往特点鲜明,有助于揭示主旨。

2. 事件通讯作品评析

洪灾压力下的鄱阳湖畔

石若萧

守住鄱阳湖 就守住了长江下游城市

水来得太快了。

7月10日13时,水利部长江水利委员会水文局升级发布鄱阳湖湖口附近江段、鄱阳湖湖区洪水红色预警。这是洪水预警的最高等级。

据央视新闻报道,7月11日21时,江西饶河鄱阳站水位突破1998年历史极值,比预测提前16小时。水位还在继续上涨,7月12日7时,鄱阳站水位已超1998年水位0.13米,目前仍在上涨中。

中国气象局消息显示,7月14日至16日,西南地区东部、江汉、江淮、江南北部等地的部分地区有大到暴雨,最强降雨时段为14日—15日。

作为中国最大的淡水湖,五大河流汇入到鄱阳湖中,起到巨大的调蓄作用。与此同时,周边一带乡镇也面临着巨大的防汛压力。

"从五几年开始都没有这么大的水。"新建区联圩镇大圩村村民邓大友对中国新闻周刊说。

湖东

7月7日晚上六点,谢家滩镇鸿润万家超市的老板左小红收到了镇上传来的消息:上游即将分洪,立刻做好准备。

收到消息后,左小红连忙和家人一起跑进自家的超市,打算将所有货物搬离。但这似乎是不可能完成的任务——她名下有两间超市,每一间都占地近三千平。但员工们基本上都已经下班,没下班的也得优先回到自己家帮忙。因为缺人,她只好把靠近地面的货物收拢,统统堆放到了货架第三层,"大概一米左右的位置上"。

连续忙活了五个小时后,当晚11点,水开始漫上了街道。

水上涨的速度极快。左小红回忆,在涨势最快的时候,每隔十几分钟就能上涨约一格扶梯的高度。"人站都站不稳,都差一点被水冲跑了。"大家一边抢救货物,一边眼睁睁看着水涌到了第七层的扶梯的位置。

一米的高度显然不够,洪水迅速席卷了第三层货架,将几乎所有货物都扫进了水中。左小红对中国新闻周刊回忆,同时遭殃的还有店里的电脑和监控。众人一整晚没睡,才勉强保住了不到两成的货物。

"通知得实在太晚了。"左小红的话音显得有些悻悻。

谢家滩镇位于鄱阳湖东北部,属受灾最严重的鄱阳县下辖。据鄱阳县统计,截至7月12日15时,县里共有险情209处,全县受灾人口超60万人,7万群众被紧急转移安置,直接经济损失超过5.5亿元。

宏观的数据落实到个人身上,是不可承受之重。因为货物还没有清点完毕,被问到损失时,左小红说不出准确的数字,只能凭经验估算:"两个三千平左右的超市,还有一个便利店,几百万肯定是有的。"

有一些货物因为有包装,从污水中抢救回来后,还可以清洗干净再用。彻底没法用的是冷库里的冻品。洪水来临之际,镇上开始停电,一停就是两天。冷库里的水饺、汤圆、甜点等速冻食品全部加速腐坏。据她估算,冷库中的货物价值二三十万,只能全部扔掉。

"都没有上保险。"说到这,左小红的声音有些干涩。

7月9日后,天气缓慢好转。11日左右,天空开始放晴,积水也在慢慢退去。但街道上的积水完全排出仍需要时间,一些地方的积水甚至还有齐腰深。

清理工作仍然在进行。从污水中将货物分拣出来,工作量不小。为此,左小红雇了二三十名临时工,一人一天结算两百元工钱。"每天都是几千块支出,这又是一笔损失"。

但最让她担心的还是专家的预测:16号左右又有大水来袭。她不确定该把清理出来的货物搬到哪里去,只能先往楼上放一些,山上再运一些。再往后,就只能走一步看一步了。

湖西

鄱阳湖很大,周边各地情况不同。相比已经遭灾的鄱阳县,西部一些地区还没到"至暗时刻",但情况也相当紧急。

7月13日,江西省会南昌市新建区防汛抗旱指挥部在"掌上新建"发布了《致新建区广大人民群众的一封信》。信中提到,洪魔肆虐,家园告急,全区防汛形势正面临严峻考验。家乡的干部和群众每天都在超负荷战斗,工作时间长、强度大、任务重。信中号召,"全区父老乡亲和在外奋斗的乡梓们,立即集结、迅速行动,投入到抗洪抢险的第一线,与我们一起携手、共克时艰,一起保卫生我养我的新建家乡,共同迎接最终的胜利!"

邓大友的家正在新建区联圩镇大圩村。据他回忆,自从洪水预警发布后,村里人几乎就没休息过,编队轮流在大堤上巡逻值守。

"现在水位超过了警戒线两米多。"7月12日晚间,邓大友告诉中国新闻周刊。"情况很紧张,只差一米多一点就要漫过大堤了。"

邓大友向中国新闻周刊解释,巡逻的目的,在于及时发现"泡泉"。根据资料,所谓"泡泉"指的是管涌,即在渗流作用下,土体细颗粒之间形成孔隙,水在孔隙中的流速增大,引起土的细颗粒被冲刷带走的现象,亦称翻沙鼓水。用更通俗的话来总结,就是水从大堤底部"凿了洞",迅速涌入造成决口的现象。

为了防止"泡泉"发生,大堤上需要有人24小时轮班职守。负责值守的多是青壮年村民,由村、乡干部带头巡逻,一人轮值六小时,一日换四班。倘若在轮值过程中发现泡泉情况,则一边就近叫人搬来土沙包和石块,一边向上汇报,驻扎在附近的官兵就会立刻赶到,协同作业。

为了保障石块和沙包供应,当地人用重型卡车昼夜不停地从山上拉来石头,堆放在大堤旁。

"苦,一下都不能休息。"邓大友向中国新闻周刊解释。大堤上晚上蚊子特别多,巡逻者只能一刻不停地走动,才能尽量避免蚊虫叮咬。

一位出生在联圩周边乡镇的90后告诉中国新闻周刊,联圩当地人对于水灾并不陌生。在她小时候的记忆中,第一次洪水发生在1995年。根据当地资料,当年防洪时,有人疏于值守,没能及时发现"泡眼",最终导致大水泛滥。

"因为吃过亏,所以我们那边的人对防洪特别注意。"受访者说。

虽然大水目前还没完全涌来,但由于积水改变了土壤结构,内涝现象已经发生了。邓大友告诉中国新闻周刊,目前,田里准备秋收的水稻几乎"全部报废"。

水稻分为一季稻和两季稻。联圩当地种植的大部分都是春种秋收的一季稻。这意味着今年,当地所有农户将全部绝收。

"损失数额太大了,我一个小户人家,七十亩地,今年光农药、种子等成本就差不多五万。"邓大友计算道。

农田内涝的情况在鄱阳湖四周接连发生。一般来说,种植两季稻的地区,情况要好过种植一季稻的地区。根据7月14日《上游新闻》晚间报道,鄱阳县古县渡镇滩上村从7月12日起组织抢收早稻。根据往年经验,再过十天左右,这一批早稻将全部成熟。提前抢收回的稻谷因为颗粒不饱满,收成只占正常收割的8成。但相比联圩,已属幸运了。

大洪水会来吗?

鄱阳湖从东到西,众人最大的担忧就是,传说中的"流域性大洪水"真的会来到吗?

因为地势原因,整个江西境内几乎所有的主要水系都最终都将汇入鄱阳湖。受持续强降雨和上游来水叠加影响,外加近日五大支流洪水逐渐抵达鄱阳湖,专家预计,未来几天鄱阳湖水位将继续上涨。

根据新华社梳理,鄱阳湖排水不便,特点是"多进少出",只有一个宽度大约900米的泄洪口与长江相通,暴雨期间,泄洪速度远远跟不上水流汇集速度。导致周边圩堤面临较大压力,农田、城镇面临风险。

据新华社梳理,鄱阳湖水系流域面积16.22万平方公里,相当于江西全省面积的97%。经鄱阳湖调蓄注入长江的多年平均水量1457亿立方米,超过黄河、淮河和海河三河每年水量的总和。

而且,长江下游支流很少,作为长江进入下游之前的最后一个蓄水池,如果鄱阳湖水位继续上升,洪水下泄,对长江下游各个流域造成的危害不堪设想。

可以说,守住鄱阳湖,就守住了长江下游城市。未来几天,鄱阳湖将面临严峻考验。而在九江、新建区接连发布了公开信后,越来越多身在外地的江西人赶回老家,投身到了这场抗洪大战中。

连日的战斗后,终于传来了好消息。据中新社报道,长江中下游及洞庭湖、鄱阳湖水位开始缓退。7月14日18时,长江中下游干流及洞庭湖、鄱阳湖水位超警0.12~2.76米;截至14日晚间,洪峰已通过大通江段,长江干流监利至大通江段及洞庭湖、鄱阳湖水位呈波动缓退态势。

但沿湖的居民依然处在紧张状态中,看天气,似乎很快又要下大雨了。邓大友告诉中国新闻周刊,目前,联圩当地食品供应还算正常,当地人都简单囤积了一些米面油盐,足够食用一段时间。但当地已经下达指令,一旦水位超过一定限度,众人只能选择放弃自己的家园。

"到时必须直接撤离,不能再管了"。他说。

(文中左小红、邓大友为化名)

(《中国新闻周刊》2020年7月21日)

【简析】

新闻的发现和创新可分为两类:一类是"首发取胜"的独家新闻,往往具有较高的新闻价值,谁先发表在先,谁就是胜者;另一类是后续新闻的发现和创新,即以独特的视角,发掘别人没有发现的新事实、新内涵、新观点。由于杂志出版时间的限制,很难抢到首发的原创新闻,所以只能独辟蹊径,以独家视角达到"后发制人"的目的。

从老百姓的关注点切入,去寻找富有魅力的新鲜素材,开掘新闻亮点。社会生活中的热点,往往是公众的聚焦点。杂志要吸引读者眼球,就应该贴近百姓生活,直面社会热点,正确引导舆论。

长江中下游洪灾一直是沿江人民甚至是全国人民时刻关注的一个重大问题,所以此次爆发洪灾,各大报纸杂志、网站都做了报道。《中国新闻周刊》身为杂志,无法抢到首发的原创新闻,只能静观其变,独辟蹊径,深入剖析,写出了《洪灾压力下的鄱阳湖畔》这一事件通讯。新闻的灵魂是发现,《洪灾压力下的鄱阳湖畔》以水利部升级发布洪水红色预警作为切入视角,详细介绍了鄱阳湖畔附近村庄的损失以及民众的应洪情况,体现出洪灾面前我国人民的无畏精神。显然,这篇通讯能收到好的效果,就是因为题材贴近百姓,既积极引导舆论,又展现了百姓想了解的那一方面。

第四节 杂志新闻评论类作品的赏析

一、杂志新闻评论的特点

(一) 新闻评论的特点

一般来说,新闻评论有四个特点:极强的新闻性、广泛的群众性、鲜明的导向性、前瞻的指导性。

1. 极强的新闻性

新闻是对新近发生的事实的客观报道。任何新闻都要求精练、简明,同时对新闻事实的概括要立足全局,抓住特征,正确反映整体。而新闻评论则是对新近发生的客观事实做出的议论,抓住当前社会舆论热点做文章。只有抓住了当前广大受众关心的话题,做出的文章才能引起受众的"共鸣"。

2. 广泛的群众性

新闻评论所针对的是广大的新闻报道关注者。表现为内容题材多样和语言风格易被各个层次的读者接受。议论话题多样,能吸引公众直接参与评论工作,使其具有比一般新闻体裁更为广泛的受众群体。

3. 鲜明的导向性

新闻评论工作是针对当前的热点事件发出的有深度的看法,并且新闻媒体的评论工作是为当前工作大局服务的。新闻评论解决的是当前实际工作中具体的问题,反映的是群众最关心的事件。新闻评论的地位和意义在于能够引领时代潮流,体现正确的方向,指导广大受众发展生产。

4. 前瞻的指导性

前瞻的指导性表现为新闻评论经常针对那些具有政治意义或思想意义的问题发言,着重从政治、思想、伦理、规律的角度观察事物、分析问题。新闻评论的前瞻性还表现在它能够对重大问题、国家大政方针等答疑释惑。

(二) 杂志新闻评论的特点

杂志新闻评论作品也有报纸新闻评论作品的特性。杂志与报纸一样,也是一种以印刷符号传递信息的连续出版物。杂志新闻评论作品可以装订成册,并可以加彩色、封底及插页;但杂志出版周期较长,出版速度较慢。杂志新闻评论的主要特点是以下几点。

1. 杂志新闻评论通常与文化评析相组合

杂志新闻评论是对为时一周到一个月不等的信息做深入追踪,将文字、图片与新闻资讯有机结合起来,文章内容的含金量高。它追求的是在有限的杂志版面内安排丰富的阅读内容。评论的内容以鲜活的故事和人物细节展开讲述,杂志强调的是与读者的交流,不同于报纸新闻评论的教化育人的功能。

2. 评论对象与杂志定位相吻合

杂志的评论对象虽不像广播、电视、报纸那么广泛,但每种杂志的作品内容几乎都有比较明确的评论对象。专业性杂志作品针对不同的读者对象安排杂志内容,因此很受读者欢迎,而且作品内容会对当下热点事件发表自己的看法。

比如《VISTA看天下》记录国际时事风云、全球政治军事热点,力求专业和全面。其宗旨是跨越东西文明,连接海峡两岸;引领时尚生活,引导消费潮流。在2015年第33期中对于俄土危机进行了大篇幅的报道,报道量超过了国内其他杂志。再如《南都周刊》的读者构成主要是:28~38岁,接受过高等教育,生活在中国一二线城市,有一定的财富积累,在行业内具备一定的地位和影响力。因此《南都周刊》作品内容多为民生、社会、文化、时政、经济、科技、环保、健康等诸多领域的话题。

3. 杂志新闻评论作品的篇幅总体上长于报纸评论作品

报纸与杂志新闻作品相比在篇幅上有较为明显的区别。报纸因为版面因素所制约,作品篇幅可能较短,评论性言论作品篇幅也大多小于杂志。杂志新闻评论的作品字数一般为1600字到3000字不等,而报纸新闻评论多为200字到800字不等的小型评论、微型评论甚至是专栏性评论。杂志新闻评论需要有大量的素材和背景资料,致使杂志新闻评论的篇幅均较长,内容也更为丰富翔实。

4. 杂志新闻评论作品趋向付费使用

随着互联网Web2.0时代的到来,杂志作品在发表形式和内容深度不断改良的基础上,向数字媒体发展。这使得杂志内容成为一种付费使用的文化消费品,而报纸的内容向已经订阅用户提供免费阅读。较为优秀的杂志新闻评论作品如果不点击官方网站则需付费阅读。例如苹果手机上订阅《南都周刊》《国家地理杂志》《读者》都需要付费才能阅读其内容。

5. 杂志新闻评论作品选题更追求深度

这是因为杂志读者,特别是专业性杂志的读者,一般文化水平较高,对评论内容有比较清晰的认识。报纸评论则更多关注与普通群众紧密联系的内容。报纸新闻评论讲究一事一议,而杂志新闻评论多依托单独的某个新闻事件来发表议论,针对当前社会发生的一系列问题来进行梳理,以求指导广大群众的生产实践,有"拨开云雾见月明"之效。

作品赏析示例

严厉整治教培产业,能否消除教育内卷(节选)

李明子　杜玮

近日,中共中央办公厅、国务院办公厅印发了《关于进一步减轻义务教育阶段学生作业负担和校外培训负担的意见》(以下简称《意见》)。在规范校外培训层面,《意见》从机构审批、运作方式、培训内容、培训时间等方面提出了严格要求。文件发布当日,行业三大巨头好未来、新东方、高途的股价跌幅均超过50%。大机构裁员、小机构停办,教培行业凛冬已至。

"校外学科培训机构持续二十多年的繁荣发展已经是过去式,未来教培的同步辅导等业务还会存在,但不会像原来那样狂飙突进式的增长。"中国民办教育协会研究分会副会长、北京民办教育协会副会长马学雷对《中国新闻周刊》分析说。但在如何根除教育焦虑这个问题上,事情更为复杂。

……

"从社会收入结构看,居于金字塔尖和塔底的家庭都不会受到'双减'政策的太多影响,最受折腾的就是我们中间这部分家庭。"这位家长无奈地说。她说,目前普高的升学率只有60%,意味着两个初中生里就有一个可能上不了高中,而眼下在中国读职高的出路并不理想。"我们主张孩子平安快乐第一位,对孩子学习并没有那么焦虑,但没有父母愿意让自己的孩子当小白鼠。在当前的社会形势下,但凡有一点能力的家长,都不忍心让孩子走职高这条路。如果不解决教育领域的一些根本问题,目前的减负其实只是变相地增加我们家长的负担。"这位家长说。

(《中国新闻周刊》2021年9月6日)

从"内卷"到"双减" 2021:教培时代落幕(节选)

熊丙奇

教培时代落幕,教育告别产业化走进非营利时代,都对深化教育评价改革提出更加紧迫的要求。对于家长来说,不再有教培机构制造焦虑,不再有民办学校"掐尖"抢生源,但是,如果评价体系还是分数至上,教育和学校的等级依旧存在,那更多的矛盾会转向作为教育主阵地的公办学校,同时"地下"的培训蔓延。

未来,以新的教育公平观改革教育评价体系,不再将教育和学校等级化,是实现教育现代化,构建教育新生态必须啃下的"硬骨头"。

(《凤凰周刊》2021年12月25日)

【简析】

关于"整治教培行业",两者落笔点有很大差异。前者把视角放在家庭层面,从"双减"意见的发布内容出发,梳理了教培行业的兴起原因和发展模式,最后落脚至能否消除教育内卷的层面。后者则将落脚点放在教育生态层面,从教培行业的落幕现状出发,呼吁教育评价体系的深度改革。前一篇评论局限于教培行业的内部问题,后者则立意更高。

无论是杂志还是报纸评论都是一个求善、求真的过程。新闻评论的"评",是批评、评论,是一种对事物存在价值的判断,是求"善"。新闻评论的"论",是议论、论说,是一种对事物认知的过程,是求"真"。总之,是回答人们心中的疑惑和认知,对事物规律的追问,是为决策、行动提供依据,求"真"是为了求"善"。

作品赏析示例

留"心"比留"迹"更重要

赵风

今年以来,在一些地方,开个会、下个乡要拍照发微信留痕,开展工作领导首先强调要资料齐整,等等,这些表面工作弄得大家不胜其烦。习近平总书记在中共中央政治局第十次集体学习时,对这种重"痕"不重"绩"、留"迹"不留"心"的形式主义、官僚主义提出批评,要求必须纠正。这警示我们,任何工作、任何时候留"心"比留"迹"更重要。

留"心",就是要用心,就是脚踏实地、求真务实,不搞虚的;留"迹",顾名思义,就是要留下"痕迹",有案可查。按说,这两者并不矛盾,但是在实际工作中,一些地方为了留"迹"却伤了人心,这就成了舍本逐末,得不偿失。

一名贫困户曾对笔者抱怨,帮扶干部为了完善资料,先后5次把他从打工的地方叫回来,一会儿要拍照片,一会儿要签字,还要让他对着镜头"表态",搞得他很反感。帮扶干部也苦恼:"上头检查要看资料呢,没这些资料我们就过不了关。"你看,好端端的一个事情,结果搞得两头受累又受气。再比如,为了表示在现场,基层干部人人成了摄影师,不得不手执手机拍个不停,至于工作完成的质量怎么样,倒成了"木头上长疖子——无关紧要"了。更有甚者,帮助贫困户"卫生清扫"这样的小事,不仅要留照片,竟然还要8份文字档案来佐证(2018年7月《半月谈》)。这些看起来有些荒诞的事情,虽然为大家所诟病,却依然能在基层大行其道,表面上看,似乎只是过度留"迹"惹的祸,但实际上,却是作风不严不实、留"迹"重于留"心"的形式主义、官僚主义导致的必然结果。把工作当"秀场",把考核当"查档",长此以往,必然会脱离群众,疏离干群关系,最终受损害的是党和政府在群众中的公信力,是我们党和政府的形象。

留"心",追求的是真心相待,是将心比心,是真诚的交流和实实在在的帮助,不显山、不露水,是润物细无声的春雨,是滋养万物的阳光。扶风县召公镇吴家村贫困户王喜玲身患重病,又遭遇丈夫车祸身亡的悲痛,面对家里体弱多病的婆婆和两个尚未成年的孩子,她自强不息,在帮扶干部真心帮助下,不仅自己脱贫,还成立合作社,带动20多户贫困群众脱贫,她本人因此获得了全国脱贫攻坚奖奋进奖。笔者在采访王喜玲的过程中,没有看到一份"帮扶档案",但是,王喜玲对党和政府,对帮扶干部却充满感激。王喜玲从北京领奖回来所作的首场报告,题目就是《脱贫不忘党恩致富不忘乡亲》。显然,王喜玲脱贫的事实胜过了一切外在形式的资料。留"迹"在真正的留"心"跟前,显得苍白而多余。

"迹"是表象,是形式;"心"才是本质,是关键。只有抓住留"心"这个关键,才能直抵内核,解决问题;相反,如果把精力放在留"迹"上,那就是"捡了芝麻丢了西瓜"。如何破解重"痕"不重"绩"、留"迹"不留"心"的这一形式主义、官僚主义?其实,只要我们拿起"实事求是"和"群众路线"这两种"武器",始终和群众站在一起,真正和群众打成一片、知心交心,急群众之所急、想群众之所想,坦坦荡荡、实实在在,"不搞花拳绣腿,不搞繁文缛节,不做表面文章",那你就不会在留"迹"与留"心"问题上摇摆不定。

(第29届中国新闻奖三等奖,《宝鸡日报》2018年12月11日)

【简析】

这篇中国新闻奖获奖作品从"形式主义"现象说起,揭露与批评了部分地方官僚主义和形式主义作风。单纯地讲道理,略显枯燥,因此,文章在报道中充分运用案例,将浅显的道理结合事实说出来,有力地论证了留"心"比留"迹"更重要。除此之外,这篇新闻评论聚焦社会热点,关注基层一线,切中时弊,评析透彻,观点鲜明,语言准确、凝练、活泼,论述发人深思。文章既有对基层形式主义、官僚主义现象的分析批判,又给出了解决问题的方法,是一篇带着泥土芳香的党报好评论。

二、杂志新闻评论的分类

杂志新闻评论包括以下形式。

1. 记者手记

一起看似偶然的阻挠环保执法事件,折射出即便是在高压的环保态势之下,环保执法仍面临的困境,表明时下的环境治理与企业抵制之间的冲突,已经到了短兵相接、针锋相对的程度。

环保执法是个老大难问题。自2015年被称为"长牙齿"的新环保法施行以来,中国的环保执法工作开始不断加码,从"长牙齿"的环保法,到"长牙齿"的环保,峥嵘显露。比如,当前开展的这一轮环保督查,就被认为是"环境保护有史以来,国家层面直接组织的最大规模行动"。但就是这样一个由国家权威背书的执法行动,仍然受到阻挠。

破解环境执法困局有赖法律强势。环境执法的权威性要靠法律授权来确保,同时也需要各部门依法服职和切实配合。(作者:周群峰)

(《中国新闻周刊》2017年第17期)

这段文字从记者的视角,简明扼要地揭露当下环保执法的困境,一针见血指出,破除环保执法困局有赖于加强法律制度,使读者迅速了解到,环保执法难已成为严峻的社会问题。

2. 时评

杂志时评,顾名思义,就是在综合性杂志或者专业性杂志上的时事评论性的文章。新闻时评,又称时事评论,简称时评。它能体现杂志价值和定位。杂志时评既不是现在才产生的,也不是从中国新闻评论史一开始就有的。杂志时评文体的升沉起伏,恰恰是新闻评论规律在我国新闻界升沉起伏的表现。如《三联生活周刊》2015年第51期刊登的评论《战国,谁主沉浮》(作者刘怡)一文针对当前热播的《芈月传》进行了资料的补充,紧跟社会发展理念,十分契合其杂志的定位——将新闻与文化和生活融合为一体。关于《三联生活周刊》一直强调的"生活"二字,主编朱伟说:"我们说的是一种生活观,作为一个新的时代里生长的新型的知识分子,在这样新的时代里他应该有什么样的生活观。"

3. 专栏评论

专栏评论是指在报纸固定的版面、特定的专栏中发表的评论,包括群言专栏、集体专栏、个人专栏等类型,其栏目是相对固定的,如《解放日报》的"解放论坛"、《人民日报》的"人民论坛"、《文汇报》的"文汇论坛"、《羊城晚报》的"街谈巷议"、《新民晚报》的"未晚谈"等。专栏作家的评论风格也各有不同,有的辛辣讽刺,有的言论温和。

三、杂志新闻评论的评析方法

杂志新闻评论需要根据杂志的定位来做出具体的评析。了解新闻作品评析方法,首先要阅读作品、感知作品,然后才能体验、品赏作品,再进一步找出杂志评论的方法、特点。了解杂志、记者的思想个性和创作风格,能使评析者准确把握作品内涵和风格特征。杂志新闻作品具有大体的评论模式限制,但各篇作品因内容和记者感悟不同仍然姿态万千,不同杂志的具体结构和语言文字也以独特风格展现其特征。

1. 以历史的、时代的、文化的眼光去看待、评析文章

"文章合为时而著"。优秀的评论文章是根据时代的变化发展而发展的,能体现时代变迁以及洞悉当下舆论动态。而一篇优秀的评论同样也是具有文化内涵的,也是值得诵读的。

作品赏析示例

"拉闸限电"也需控制好节奏

周兼明

9月下旬以后,"拉闸限电"成了网络热词,广东、江苏、山东、浙江、安徽、云南和东三省等十多个省份,都传出了限电限产的消息。9月24日,辽宁澎辉铸业有限公司因突发限电,导致排风系统停运,发生高炉煤气中毒事故,有23人被送至医院救治。

受拉闸限电影响的不只是企业用电,也包括居民用电。据内地媒体报道,从9月23日开始,东三省在用电高峰时段对部分居民社区拉闸限电,给人们生活带来巨大影响:有人突然被困电梯,有人网课中断,车辆拥堵在交通信号灯熄灭的道路上,一些依靠机器维持生命的病人突然面临生命危险……还有一些人的生计则被迫中断,比如在盘锦,眼下是河蟹成熟季节,无论是储存打捞上来的河蟹,还是通过直播间卖出螃蟹,每一环节都和电息息相关。眼下,很多蟹农的工作被迫按下了暂停键,收入随死去的螃蟹一起消失。

对于生产旺季突然拉闸限电的原因,也是众说纷纭。最诡异的是,某些自媒体甚至兜售起了所谓"大棋论",将限电说成是"国家在下一盘大棋",称这背后是"一场国际大宗商品定价权争夺战""一场国与国之间的金融战"。这类带有误导性的观点,引起了央视网等官方媒体的批评,认为有"低级红""高级黑"的效果,乱带节奏,不啻为用反智论

调去刺激社会情绪。央视网评论道,这既遮蔽了电煤供给短缺的基本事实,也是对政策的严重歪解。当前此种"阴谋论"大有市场,总有些人信奉"凡事不决,'大棋'来解",其实属于"传讹惑众、增加矛盾"。

将这轮拉闸限电简单归结于"能耗双控"或"限制低端产能",显然失之片面。国家发改委价格监测中心高级经济师刘满平认为,此轮限电限产有一个主因和五个特殊情况——主因是近年来国内供给侧改革,加上澳大利亚与蒙古、印尼等国煤炭出口减少,导致国内煤炭供给不足、煤炭价格上涨,电力紧张。五个特殊情况则是:①用电需求激增,但水电风电难挑大梁;②终端电价未调整,发电企业发一度亏一度,亏损严重;③部分地区"双高"项目增长过快导致第二产业用电量激增;④部分地区持续高温;⑤前期指标过早用完,临近新的"能耗双控"指标考核,导致地方采取见效快、一刀切的停电停产措施。

刘满平的总结大致说清了这轮拉闸限电的原因,和各财经媒体的调查结论基本相同。其实,这轮限电不只是发生在中国。近年来,由于各主要经济体都在推进能源结构转型,目前欧美地区也在经历这类阵痛。今年受极端高压、大面积干旱等极端天气侵袭,欧洲大力发展的风力与水力发电量骤降。近一年内,国际动力煤价格已增长数倍,而欧美天然气价格也在不断刷出历史新高,欧洲天然气期货价格从去年5月到今年9月24日,涨幅接近25倍。电价也在飞升,据美国能源信息署统计,到今年7月,意大利、西班牙、德国、法国电价,分别较一年前大幅上涨166％、167％、170％、134％。

由于这轮拉闸限电引发了一定程度的社会恐慌,中央多部门已行动起来。国家电网9月27日回应称,将综合施策、多措并举,全力以赴打好电力保供攻坚战,保障基本民生用电需求;9月24日,国家发改委召开专题会议,部署采暖发电用煤中长期合同全覆盖煤源落实工作,提出守住民生用煤底线;9月29日,山西与河北、山东、江苏、浙江、天津等14个省区市签订四季度煤炭中长期保供合同,保障能源供应;同日,国家发改委表示,将从增加煤炭进口、增加国内天然气产量等六个方面采取措施,确保今冬明春的能源稳定供应。

统计显示,今年1—8月中国各类能源发电占比依次为:火力发电71.9％、水力发电14.1％、风力发电6.8％、核能发电5％、太阳能发电2.2％。从这个数据看,火力发电仍是内地电力的主要来源。而要稳住火电供应这一关键点,就需增加煤的产量和进口量,对于减碳和"能耗双控",绝不能搞运动式的"一刀切"。

今年7月底,中共高层也明确提出,要统筹有序做好碳达峰、碳中和工作,全国一盘棋,纠正运动式"减碳",就是为了防止某些地方用力过猛,去煤电"一刀切",采取不切实际的行动。虽说新能源是未来的主导能源,但在无法解决新能源发电稳定上网时,要防止各地用激进思维改建电力体系,仍需正视火电的地位。在没有充分调查研究,甚至没有协调好能源安全性的情况下,一哄而上地搞能源替代,这只会给经济和民生带来更大的负面影响。

从此轮拉闸限电引发的舆情,一些地方政府应意识到,很多事关经济与民生的行政或改革措施,"弯儿"一定不能拐得太猛,须控制好节奏,否则极可能引发全社会的"手足无措"。尤其是限电限产这类大事,更需早做计划,提前与企业沟通,否则会导致企业无法完成订单的违约责任,不仅给企业带来巨大损失,还会制造难以化解的民怨。限电与限产,均关乎大量企业与民众的切身利益,如何做到早计划早安排,确实考验各地政府与部门的治理能力。

(《凤凰周刊》2021年10月25日)

【简析】

在《"拉闸限电"也需控制好节奏》此文中,作者首先借助全国部分省份传出限电限产消息、辽宁澎辉铸业有限公司因突发限电而导致事故的公共事件,引出突发拉闸限电这一全国性的问题。

然后,作者针对部分省份限电限产的消息,从当下关注的舆论焦点出发,层层深入,对拉闸限电这一现象发生的原因,从全国乃至全球局势出发,进行综合性对比分析,又避免枯燥讲述道理,运用翔实数据和事实,以达到良好的传播效果,试图将群众的"怒气"转化。

接着,作者通过引用权威人物的话,直接鲜明地交代了原因,再顺水推舟提出"今年7月底,中共高层也明确提出,要统筹有序做好碳达峰、碳中和工作,全国一盘棋",这一决策有着重要的社会背景和特殊原因。从问题到原因再到方案,全文格局、视野拔得十分高,不仅仅局限于一个地区的限电问题,而是从社会的、民生的、时代的、全球性的眼光来看待这一个问题,逻辑非常清晰、结构十分严谨。最后,作者提出了具有反思性质的建议,给文章起到了画龙点睛的作用。

2. 从语言、结构、逻辑思维等方面来评析

杂志新闻评论大体上还是与新闻评论的评析方式一致的。逻辑思维的严密性是体现一篇评论优劣的重要因素之一。严谨的思维逻辑,能把论文的主要观点表达清晰,使文章滴水不漏。在《南都社论:正本清源,以征收制度终结拆迁制度》一文中,作者先借助全国各地因为拆迁引发的令人震惊的公共事件,引出现行拆迁制度的弊端:"拆迁制度中的政府角色严重错位",直接鲜明地指出上述公共事件的核心问题,亮明观点。作者再顺水推舟提出:"因此,立法机构和决策层应当考虑,迅速回归这些上位法,果断废止拆迁制度,由全国人大另行制定《土地与财产征收法》,或在修订过程中的《土地管理法》中增加专门章节",起到了边讲边解的效果。"政府的根本宗旨是维护正义。以牺牲正义为前提的效率根本就不是效率,由此所积累的财富也是建筑在流沙上的黄金大厦。"在文章的最后,作者提出了具有思考性质的建议,起到了画龙点睛的作用。

作品赏析示例

统一"低保"是共享发展的应有之义

周兼明

7月下旬,民政部印发了《最低生活保障审核确认办法》,在内地媒体引发热议。此《办法》公认的一个亮点是,删除了有关城市低保、农村低保的概念,所有规定不再区分城乡,统一规范为"最低生活保障"。不少媒体认为,这一做法是理念上的一个进步,将会加快推进低保制度城乡统筹。

虽说删除了这两个概念,但并不意味着一下子就拉平了两者的差异——当然,概念上的统一显然是事实统一的基础,身体前倾毕竟体现了方向。正如民政部一位官员所说:"下一步,我们将指导地方逐步减少低保工作的城乡差异,推动低保制度城乡统筹发展。"也就是说,未来各地低保的城乡差异会逐步减少,直至没有差异。

民政部公布的数据显示,到今年6月底,内地共有城乡低保对象4311.1万人。其中,城市低保对象773.1万人,农村低保对象3538万人。其中,全国城市低保平均标准每人每年为8328元,农村低保平均标准每人每年为6150元,按全国平均标准算,两者每年的差距为2178元。如果均按当下的城市低保标准看齐,意味着全国每年要多支出770亿元左右。而今年上半年全国累计支出的低保资金为915.8亿元,应当说需弥合的差距还是不小的。

中国是从1999年才开始有最低保障制度的,当时低保仅覆盖城市居民,与农村人口无关。到2004年后,一些地方才有了农村低保的概念。全国各省市建立农村低保的时间也各不相同,像京、津、沪、浙、粤建立得早些,有些省份则晚些。有报道显示,到2016年,中国仍有11个省或自治区未全面建立农村低保制度,全部处于中西部。这些年,因为有了扶贫战略,肯定已经有所改观。对那些财政收入较高的省份来说,统一城乡低保并不是什么难事。但对一些中西部省份来说,农村低保制度刚建立不久,又要统一城乡低保,如果中央财政不提供支持,财政支出上显然有很大的难度。

说起取消城乡低保概念,背后原因也没那么复杂,主要是为了和各地户籍制度改革相适应。全国已有31个省份取消了农业户口,既然户籍已无城乡之别,低保制度又如何区分城乡呢?城乡二元治理结构,是计划经济时代的产物。那时,为了加快国家工业化建设,通过强制性粮食统购统销和工农产品剪刀差,将农业剩余转化为工业积累,同时,为维持城市的发展,限制农村人口向城市迁移,形成了市民与农民间利益不平等的巨大鸿沟。尽管这些年,很多地方进行了户籍制度改革,但因这些改革背后隐藏的社会福利等因素,需支付的成本较高,进展一直不大。

经济基础较好的省份,城乡差距在缩小;但经济基础不好的省份,在社会保障、公共服务等方面,城乡的差距仍然很大。户籍制度改革改的显然不只是户口本,关键是要改革附着在两种户口上的不平等的福利与公共供给。但要真正实现福利和公共服务的平等化,谈何容易?这些年,中央政府在缩小城乡差距上,确实做了不少顶层设计。2016年,国务院就提出了整合城乡医保,但至今也只有10多个省份真正行动起来了。有些省份不是不想改革,而是本地的经济水平与财政承受力确实无法满足改革后的医保水平。无论是低保的统一,还是医保的整合,最终看的还是一个地方的财政承受力。如果本地财政无法承受,中央财政又没有明确的转移支付政策,这些改革的落地就会变得很艰难。对一些地方政府来说,手中没有真金白银,那就是巧妇难为无米之炊。

所以,低保能否在全国范围内实现统一,还得依靠中央政府有具体措施,重点是改革财政支出的结构,如果中央财政没有相应的分担政策,所谓的户籍改革、医保整合或低保统一,只能沦为形式上的改革。

据民政部官方介绍,为发挥民政部在社会建设中的兜底性、基础性作用,今年第二季度,民政部会同有关部门全面摸排核查脱贫不稳定人口、边缘易致贫人口以及其他低收入人口407.5万人,将其中符合条件的56.9万人及时纳入低保、特困救助供养,对8.9万人次实施临时救助,将其他不符合兜底保障政策的341.7万人纳入低收入人口动态监测范围。

同时,民政部还启动了低收入人口动态监测及常态化救助帮扶机制,初步建立低收入人口数据库。这次公布的《最低生活保障审核确认办法》,虽是一个低保审核确认的技术性规范,但也在向各地释放城乡服务均等化的信号。

应当看到,统一低保的目的是为了提高乡村低收入群体的收入,不仅要使这些群体能维持基本生活水平,同时也有助于保障他们下一代的成长。只有让那些经济困难的村民也能共享经济发展成果,才能减少社会矛盾,真正维护社会稳定。这些年,中央层面一直在提"共享"的发展理念,这就需要各地政府在社会保障制度上有所作为,回应那些低收入群体的期待,以更公平的制度建设,让他们有"获得感"。

这是走向共同富裕的应有之义。

(《凤凰周刊》2021年8月25日)

【简析】

从作者的排篇布局来看,先用热门话题来引出观点,再运用数据、实例来强化自己的观点。在论证思路中,由浅入深,采用递进式结构。文章材料顺序严格按照观点的论证来安排。

该篇报道中,作者先用民政部印发了《最低生活保障审核确认办法》的消息,引出所评论的话题。至于民政部这一"办法"中的政策,报道直接指出,"不少媒体认为,这一做法是理念上的一个进步,将会加快推进低保制度城乡统筹"。不难看出,作者本人也是倾向于同意此观点。

谈到低保,作者引用民政部公开的数据,将中国城市低保与农村低保进行数字对比,指出两者间的差距体现在各个方面,如低保人数和低保标准等。通过对比,作者的立场和观点凸显出来,即认同统一低保的必要性,这是缩小城乡差距、实现共享发展的重要一步。

在中国,最低保障制度开始于1999年,并且起初仅覆盖城市居民,直到2004年,一些地方才有了农村低保的概念。此外,中西部省份的农村低保制度还未完善。由此可见,作者在文章中,运用摆事实、列数字等方法,论证了统一低保的困难,体现出文章论证逻辑的缜密性。

本文还对取消城乡低保概念的原因和统一低保的可行性进行了论述。从结构层面,作者首先交代了原因,进而深入分析,接着对统一低保的方法进行论证,譬如,民政部会与有关部门全面摸排核查脱贫不稳定人口、边缘易致贫人口以及其他低收入人口,启动低收入人口动态监测及常态化救助帮扶机制,初步建立低收入人口数据库等。这些内容,层层深入,步步推进,直接照应了作者的观点,论证十分紧密。

最后,文章在结尾回到论点上来,再次强调了统一城乡低保,是中央提出共享发展理念的体现,并在此基础上,对论点进行了强调,指出要用历史的、长期的眼光去解决问题,点出"这是走向共同富裕的应有之义"之笔。

总而言之,这篇评论在布局、结构、逻辑、主题上都值得称赞。

第五节 杂志版面编排类作品的赏析

在"眼球经济"大行其道的今天,新闻期刊畅销与否不仅靠精彩的内容,期刊版面的"颜值"也成了吸引读者并使其为之买单的利器。目前市面上的新闻期刊大多采用视觉效果较好的轻涂纸,彩色印刷,装订精致。内文里大量精心选择的照片搭配着文字,富有新意的期刊封面等特征使得新闻期刊版面也具有独特的鉴赏性。

"颜值"高的新闻期刊不仅能给读者带来好的视觉感受,还能辅助阅读,也就是所说的版面编排具有独特的观赏性和内文的互利性。优秀的版面编排以其特殊的版面语言诠释了新闻期刊的定位与精华内容,吸引着读者眼球。本节专门就新闻期刊的版面编排知识进行梳理,再以《中国新闻周刊》为例,分析其版面内容的表现力、吸引力。

一、新闻期刊版式设计概述

我们所说的新闻期刊的版面编排,是指在既定的开本上,按照一定的编排思想将稿件进行合理的有秩序的排列,使期刊内容的结构形式既能体现刊物自身特点和风格,又能与整体装帧等外部形式取得协调,并且能给读者提供阅读方便的一种技术性与艺术性相结合的活动。

新闻期刊版式设计的总体要求是使新闻期刊读起来赏心悦目,达到视觉的最佳效果。需要注意的是,新闻期刊版面编排设计既具有刊物内容和编排规范的从属性,又包含平面设计艺术创造的独立性。前者是针对期刊的自身文化属性而言,后者则是指设计者对原稿内容的理解与把握和驾驭版面空间的艺术功力以及对平面设计的个性追求。期刊版面结构设计要坚持内容决定形式的原则,不能是对形式美的片面追求。

(一)新闻期刊版面设计的基本要求

编辑运用版面语言对版面进行编排的最终目的是完善阅读功能,方便读者阅读,从而使读者获得好的阅读体验。那么,站在编辑的角度看,清晰、易读是读者所追求的好的阅读体验,这就是新闻期刊版面设计的基本要求。

1. 清晰

在有限的版面内,编辑要调动色彩、线条、字体、衬底、字号等版面元素将稿件进行组合,这是一个复杂的过程,是为了鲜明地表现一定的主题内容、突出主题、使主题层次清晰的过程。这个要求是由读者的阅读特性所决定的,清晰的内容能使读者全神贯注,赏心悦目。

2. 易读

一本期刊光有"卖点"不行,还得"出售"方便;光有"审美"不够,还得"传播"容易。期刊读者意识的增强在版面上最鲜明的体现是重视它的"易读"。"易读"是指新闻文本易于阅读或理解的程度或性质,它不但追求内容的详尽、厚重和多角度呈现,而且追求一种良好的信息呈现方式,使读者更容易找到信息,更准确地理解信息。要提升易读性,必须确立以读者为本位的理念,在版面编排上下功夫,使读者更易接近"新闻本体"。

(二)新闻期刊版面设计的艺术规律

前面我们说版面设计是一种技术性与艺术性相结合的活动,版面设计包含平面设计艺术创造的独立性。版面设计既然是一项包含平面设计艺术创造的活动,所以它又必须遵循一定的艺术规律。

1. 稳定性和差异性相统一

新闻期刊是连续出版物,版面的结构应有一定的稳定性和连贯性。要坚持"求大同,存小异"的方针,既要在每一期刊物和每一篇稿件上有所变化,使得刊物的面貌生动活泼,又要保持期刊的整体形象,形成一脉相承的风格。各个栏目既要体现差异,呈现鲜明的栏目特征,又要相互协调,成为整体结构的组成部分。

需要注意的是,形成稳定的风格是期刊版式结构设计的总体要求。一本成熟的期刊要形成稳定的风格,不但要在一期刊物中体现,更要通过多期连续的期刊才能在读者心目中形成固定的印象。

例如《瞭望》,对比不同期的封面设计,尽管有差异化,但在刊物 LOGO、刊物名称、封面标题导读、字体与颜色、二维码设计等内容及形式的设计上,可见到明显一致的继承性和稳定性(见图 2-1、图 2-2)。

图 2-1 《瞭望》2022 年第 25 期封面

图 2-2 《瞭望》2022 年第 21 期封面

2. 追求节奏与韵律

节奏与韵律是音乐中的概念,正如歌德所言:"美丽属于韵律。"韵律也被现代排版设计所吸收。节奏是按照一定的条理、秩序、重复连续地排列,形成一种律动形式。它有等距离的连续,也有渐变、大小、长短、明暗、形状、高低等的排列。

在节奏中注入美的因素和情感——个性化,就有了韵律。韵律就好比是音乐中的旋律,不但有节奏,更有情调,它能增强版面的感染力,开阔艺术的表现力。韵律是节奏的完美组合,是比节奏要求更高的版面编排要求。

期刊版面结构设计要调动一切技术的和艺术的手段,灵活准确地运用字体、字号、线条、图片等版面元素,采用对比、对称、均衡、动静、虚实等手段,进行点、线、面的科学组合与分割,形成丰富多变的版面造型。

例如《城市地理》2021 年第 2 期的一个单元版面设计,左边以图片为主,文字编排如点睛之笔,错落有致,整个版面色彩呈现温暖色调,与上海地理城市相呼应,有一种文化艺术美。右边的版式则在文字与图片的平衡中求变化,线条用来隔开版面文字内容,绘制"钟表"图元形式的小标题,打破文字标题的固定模式,使版面显得灵动起来(见图 2-3)。

图 2-3　《城市地理》2021 年第 2 期版面

3. 对比与调和

对比是对差异性的强调,对比的因素存在于相同或相异的性质之间。也就是把相对的两要素互相比较,产生大小、明暗、黑白、强弱、粗细、疏密、高低、远近、硬软、直曲、浓淡、动静、锐钝、轻重的对比,对比的最基本要素是显示主从关系和统一变化的效果。

调和是指适合、舒适、安定、统一,是对近似性的强调,使两者或两者以上的要素相互具有共性。对比与调和是相辅相成的。在版面构成中,整体版面宜调和,局部版面宜对比。

4. 对称与均衡

两个同一形式的并列与均齐,实际上就是最简单的对称形式。对称是同等同量的平衡。对称的形式有以中轴线为轴心的左右对称、以水平线为基准的上下对称和以对称点为源的放射对称,还有以对称面出发的反转形式。其特点是稳定、庄严、整齐、秩序、安宁、沉静。均衡是不对称形态的一种平衡。严格而言，均衡的范畴要大于对称，对称体现出对等，必然体现着均衡，而"均衡"有时却不一定对称，事物占据着不同空间大小，以及位置、色彩浓淡对比等，也能使得不对称的事物间体现出均衡。

对称和均衡既有区别，也有联系。对称是均衡的一类，而均衡并非对称的翻版。对称如倒影等往往呈现等量的形状和面积等对应，而"均衡"更在于观感意念上的"相称"和对应。

二、新闻期刊版面元素

一份新闻期刊是否读起来方便舒适，在一定程度上取决于版面编辑的编排水平。而版面编辑的编排水平正是通过文字块、线条、色彩、空白等版面元素的巧妙组合来展现的。我们对新闻期刊版面进行鉴赏学习也可以说是透过期刊版面元素组合来洞察作者的编排思想。本书将版面主要元素归纳如下。

（一）内文版式

1. 版心

版心是页面中主要内容所在的区域，即每页版面正中的位置。书刊等每页排印文字、图画的部分，又叫节口。

2. 版面留白

留白是报纸版面中的概念，版面中的空白包括间空和周空，间空是指版心中空白的地方，包括字空、行空，以及标题、图片、表格四周的边缘空白，周空指版心四周留出的一般约2厘米宽的空白。版面留白通俗地讲就是通过在版面上"不作为"的方式使版面显得大方干净，同时增加这块区域的强势，通常在标题处大量留白就是增加标题的强势，使标题醒目。

3. 字号、字体、行距等

新闻期刊正文内容一般采用宋体，评论性文章采用楷体，字号统一，有些文章会首字下沉。而标题的字体字号的选择则灵活得多，大多按照文章内容色彩进行字体字号设置。

4. 线条、色彩

不同颜色、不同类型的线条和文字底纹色彩都是富有情感和表现力的元素，灵活运用这些元素能够体现出轻快、凝重、舒缓、激昂的情感特征。

5. 图文排式

新闻期刊中正文文字的排列形式多为横排，图文关系多为图文混排。

6. 分栏

一个版面按几栏分版是固定的。这种相对固定的、宽度相同的栏称为基本栏。每一份期刊都有相对固定的分栏制，依据是否有利于读者的阅读、是否有利于表现期刊的特点决定。还有一些期刊每期版面会分成三栏或者四栏，比较灵活。如图2-4所示。

图 2-4 《凤凰周刊》2021 年第 21 期版面

（二）封面版式

新闻期刊分为封面和内文版式，以上介绍了内文版式设计的主要构成元素，下面再来讲一下封面的核心环节，即封面照片和图片的选择。新闻期刊封面照片和图片的选择应把握以下几个方面。

1. 封面照片和图片必须具有新闻性

作为新闻类期刊，其封面照片和图片应符合期刊定位，能够反映现实问题或针砭时弊，对现实具有指导意义。这也是它区别于时尚、连环画等其他类型期刊的标准。

2. 封面照片和图片要体现其立场

即能够表明其政治导向，要坚持正确的政治导向，起到鼓舞人、启示人的作用。

3. 新闻照片和图片要有视觉冲击或感染力

封面是期刊的一张名片。在信息泛滥的今天，有视觉冲击力或感染力的新闻图片和照片能从信息洪流中脱颖而出，具有冲击力和感染力的照片和图片能为新闻期刊加分。

三、期刊版面编排作品案例分析

前面讲到了期刊版面元素，我们对新闻期刊版面进行鉴赏学习，也可以说是透过期刊版面元素的组合来洞察作者的编排思想,鉴赏其版面效果是否具有吸引力、表现力。新闻期刊是连续出版的刊物,其版面风格具有稳定性,同一本新闻期刊的不同页以及不同期版面都有一定的继承性,因此我们这里主要从版面元素以及艺术规律角度来评价。以下我们以《中国新闻周刊》的版面为例,对新闻类期刊版面进行赏析。

由中国新闻社主办的《中国新闻周刊》定位于信息管家、时事顾问、意见领袖,以国内、国际重大新闻报道为主,强化时政新闻的内容,旨在构建中国权威时政传媒。其内容涵盖政治、经济、科技、文化、体育、时尚、娱乐等领域,涉及广泛且富有深度,重点在于挖掘新闻背景和内涵,力争做到比报纸报道更有深度、更有质量、更有系统,比月刊报道更有时效、更有权威、更有观点。

在书报亭前我们可能都会有这样的经历,在不明确要哪本书刊的时候,我们会以"第一印象"去选择书刊。对于报纸来说,头版就是"第一印象",而对于杂志来说,封面就是"第一印象",封面是新闻期刊的一张名片。以《中国新闻周刊》为例,综合每期封面看都有一定的继承性:红底白字栏目 LOGO 放置在封面上方居中位置,每期封面图片或照片选择都是围绕一个主题,大多以特写照片或图片为主,突出主体,照片覆盖了整个封面篇幅,追求了格式与变化的统一(见图 2-5 至图 2-8)。

图 2-5 《中国新闻周刊》2022 年第 7 期封面

图 2-6 《中国新闻周刊》2022 年第 6 期封面

图 2-7 《中国新闻周刊》2022 年第 5 期封面

图 2-8 《中国新闻周刊》2022 年第 4 期封面

《中国新闻周刊》的封面故事是其特色,封面故事是每期的独家策划,在内容里面有专门的文字板块。根据统计可见,封面故事的文字内容版面通常在第 20—30 页之间,这是根据专业人员对读者的阅读习惯调查分析做出的安排。

封面故事的封面照片或图片,是针对独家策划的封面故事所选择的,具有导读性和内文互利性。这些封面图片或照片的选择与其期刊定位一致,以漫画或特写照片为主,反映的内容不仅具有新闻性,还给人视觉冲击。如 2021 年第 3 期这期封面(见图 2-9),以美国政治人物拜登作为封面,美国国旗的深蓝色和中国国旗的红色作为对比色,配上"竞与合"标题,将两个不同文化、不同背景国家之间竞争与合作的关系揭露出来,图与文相得益彰,使主题突出。该封面设计理念在 2018 年第 22 期也曾使用过(见图 2-10),封面上展示当时美国与朝鲜领导人特朗普与金正恩握手会面,但红色与蓝色却不是一对协调色,色彩之间的对比与冲撞,将两国复杂而敏感的对抗局面,淋漓尽致地揭露出来。

图 2-9 《中国新闻周刊》2021 年第 3 期　　　图 2-10 《中国新闻周刊》2018 年第 22 期

《中国新闻周刊》每期基本栏一般都是两栏,标准的横版新闻照片一般占两栏,高度大约占整个版面高的 1/2,竖版新闻照片一般占一栏,高度是整个版面高度的 1/2 或者 1/3。如图 2-11 至图 2-13 所示。

图 2-11 《中国新闻周刊》2021 年第 12 期第 21 页

图 2-12 《中国新闻周刊》2021 年第 12 期第 15 页

图 2-13 《中国新闻周刊》2021 年第 12 期第 16 页

观点类栏目基本是纯文字块,通过留白来表现强势,如标题处通常留白比较多,一般正文内容在版面高度 1/4 处才开始,以此将大段的文字内容与标题分割开来,突出标题。整个版面简洁、严肃,符合新闻期刊观点性栏目逻辑论证的缜密性和严肃性。另外,通常标题下都有作者的照片以及简短的信息介绍,圆形的头像成为栏目的特征之一,如图 2-14 所示。

图 2-14 《中国新闻周刊》2021 年第 12 期第 46 页

《中国新闻周刊》的文章排版转版显得比较灵活。没排完的文字直接转到下一页的版面,从左到右开始排,再用黑色实线分割开来。大体可见,是依据文字多少来决定横竖分割,这点比较灵活,如图 2-15、图 2-16 所示。

图 2-15 《中国新闻周刊》2021 年第 12 期第 8 页

图 2-16 《中国新闻周刊》2021 年第 12 期第 9 页

综合《中国新闻周刊》各期版面,版面都比较大方严谨,多以留白、大照片的方式增加强势。如图 2-17 所示,这是特稿栏目篇名为《戈尔列兹:路过布达佩斯大饭店》稿件的排版,用一整版面放置了文字,接着第二个版面承载了一张大图(见图 2-18),这种版面编排在《中国新闻周刊》比较常见。

图 2-17 《中国新闻周刊》2021 年第 12 期第 78 页

图 2-18 《中国新闻周刊》2021 年第 12 期第 79 页

此外,《中国新闻周刊》在色彩运用上比较少。相比之下,《凤凰周刊》内文版面运用了大量底纹、字体色彩、彩色线条等编排手段,显得比较活泼、感性色彩强(见图 2-19)。相反,《中国新闻周刊》则呈现着大气、端庄、客观的风格。这与其期刊定位是不可分割的。

与报纸相比,期刊版面更加注重版式设计的艺术性,尤其是封面设计。期刊版面重流畅,重视前后版面衔接,版面的页眉与页脚、文章的标题与内文、色彩与图片的搭配要

图 2-19　《凤凰周刊》2015 年第 32 期第 64 页

起伏有致,字体字号的变化既要层次清楚,又要各具姿态,达到整体和谐、韵律分明的效果。

　　期刊版面是技术性与艺术性相结合的活动,包含平面设计艺术创造的独立性,要遵循一定的艺术规律才能达到美学效果。

　　此外,新闻版面编排设计又是从属于刊物内容和编排规范的,所以版面结构设计要坚持内容决定形式的原则,不能片面追求形式美。明确新闻期刊的不同定位,合理地运用设计元素,才会使期刊的版式更具表现力和感染力。

思考与练习

1. 赏析报纸新闻作品与赏析杂志新闻作品,有哪些异同?
2. 在最近出版的杂志中,选择一些新闻作品分别赏析。

第三章 广播新闻作品赏析

第一节 广播新闻作品概述

一、广播、广播新闻、广播稿的定义

要掌握广播新闻作品的赏析首先从广播、广播新闻、广播稿这几个概念入手。笔者参照论文、百科、杂志等资料对广播、广播新闻和广播稿的定义分别做了如下界定。

1. 广播的定义

广播，是指通过无线电波或导线传送声音的新闻传播工具。通过无线电波传送节目的称无线广播，通过导线传送节目的称有线广播；前者我们通常称为广播电台，后者则叫广播。

2. 广播新闻的定义

通过无线电波或者通过导线，向广大听众传播声音的新闻，统称为广播新闻。

3. 广播稿的定义

广义地说，广播稿就是为了广播或广播电台的播出需要，所专门采写的文稿及相关音频资料，它主要包括消息、通讯、评论、访谈和录音报道等。狭义地说，就是专为广播而采写的各类新闻稿件，特别是针对"新闻联播"节目而采写的消息或小通讯。

二、广播的社会作用和发展

和其他传媒形式一样，广播对人们的社会生活和人际交往发挥着重要作用，如沟通作用、教化作用、动员作用、导向作用、感染作用、批评作用等。社会越是进步，科技越是发达，人们就越重视信息传播。广播、报纸、杂志、电视和互联网是大众从事各项社会活动时获取信息尤为重要的渠道。

广播作为重要的传媒形式，它的历史还不到一百年时间，但是它在人类发展史上起过不可忽视的作用。在交通还不发达的20世纪上半叶，甚至在80年代以前，广播将重大事件迅速传播至世界各个角落，这是报纸不能与之抗衡的。例如，二战时日本宣布无

条件投降的消息就是通过广播及时传播的。在交通和科技相当发达的今天,广播的作用并没有衰退。它的受众主要是汽车司机、学生、工人和广大农村群体。在发生自然灾害的特殊时期,广播的作用更为明显。即使电视与互联网的普及在很大程度使广播受到冲击,广播依然是具有强大影响力的主流媒体形式。

目前,我国的广播电视传输覆盖网是世界上覆盖人数最多的,广播用户数也居世界首位。广播人口综合覆盖率是 95.04%,收音机拥有量 5 亿台,这个数量居全球第一。可以说,我国广播媒体的落地具有先天优势。新媒体的快速发展,使传统媒体纷纷面临挑战,但广播在竞争中也能占得一席之地。例如,近年来美国广播的收听人数就出现了快速增长的情况。

有学者表示,广播"与印刷和电视媒体不同,它所面临的不见得就是危机,而更可能是一种引人入胜的分化"。一些研究者用全新的"声音媒体"一词来替代"广播"一词,因为后者指的是和报纸、电视一样的"夕阳媒体",而前者包括地面广播电台、卫星广播、互联网广播以及 MP3 等音频存储器。也就是说,广播要从传统媒体思路中走出来,要把它视为传统媒体的延伸,了解受众新的媒介接触方式,开放各类新的声音媒介,进而开拓新的声音传播事业。

新闻是广播的主要内容。因而广播电台被称为新闻单位,广播电台离不开新闻节目。广播依靠其迅速、大量地传播新闻信息的先天优势,在听众中产生广泛影响。在各类广播节目中,新闻节目的收听率最高。广播成为获知重大新闻的主要信息渠道,强于报纸、电视。人们往往是从新闻节目开始认识广播电台的,也往往通过新闻节目的质量来评判一家电台的办台水平。因此,世界各国电台都非常重视新闻节目,在人力、物力、财力等方面想尽办法提高新闻质量。总之,新闻性节目始终是电台的主体。我国广播界也已经出现了系列台、专业台,如经济台、文艺台、交通台、体育台等,但不管是何种台,新闻性节目始终是电台的主体,只不过是侧重点不同。

三、广播的特点

广播稿的特点,指的是新闻稿件经广播这种传媒形式传输而表现出的特点。与其他媒体形式不同的是,它是靠声音来传递信息,受众通过听觉来获取与感知信息。那么它的特点也可以算是广播的传播特点。

1. 时效性强,传播速度快

广播的传播速度在四大传统媒体中是最快的。这可以从三个方面理解:第一,工作程序简单。广播稿经编辑部编审后,就可直接送至播音员播音,立即向受众直播或录播。它没有报纸、杂志、电视那样烦琐的新闻生产程序。第二,工作时间灵活。广播的"新闻联播"节目遇到重大或紧急新闻可随到随播。一天 24 小时,都可随时发播要闻。但是,再快的报纸也不可能对重大新闻随时印刊,即使是特刊,也只能偶尔破例一两期;第三,运行速度快。广播信号以 30 万千米/秒的速度传播。

2. 传播范围广

广播的传播范围在四大传统媒体中也是最广的。只要电台发射信号的功率足够强

大,就算是在偏远地区,都能清晰地听到广播的声音。这一点,报刊、电视都不能与之相比。首先,广播信号的波长和频率比电视信号更容易传输;其次,收音机比电视机更便于携带。

3. 听觉感知

广播通过听觉作用于人的大脑,更适宜于人的生活习惯,也更易于被人接受。只要是听觉和思辨能力正常的人,不论年龄大小,不论文化水平高低,都可以接受。此外,听广播就如同与一个人在交谈,富有亲和力,这不仅是一种信息交流,也是一种情感沟通。

4. 简短清晰

广播稿一般不长,说清楚事实的原委即可,大多数稿子播出时长还不到一分钟。很多新闻报道在广播中仅占30~45秒,而3分钟的单条新闻广播就算是长报道了。广播稿具有线索单一、脉络清晰、不枝不蔓的特点,让人容易听清的同时不分神。在传统的四大传统媒体中,它的稿子相对来说是最短的。同时,它也具有信息稍纵即逝、线性传播、受众不易确切地统计、听众注意力容易分散等劣势。

四、广播新闻的种类

广义的新闻种类,一般认为有两大类:一是客观实录类新闻,如消息、通讯、报告文学等;二是叙事说理类新闻,如述评、评论、社论、编辑部文章等。狭义的新闻种类,就是特指消息的种类。消息通常分为四种,即动态消息、典型消息、综合消息、述评消息。

广播新闻的种类,在此也可理解为狭义的消息,实际上也就是动态消息、典型消息、综合消息和述评消息四种。

但是,广播因其鲜明的用声音传播、用听觉感知的特性,决定了新闻种类有所不同。具体说,它有三种形式:一是单纯的文字稿;二是以录音配合文字的组合稿;三是以文字(语音)解说现场录音的实况稿。

录音和音效播放,是广播最鲜明的个性特色,广播新闻的种类也离不开录音,具体有录音报道、录音通讯、录音特写、录音访谈、配乐广播、广播对话、广播评论,以及重大集会和重要文艺、体育表演活动的实况转播等。

五、广播新闻作品的赏析要点

写一篇新闻不难,但要写出一篇优秀的新闻却并不容易。一般来说,优秀的新闻作品,往往具有主题鲜明、思想性强以及现实关切度高的特点。做新闻如同做菜,选题如同"食材",不仅要好还得新鲜;写作角度和手法如同烹饪手段,必须成熟且有新意;新闻成品呈现必须布局合理,正如菜品最后摆盘必须讲究。

那么,如何判断和赏析一篇好的广播新闻作品?可以从以下五方面着手。

1. 思想深刻且贴近时代

都说今天的新闻会成为明天的历史,但纵观整个新闻发展史,在浩瀚如烟的新闻作品中,真正能够成为历史主角的,往往都是那些紧扣时代主题、贴近时代、思想性深刻、通过典型事件人物的报道烛照一个时代特色的作品。因此,要做出一道传世的新闻大餐,就必须在选材上下功夫,选取具有较深刻主题的新闻进行报道。

2. 采写角度的选取要独特

同样的食材,如果采取不同的烹饪技法或者火候来料理,往往做出的菜品也会好坏不一。那么,面对同样的新闻选题,该怎么进行操作,才能成为一篇优秀的新闻作品呢?角度的重要性在此凸显,"横看成岭侧成峰,远近高低各不同",同一人物或同一事物,我们在采写时可以选取不同的角度进行报道;同一个基本观点,不同的时期也会有不同的表达。

3. 合理的谋篇布局

食材选好、烹饪技法确定,这还不能完全保证能做出一道美味佳肴。做菜是这样,新闻采写同样如是。正如做菜最后需要摆盘一样,一篇好的新闻作品在呈现给受众时,也应选好采用何种体裁以及篇幅的长短。这就涉及新闻作品的谋篇布局,对于广播新闻节目来说,在布局上应该做到"凤头、虎身、豹尾",通篇充满吸引力,才能增加广播新闻的可听性。

4. 要充分恰当运用音响等声音元素

现场的典型音响能够给听众带来震撼和联想,这胜过好的文字描绘。这种独特的效果是其他媒体难以实现的,这种效果所展现的是声音的魅力、真实的魅力。但是音响的运用要真实、灵活、自然,给人水到渠成之感,而不能生搬硬套、盲目猎奇。所以,音响的运用是为主题服务的,它必须紧扣主题,不能游离于主题之外。还要让典型的音响说话,使之成为录音报道中的点睛之笔。要想让录音报道以声传情、以情感人,取得声情并茂的传播效果,必须精心取舍、巧妙剪裁。此外,有了漂亮的文章内容还不够,一个精彩的标题会让报道更加出彩。

5. 亮点标题

正所谓"题不惊人死不休"。如果把一篇新闻报道标题与唐诗相比较,唐诗每一行寥寥数字,但每个字都经过诗人的反复斟酌。例如我们所熟知的名句"春风又绿江南岸"中的"绿"字,王安石先后用了"到""过""入""满"等多个字,最后经过反复推敲才选定了"绿"字。它本是一个表示颜色的形容词,却词性活用,在诗中变成了一个使动词,给人色彩感的同时更增添一分动感。其实新闻报道的标题也是一样的,一个新颖独特、耐人寻味的标题定会给新闻报道加分不少。

第二节 广播消息的赏析

一、广播消息的定义

广播消息是以广播为传播媒介,以声音为主要传播符号,迅速及时、简明扼要地报道新闻事实的广播新闻体裁。广播消息是广播新闻中运用较为广泛的一类新闻体裁。

广播消息又可以称作广播新闻,从广义上讲广播新闻包括了电台常见的各种新闻的体裁和类型,从狭义上讲广播新闻就特指广播消息。

由于现代生活的快节奏和对信息需求量的上升,使得短消息在媒体,尤其是广播中的地位日益重要。而且以短消息为主体而构成的新闻节目,以其大容量、快时效的特点成为当今广播生存发展的根本。

二、广播消息的传播特点

广播消息的传播遵循广播新闻传播的一般规律,其传播特点可归纳为两个方面:传播优势和传播劣势。

1. 广播消息的传播优势

1)"先声夺人",传播范围广

广播消息凭借广播为传播媒介,加上制作过程简单,比需要后期制作工序的电视消息和报纸消息显得更加灵活快捷。

此外,接收广播的覆盖范围广,只需打开广播即可收听。广播消息的传播范围也不受社会地位、身份、文化层次、年龄段的影响和限制,可谓老少咸宜,雅俗共赏。

2)内容通俗易懂、收听方便

广播消息由于只能通过听众的听觉来接收,因此其语言特征是朗朗上口、通俗易懂。这样大大提高了宣传的可听性和传播性,使得听众没有距离感,能够边听边做其他事,具有无可比拟的便捷性。

3)真切感人生动

广播消息依托于声音符号进行传播,声音符号具有形象感和传真性的特征,因而其比文字往往更具情感性和感染力。听众在接收信息的传播过程中,能够收听到柔美而磁性的声音,更觉得真实生动。

2. 广播消息的传播劣势

1)稍纵即逝,选择性差

广播新闻的传播结构是线性一元的,声音是其传播信息的唯一要素。而声音又有根据顺序收听、稍纵即逝的特点,使听众在收听广播时无法像报纸一样反复阅读,也不能像电视一样借助画面和文字帮助理解。广播新闻的线性传播结构,还决定听众在收听时没有太多选择的余地。听众只能选择收听哪个频道,但无法提前预知频道即将播放的内容是不是自己的兴趣所在,所以只能跟着频道的内容顺序收听。

2)容量有限,保存性差

一般而言,口播新闻每分钟200多字,30分钟的广播新闻只有6000多字,只相当于对开报纸的半版内容。而在同样时长的电视新闻中,可传播画面、声音、文字等多种信息,其信息比广播新闻更加翔实和丰富。可见,相比于报纸和电视,广播新闻,包括广播消息在内,传递的信息容量是十分有限的。

3）传播对象针对性弱

收听方便既是广播新闻的优势，又是劣势。由于受众处于一种随意的收听状态，所以一般情况下听众不会把所有注意力都集中在播报内容上。而且很多人都是在锻炼的时候、吃饭或开车的时候收听广播的，这种"半收听"状态很容易遗漏部分信息。

三、广播消息作品的赏析要点

1. 导语要简明扼要

广播消息导语的写作类似于报纸消息的标题写作，要采用虚实结合的手法，不能过于抽象，也不能过于具体。广播消息的导语应发挥报刊标题的作用，因为广播消息不同于报刊消息，它没有标题。因此广播消息的写作需要编辑人员运用精练的文字，虚实结合，对新闻事件的主要内容进行概述。

此外，广播消息的导语还要将新闻事实中最主要的因素进行突出强调，并尽量把导语写成一句话。在语句方面，广播消息的导语应尽量避免使用复合句、倒装句，尽量使用主语＋谓语＋宾语的句式，给人简洁、明快之感。

2. 篇幅短小精悍

篇幅越长的新闻越容易使观众产生乏味、疲劳的感觉。短小的新闻不仅节奏轻快，而且可以在同样的时间段内播放更多条新闻，为听众提供更丰富的信息。但是，广播新闻也不是越短越好，一般一次节目播出20条新闻最佳，是能契合听众记忆的最佳值。

3. 线性结构中的逻辑性

广播新闻传播的线性结构是指信息以声音的形式，按照时间顺序进入听众的大脑。听众收听时，要逐次将语音组成字词，再连接成句。因此，广播新闻的写作要更注重听众收听的逻辑性，语词清晰流畅，语句层层递进，段落过渡自然、环环相扣。

4. 语言通俗易懂

广播新闻的语言要符合规范化的谈话体要求，既要逻辑严密、用语得当，又要通俗易懂、生动形象，使听众觉得亲切、自然。

5. 新颖而独特的新闻角度

一篇广播消息是否精品取决于新闻角度的选择。广播消息角度是新闻报道的切入点，它包括选题角度、采访角度、取材角度、表现角度等。选择最佳的广播消息角度必然要符合三贴近原则，体现出新、深、实的特征，使得传播效果具有针对性、时效性、说服力和感染力。例如：①以小写大的，从小角度反映大背景；②从老典型挖掘新看点；③打破常规，运用逆向思维，出奇制胜。这些运用新锐的角度来观察和分析问题，都是一篇好的广播消息的体现。

作品赏析示例

广播消息：5G技术助力国产机器人完成全球首场骨科实时远程手术

韩萌

作品链接：

http://www.zgjx.cn/2020-10/14/c_139436330_2.htm

（第30届中国新闻奖一等奖，北京广播电视台2019年6月27日）

【简析】

广播消息《5G技术助力国产机器人完成全球首场骨科实时远程手术》于2019年6月27日刊播于北京新闻广播《整点快报22点档》栏目，作品时长3分47秒，作者是北京广播电视台记者韩萌。作品之所以获奖，有以下几个重要原因。

1. 选题紧扣社会热点

近年，国内外火热的5G技术运用在改善人民福祉的医疗、教育等民生领域，一直是社会关注的焦点，该报道主要反映5G技术在医疗领域的具体应用。此外，报道还反映了另一个医学成就——医院自主研发的智能机器人也登上了手术台，这标志着"5G+人工智能机器人"两项尖端技术强强联合，智能机器人远程手术技术在我国正式进入临床实际应用。该广播作品强调了5G技术在医学手术中的重要价值，记者敏锐发现新闻题材，并现场采访报道，因此也具有重要的新闻报道价值。

2. 凸显以声夺人的特色

整篇作品首次尝试"现场实时解说＋同期"的形式，还原了令人紧张的手术关键场景。为此，记者提前与专家沟通手术方案，在实时解说中将复杂的医学技术、专有名词转化为通俗易懂的广播语言，特别是"这里既没有病人也没有病床、主刀医生今天不用手术刀"等描述，给听众留足了悬念，也增强了新闻的感染力，给人以身临其境之感。

广播现场音响效果逼真而珍贵，作为少数能进入现场的人员，记者完整记录了3小时的手术现场情境，特别是"手术成功的历史时刻，医生长舒一口气，继而全场爆发热烈掌声"的同期声真实、激动人心。可以说，手术现场声避免了以往重大手术事后补采的遗憾，这使得整个报道极具特色，故事性、可听性强。

3. 分发渠道助推广播效果

该作品播出后，获得听众和专家的好评，节目在北京电台手机客户端"听听FM"和北京广播网同步进行分发，不少听众留言进行肯定性评价，如"厉害了！国产机器人"。中国电信又以此为脚本，制作了短片作为运营商5G官方宣传片，使作品获得范围更广泛的二次传播。

总之，该作品新闻价值高，现场感强，影响力广，大大展现了中国科技发展的软实力，通过正能量的广播，得到听众及专家一致肯定。

第三节 广播新闻专题的赏析

一、广播新闻专题的定义

广播新闻专题是广播新闻中的"大智者",它通过对生活中具有较高新闻价值且较为典型的新闻事件、人物、社会问题和社会现象进行生动、全面的报道、分析和调查,进而反映事件发展的整个过程,深入事件本质,揭示事件发展的基本规律和普遍意义,内容深刻。长度大多为5~8分钟。

广播新闻专题也是广播新闻深度报道的主要形式,它的深度主要体现在两个方面。首先,注重拓展新闻基本要素的深度,不断挖掘更有意义的新闻事件和人物;其次,以揭示事物的深层意义为主要任务,对新闻事件进行不断的剖析以尽可能地反映事件的最大社会价值。

二、广播新闻专题的赏析要点

1. 主题深刻,具有代表性

广播新闻专题的最大价值就在于其主题的深刻性和代表性,而这也决定了广播新闻专题制作的难度较大。首先,必须做尽量详尽的采写,要了解新闻事件的发展脉络;其次,采写时必须精准定位主题,这不仅提高了采写的效率,也更加突出了专题的新闻价值;最后,在采写时要尽量选择最新的新闻事件和数据作为依托,以提高新闻专题的新鲜性,也可以拉近与听众的距离。

2. 讲述生动,富有故事性

广播新闻专题的内涵虽然深刻,但是作为一种以声音为传播媒介的新闻专题,其表达方式必须口语化,把深刻的道理用平白生动的语言表达出来。此外,新媒体的崛起让听众的选择越来越多,要想留住听众,必须提升听众的体验,而枯燥死板的讲述方式必然会使听众产生疲劳。因而广播新闻专题应采用生动有趣、富有故事性的讲述方式,让听众感觉像听故事。

3. 用悬念抓住听众

广播新闻专题的播出时间普遍较长,多为5~8分钟,有些甚至更长。那如何在长时间内抓住听众的兴趣呢?不断设置悬念就是一个很好的方法,悬念可以有效抓住听众。当然,悬念的数量和时间间隔的设置也是有讲究的,过于频繁的悬念设置反而会弄巧成拙,最佳的应为每一分半到两分钟设置一个悬念。

4. 结构严谨,逻辑清晰

广播新闻专题播报的时间较长且主旨深刻,因而其结构必须严谨,要注意上下文之间的联系;逻辑也必须清晰,要注意前后段落之间的逻辑关系。否则,结构失衡和逻辑凌乱都会大大折损整个新闻专题的价值,使听众不知所云。

5. 巧用播音的独特魅力

广播新闻专题虽没有电视新闻专题丰富的画面,但广播新闻专题更能突出播音的独特魅力。好的播音,既可以使听众听时若身临其境,也可以突出播音主持人的个性特色;还可以更传神地表达新闻事件的深层含义,最终实现听众、主持人、新闻事件三者的共鸣。因而,一篇出色的广播新闻专题一定离不开一个优秀的播音主持人。

6. 现场音响要原汁原味

音响是广播新闻专题的灵魂,少了音响的广播新闻专题会变得索然无味。新闻事件中原汁原味的现场音效、音响最具生活气息和感染力,当其和文字结合时能更自然地渲染气氛和突出主题,因而广播新闻专题要注重音响的真实性。

7. 细节要独特

细节决定成败。一篇新闻报道如果不讲究细节,必然无法成为优秀报道。一篇优秀的新闻专题报道必定有独特的细节,这些细节要经得起推敲,且具有一定的代表性。在制作广播新闻专题时也不例外,要注意把握细节的独特性。同时,广播新闻专题中的细节不仅是指细节本身,也包括音响细节的表达,所以在把握广播新闻专题的细节时一定要兼顾这两者,要抓好细节,尽量使细节能起到画龙点睛的作用。

通过上述分析可以发现,广播新闻专题报道在全面反映社会现实、深度揭露新闻事物发展规律等方面具有重要作用,其制作过程中任何环节的质量都会影响其新闻深度报道的品质,所以全面认识其相关环节的技巧,并在具体实践中充分落实具有重要的现实意义。

新闻专题:复苏之路

万敏　黄乐毅　洪燕

作品链接:

http://www.zgjx.cn/2021-10/25/c_1310259832_2.htm

(第 31 届中国新闻奖一等奖,湖北广播电视台 2020 年 6 月 29 日)

【简析】

新冠疫情所带来的影响波及各行各业,给社会生产生活带来了巨大的冲击。武汉作为我国疫情集中暴发最早的城市,受疫情影响最重,在这一背景下,湖北广播电视台的专题《复苏之路》记录了武汉几家具有代表性的中小微企业在疫情后的奋斗历程,作品反映出国人复工复产的努力心态,也从宏观上刻画出湖北疫情后政策布局的有效性。该作紧扣时代主题,内容丰富而深刻。接下来从它的几个亮点进行分析。

1. 题材小中见大

《复苏之路》聚焦武汉疫后重振中的小微企业,视角独特而又深入群众基层。疫情后的经济复苏问题,是关乎国计民生的大事,通过对几位实体店主的采访,反映了武汉疫后经济政策执行的实际情况,也展现了湖北人民疫后重振的顽强精神。作品以小人物为切入口反映武汉的"复苏之路",深入探讨了当下复工复产的问题以及措施,具有很强的新闻价值与社会意义。

2. 情感质朴,感染力强

这个作品专题的成功,除作品反映出的深刻主题,也离不开作品当中的情感流露。记者在此次作品中历时三个月,对精心挑选的几个店主进行蹲点调查,深入、贴近群众获取第一手资料,16分钟的作品中主要展现与3位店主的采访对话,现场音响丰富,人物谈话生动传神,每次对话都能从中感受到店主的情感的真实流露。通过店主各自的自述感受出他们的不易,也展现了他们努力奋斗积极探索的品格,听众很容易被他们的豁达与积极的心态所感染。

3. 传播正能量,弘扬时代精神

受新冠疫情的影响,我国经济发展受到了极大的影响。在经济低迷的情况下,人们的意志难免会变得消沉,这部作品从我们身边的普通店主出发,表现了一条艰辛但又光明的复苏之路,通过对他们的深入报道,可振奋鼓舞他人。

新闻专题:瀚海追梦 留住绿洲

燕小康

作品链接:

http://www.zgjx.cn/2021-10/25/c_1310259838_2.htm

(第31届中国新闻奖一等奖,甘肃省广播电视总台 2020 年 7 月 15 日)

【简析】

由燕小康编辑、甘肃省广播电视总台刊播的广播专题《瀚海追梦 留住绿洲》获得第31届中国新闻奖广播专题一等奖。该作品由两条主线构成,层层深入递进,先主要讲述马俊河的产业生态化、生态产业化之路以及戴敏治的科技治沙理念,朴实生动的故事性叙述使得作品生动有趣。然后升华主题,总结武威治沙人摸索出的治沙经验,不仅凸显我国对于新型生态建设和产业化发展之路的决心,为世界贡献了可借鉴的经验,也展现出我国为构建"人类命运共同体"所履行的"大国"担当。作品主要有以下几个特色。

1. 典型人物反映时代精神

每个时代都有每个时代的精神,典型人物就是时代精神的浓缩与代表,通过典型人物的事迹来引领社会风尚,发挥舆论的积极引导作用,是主流媒体常见的做法。在采编的过程中,作者将报道方向转向了"全国网络治沙第一人"马俊河和"首开世界机械化治沙先河"的戴敏,以这两人的事例为典范,分别向观众展现了武威的"治沙精神"和高科技的先进支撑,同时,也展示出先进人物不屈不挠、敢为人先、以人为本的精神,而且这种精神正在扩散到各个角落,感染了许许多多的武威人走上生态治沙之路。作品凸现了新时代下生态治理问题已深入人心,向社会传递了可持续发展的正能量。

2. 题材彰显社会价值与新闻价值

沙区精准扶贫与生态保护修复是国家的两项重要政策,治沙问题既关乎生存也牵涉发展,几十年的治沙经验告诉我们,"治沙不治穷,到头一场空"。作者正是从这个角度出发,从时间线上整理出马俊河互联网治沙模式的发展历程,体现了马俊河治沙的决心,也为治沙之路提供了可借鉴的经验。因此,该题材有着很重要的社会价值与新闻价值。

3. 数据引用体现客观真实性

荒漠化与贫穷相伴而生,作者在印证治沙要治穷的过程中,采用数据来说话的方式,证明了马俊河的互联网治沙模式的成功,例如:已经有3万亩梭梭把根深深扎进沙漠里,让12个村庄不再受到流沙侵袭,为周边村民带来务工收入400万元。数据的客观真实性,极大地增强了作品的说服力和传播力。

新闻特写:延期的高考,不延期的梦想

赵华光　　马静　　汪娜

作品链接:

http://www.zgjx.cn/2021-10/29/c_1310275452_2.htm

http://www.zgjx.cn/2021-10/29/c_1310275452_3.htm

(第31届中国新闻奖二等奖,安徽广播电视台2020年7月10日)

【简析】

在《延期的高考,不延期的梦想》中,记者深入现场、感受现场、再现现场,对2020年受暴雨洪灾导致高考延迟的2182名黄山歙县考生处理问题及时报道,报道展现人民子弟兵在突发事件中服务人民的奉献精神,也彰显出政府在此次事件中快速反应、执政为民的执政理念。历来中国新闻奖的评选中,新闻专题都是竞争最激烈的,该作品荣获第31届中国新闻奖广播新闻专题中的二等奖,它能在同类作品中脱颖而出,源于以下几点。

1. 报道及时,时效性强

时效性是媒体竞争胜出的重要因素。2020年高考前夕,安徽多地出现了罕见的暴雨,受暴雨影响,安徽歙县高考推迟,滞留的考生们成为社会关注的中心。记者及时回应社会关切,立即出动采访歙县的学生及相关人员,了解救援情况的最新进展和政策安排,迅速展开报道,向社会展现了政府的响应力、执行力和反应力。

2. 深入采访,富有感染力

这部作品最大的优点和特色,在于记者能深入现场与再现现场。作者摒弃了严肃刻板的官方播报方式,没有大量政治宣传的套话空话,而是通过采访事件当事人,现场还原事情的最新进展,了解现场的救援与群众的真实情况,让听众从广播中去感受现场场景,增强新闻的现场感和感染力。

3. 主题深刻,立意高远

好的选题和立意是新闻作品成功的基础,《延期的高考,不延期的梦想》通过对受暴雨影响的黄山歙县高考考生最新状况的写实报道,展现了一个积极作为、心系人民的政府形象,也展现了暴雨中救援的温情,弘扬了社会正能量。

4. 内容清晰,逻辑严密

从作品结构来说,整篇内容以时间顺序展开报道,完整地记叙了高考前夕的救援安排和进展,结构脉络清晰,层层递进。广播新闻本身有一定的滞后性,因此,作者首先在开头交代了7月9日高考顺利结束的消息,然后按照时间逻辑,讲述了从7日深夜到8日高考开始前多个时间段的救援实况,让观众能迅速进入现场情境,对整个现场有所了解,感受救援人员的努力。

第四节 广播评论的赏析

一、广播评论的定义

广播评论起源于报纸评论,其以声音为媒介,是对事实的评价、分析与议论,是对当今具有普遍意义的事件、问题,或社会现象表示意见和态度。评论是媒体的"话筒",它把媒体的意见传达给受众,同时受众也通过评论判断媒体的政治面貌,衡量媒体的思想水准。

二、广播评论的特点

当今的广播评论,时代性强,且特色鲜明,具有以下特点。

1. 主持人直播评论成主导

如今许多评论节目都以主持人直播方式出现,在这类节目中,主持人不单播评论,而且还写评论或编辑评论。他们以评论业者的身份和听众共同就天下各类新闻资讯交流、共享观点,进行思想交锋。

2. 注重邀请评论员点评

评论员的专业性往往更强，他们可以让听众更快、更深入了解我们周围发生的重大事件，剖析事情的缘由和意义，揭示其对听众生活的影响。因而现在各地新闻广播都很注重建设评论员队伍，在发生重要新闻和事件时，都会邀请评论员点评一二。

3. 评论节目层次分明

广播的时间段是有限的，不同的广播节目在不同的时段播出，不同时段的听众各具特点。因而不同时段的广播评论节目也往往具有不同的特点，表达方式较为多元，评论节目层次分明，但各个时段的节目都有其稳定的收听人群。

4. 观点多元

如今的广播评论多元化的特点越来越鲜明，大多数广播评论都不再追求一锤定音。主持人、评论员可以各抒己见，彼此的意见不需要统一，评论的目的只是让大家在思想的交锋过程中相互借鉴和学习，探索真理的多个方面，让听众在收听时能产生更强烈的参与感。

5. 一事一议

实践证明，一事一议是写好广播评论的一种理想的文体结构。广播评论应尽量做到一事一议，选择具有普遍社会意义的"一事"，去"一议"这一件事中所存在的主要问题，并精准表达一个理论观点，辨明是非。

三、广播评论的分类

广播评论最初都是沿袭报纸评论的分类形式，如本台评论、本台评论员文章、本台短评和编后话等，且多数都比较生硬，广播元素并不鲜明。随着时代发展，广播开始走向个性化，广播元素更加鲜明，如广播谈话、口头评论和音响评论等。如今，在新媒体时代，广播评论的形式愈加丰富，多样性的特点愈加凸显。下面主要介绍以下几种。

1. 台评论

此类评论较传统，多代表官方声音，如本台评论、本台评论员文章、本台短评和编后语等。

2. 精英评论

此类评论是广播评论中的中坚力量，占据主要地位。其评论观点更客观、专业、深刻，且多获得更多人的认可，它的形式新，编排有条理，语言精准，议论有力，感情真实，的确是评论中的"精英"。

3. 网络评论

在当今"人人都有麦克风"的时代，人人都可以借助网络发表自己的意见和观点，网络评论就应运而生。其虽有时较为偏激，但网络评论的幽默和犀利也赢得了众多人的青睐。广播自然也必须利用网络之力，设立网络评论节目，播出自己的言论，为自己增色。

4. 草根评论

草根评论是广大群众发声的平台,广大群众在收听广播时有权利发表自己的观点和意见,各大广播评论节目也应该为群众提供发声的平台。随着新媒体的发展,草根评论的实现手法越来越多,如热线电话、短信、微博、微信等。此类评论的观点多来自生活经验,虽缺少理论色彩,但更显示观点的多元性。

5. 专业评论

专业评论多是就某个领域进行评论,专业性更强,例如经济方面的财经评论、体育方面的体育评论都属于专业评论。此类评论的受众数量相对较少,但受众更为稳定,忠诚度更高,这种评论的实用性和指导性也更强。

四、广播评论作品的赏析要点

1. 表达精准,言简意赅

广播评论要想让听众听得明白,避免空泛议论,必须表达精准;而要实现精准表达,则需要做到精准选题和立意明确。选题要抓住群众普遍关心的事,要有现实意义和社会作用。立意要具有针对性,评论者必须观点鲜明,立场坚定。

此外,评论都要求"短",越精练越好。因而在评论时尽量言简意赅,不空泛议论,直接开门见山,突出重点,语言能精简就精简,尽量用最凝练的语言表达最重要的内容,一针见血直击要害。

2. 以小见大

评论要尽量从"小处"着手,应选择具体而典型的人或者事例入手。分析时,评论者需站在高处,从"小"中发掘事例中隐藏着的普遍规律和意义,揭示出"大"主题,如此便是"以小见大"。

3. 善用对比手法

广播评论经常使用典型对比手法,通过将一些相差很大的典型事例进行对比,能直接区分事物的正反,进而彰显正确观点。巧妙使用这种手法,可以突出评论主旨,帮助听众辨明"是非"。

4. 追求语言艺术美

广播评论的媒介是声音,声音把主持人、评论员和听众连接在一起。因而要实现更好的交流和沟通,必须追求语言艺术美。做到这点,首先语言要"浅",通俗易懂,因为听众喜闻乐见的语言往往更容易被听众理解、接受。其次,语言要生动有趣,如此更容易抓住受众的注意力。

广播评论是媒介对社会进行控制和引导的一种有效手段,舆论导向正确,是党和人民之福;舆论导向错误,是党和人民之祸。一篇具有"广播味"且优秀的广播评论要符合以上标准,才能正确引导社会舆论,引导受众思想,引导实际工作,引导社会生活。

广播评论：实现 500 亿目标 柳州螺蛳粉还需破解潜在危机

周绍洪 黄书恬 祝婧

作品链接：

http://www.zgjx.cn/2021-10/28/c_1310269365_2.htm

（第 31 届中国新闻奖三等奖，柳州市广播电视台 2020 年 12 月 28 日）

【简析】

　　广播评论是广播媒体的灵魂和旗帜，具有极其强烈的思辨性和深刻性，是广播媒体进行深度报道、制作精品节目的重要手段，其地位举足轻重，发挥着沟通公众、凝聚共识、舆论引导的重要作用。一个优秀的广播新闻评论围绕新闻事实展开讨论，必须要有思想深度，观点要明确，逻辑要自洽，通过一步步的论证，使观点深入人心。第 31 届中国新闻奖三等奖作品《实现 500 亿目标 柳州螺蛳粉还需破解潜在危机》，从小小的螺蛳粉报道着手，层层分析、逐步深入，点明目前柳州螺蛳粉在科技、人才上的困境，突出柳州未来"智能制造"发展的大方向，报道也就有了高度，值得我们学习。

　　1. 标题反差强烈，引人关注

　　一个好的广播评论标题，能够迅速抓住听众的内心，激起他们收听的欲望。生活中常见的、普通不能再普通的螺蛳粉怎么能实现 500 亿的目标呢？该作品标题反差感强烈，对比鲜明，充满悬念，能迅速抓住听众的耳朵，使之产生收听兴趣。

　　2. 实地采访，观点多元

　　经济发展一直是老话题，每隔一段时间就会被拿出来聊一聊，听众很容易出现听觉疲劳，如果运用以往主持人评论的老模式，会让听众感觉老生常谈。该作品以小小的螺蛳粉为切入口，实地采访了 12 位专业行内人士，通过不同人物的阐释与评论，记者分析出柳州螺蛳粉行业所面临的潜在危机，不同人物叙述的过程中夹杂着评议，听众很容易抓住报道的核心并接受新闻事实。同时，作品紧紧抓住高质量发展这个时代大主题，以微见大。

　　3. 论证严谨，增强深度

　　该作品以螺蛳粉产销突破百亿新闻发布会为契机，抓住事件背后的核心问题，探究柳州螺蛳粉未来的发展方向。记者大量走访了行业生产龙头企业、贴牌生产企业、业内智能制造企业、行业主管单位、科研机构、院校等产业上各个环节，逐步发现了柳州螺蛳粉产业在生产机械化、自动化、智能化以及人才等方面的短板，为柳州螺蛳粉产业的未来发展提出了解决的办法、建议。这则广播评论体现出新闻作品的广度与深度，获奖也就在情理之中了。

广播评论：智能时代，如何让老年人跨越"数字鸿沟"？

赵波　张巡天

作品链接：

http://www.zgjx.cn/2021-10/29/c_1310275494_2.htm

http://www.zgjx.cn/2021-10/29/c_1310275494_3.htm

（第31届中国新闻奖二等奖，无锡市广播电视台2020年10月18日）

【简析】

全民抗疫战中，疫情防控数字技术对于年轻人群体来说已习以为常，手机健康码是人人必须具备，但是，对于无法使用健康码而不能正常通行的老年群体来说，状况却令人揪心。无锡市广播电视台刊播的评论《智能时代，如何让老年人跨越"数字鸿沟"？》，关注后疫情时期中老年人的数字困境，观点明确、切中时弊，是一篇具有人文关怀和启示意义的佳作。

这是一篇源于生活的作品，作者及时关注社会的热点问题，从微博网友在无锡火车站随手转发的一条"无健康码"通道照片信息中，看到了与互联网脱节的老年人群体状况。出于高度的新闻敏感性，为探究此事背后的深层原因，作者采访了微博博主、旅客、车站志愿者、学院教授、市委党校教授等多个对象，采访对象身份多元，观点也呈现出多角度，可以多元化视角展示老年人的数字困境，更好地揭示了问题的实质。

整篇报道述评结合，作者十分注重借用数据来说明问题，例如，评论报道"截至今年（注：2020年）6月，我国网民规模已达9.4亿，还有4.63亿人是非网民""10个网民当中，只有一个人是60岁以上"，这类数据突出老年人群体的规模，强调老年数字问题的重要性。

值得一提的是，作品运用同期声精准到位。例如，借用当事人的声音来增强可信度，在讲述老年人遭遇"健康码困境"时，作品展示出司机的声音——"拿手机扫码，手机！手机扫码！没有坐不了。你没有我开不了车，你不用往里走，我走不了，你要不扫码走不了"。同期声的使用，给听众以身临其境的感觉，大大加强了作品的感染力。

第五节 广播系列报道的赏析

一、广播系列报道的定义

系列报道是指围绕某一主题或已经发生的新闻事件等所做的多角度、多侧面报道。作品策划性强,单件作品之间关联性强,成系统。

在广播宣传报道中,记者经常使用广播系列报道这一体裁,使广播宣传报道表现得更加多样、深入和系统化。

二、广播系列报道作品的赏析要点

1. 内容布局、报道具有全局观念,达到宣传效果最佳

系列报道,顾名思义就是由数个单篇报道组成的综合报道,而不是简单堆砌几个单篇报道。它通过人物或事件的预发内容进行多侧面、多角度、优化组合后的报道。因此,优秀的广播系列报道十分注重全局的框架结构,在内容处理上做到去粗取精、去伪存真、由此及彼、由表及里。取得良好的宣传效果的系列报道必定是具有全局观念,把握时机,对典型性事件和关键人物进行深入细致的采访报道,使得其在一定时间、一定范围中产生一定的影响力,从而达到最佳的宣传效果。

2. 要有详尽全面的材料

系列报道,要做好对事件的深度报道,缺少不了详尽全面的资料,包括文字和录音材料。一组好的系列报道少不了来自记者对人物和事件整个过程的深入细致的采访准备。如果第一手资料充分,将大大增强报道的真实性和吸引力,提高整个报道的可听性。系列报道由于篇幅长,所以优秀的系列报道还特别注重对材料细节的把握,在材料中标注清楚时间、地点、人物等相关因素。细节决定成败。有好的材料才能制作出有深度的内容,播放出打动人心的报道。制作精良的系列报道在这方面,具有显著体现。

3. 文章结构布局精准

文章结构的安排要做到精心合理,设计妥当。其结构大体分为三部分,开头要找准切入点,准确抓住听众的兴趣点,进而阐述关键人物与关键事件的事出缘由,有气势有神韵;中间要起到承上启下的作用,张合有度,人物与事件之间的关系要处理得详略得当,以感染听众,使报道具有可听性;结尾要有力度,不拖拉,并在总结前述基础上引发听众思考,有回味有联想。全文报道要做到有"虎头、熊腰、豹尾",整体浑然天成,上下一体。

4. 具有丰富多元化的有机整体

结构和内容完整的系列报道,不仅需要若干篇的报道组成,还应该具备编者按、编后语等言论性文字,以此来进一步增强系列报道的重要性。编者按和编后语虽然文字不多,却能够与若干篇报道形成一个有机的整体,通过多角度的报道让听众加深对重要事件和人物的认知和了解,起到成龙配套、画龙点睛的作用。另外,在系列报道中,根据报道内容的需要,除了新闻报道的体裁之外,还可以运用通讯、特写、调查报告、专访等体裁,以此丰富报道形式,表现人物和事件的多样性。

总之,广播系列报道是广播新闻中较有分量的一种报道形式,广播记者要有意识地加强系列报道的策划和写作,在提高记者的政治修养和业务能力的基础上,更好地适应党和人民对新闻工作者的要求与希望。

系列报道:他们等不起,我怕来不及——发声者

刘浩邦　张倩　丁凤云　徐仁飞　周洋　王博男　侯贞　李康

作品链接:

http://www.zgjx.cn/2020-10/16/c_139444762_3.htm

http://www.zgjx.cn/2020-10/16/c_139444762_4.htm

http://www.zgjx.cn/2020-10/16/c_139444762_5.htm

(第30届中国新闻奖二等奖,江苏省广播电视总台2019年12月8日)

【简析】

江苏新闻广播推出国家公祭特别策划《他们等不起,我怕来不及——发声者》系列报道,是在第六个南京大屠杀死难者国家公祭日背景下采编而成,选题有一定的现实价值。该系列报道声音元素丰富,选题角度独特,制作精良,充分运用广播的手段,帮助还原侵华日军南京大屠杀历史的历史真相,以纪念那场浩劫中的死难者。

广播是声音的艺术,音响的运用在广播新闻中显得尤其重要,运用恰当可谓是广播新闻的"神来之笔",《他们等不起,我怕来不及——发声者》就是一部在音响方面运用得当的优秀作品。该作品采访对象广泛,分别采访了南京大屠杀幸存者、雕塑家、历史学家、律师、国际友人等多位人物,作品全部以真实的高清录音呈现出来,争取以事说话、以情感人、以理服人,步步深化主题,具有强大的感染力。作品将人物访谈、记者口述、播音员播讲、现场音响、历史音响、音乐等有机元素,恰当地融合在一起,旁白饱满深情,音乐配合得当,仿佛让人置身其境,增强了新闻节目的现场性,也彰显出广播的独特魅力。

作者在尊重历史真相的前提下,又做了大量细致翔实的纪实性采访,通过"幸存者证言""受访人自述"双线视角,形成时空呼应,展现了共同为历史发声的勇气与决心,彰显了"铭记历史,珍惜和平"的大主题。此外,作品还引入多元化报道样态,广播与新媒体报道形式互动结合,采取专区的形式在荔枝新闻、我苏网进行传播推广,以增强传播效果。

作品赏析示例

系列报道：城市大脑的杭州实践

张苑

作品链接：

http://www.zgjx.cn/2020-10/26/c_139467592_2.htm

http://www.zgjx.cn/2020-10/26/c_139467592_3.htm

http://www.zgjx.cn/2020-10/26/c_139467592_4.htm

（第30届中国新闻奖三等奖，浙江广播电视集团2019年3月29日）

【简析】

《城市大脑的杭州实践》是一篇优秀的科技类系列报道，着重介绍了杭州城市大脑在交通、医疗、旅游方面的建设，以小见大，反映科技给人们生活带来的变化。该系列报道采用大量数据和采访资料，场景丰富，音响生动，获得第30届中国新闻奖广播专题三等奖。分析其获奖理由，概括主要有以下三点。

1. 关注热点，捕捉新闻

数字经济是浙江正在实施的"一号工程"，杭州城市大脑是其重要的成果体现，该数字项目实践成果于2019年初从单一交通治堵领域向城管、旅游、医疗等领域延伸。新闻报道组制作团队敏锐捕捉到了其中的新闻价值与线索，迅速展开采访和报道。作品通过对相关科技单位、城市居民的采访，反映杭州城市大脑运用大数据、互联网等技术进行城市管理的成果，主题重大，很有新闻价值。

2. 采访扎实，内容翔实

为完成系列报道作品，记者前期采访中进行了大量资料收集工作，例如，蹲点杭州城管、交警、文旅委、卫健委等多个部门，对城市大脑指挥控制中心和实地应用场景进行深入采访。最终呈现出的作品内容丰富，层次分明，选取最典型性的交通、旅游、医疗三大民生热点领域作为切入点，通过对开发者、应用者、使用者的原音讲述，让听众对城市大脑场景应用兴趣盎然，增加了作品的可听性。

3. 数据说明，增强传播效果

为了让听众对浙江数字经济的发展有深入、直观了解，该作品运用了数据来增加报道的可信度，比如，在播出城市大脑在交通方面的贡献时，直接列出数据——"去年杭州城市道路通行效率提高了30%，交通拥堵排名从2015年的全国主要城市前3位，降至2018年的第35位"。这样明确的数据，更具有说服力，也展现了报道制作团队严谨的态度。

第六节 广播连续报道的赏析

一、广播连续报道的定义

连续报道可以定义为围绕正在发生的新闻事件连续刊发的"跟踪式"报道。广播的一个优势就是相比较其他媒介而言能够以较快的速度满足人们获得最新信息的要求。连续报道可以及时反映事物的发展变化，为人们提供事态的最新信息。它以最快的速度追踪事件的发展，使受众能够及时有效地得知事件发展的最新情况，从而形成对事件过程的完整报道。而广播的直播方式则为连续报道的即时插播创造了快捷、方便、操作性强的灵活空间，取得其他报道形式难以达到的传播效果。

二、广播连续报道的赏析要点

对广播连续报道的赏析可从以下几个角度着手：①问题必须重大，新闻性强；②要有内涵丰富的、厚重的、可以形成连续或系列报道的有力材料；③连续报道的各篇章之间要有内在联系；④连续报道的各个单篇可以独立成篇；⑤有连贯性、完整性，围绕主题多方向挖掘，进行多侧面、全方位、立体式的报道。

具体分析如下几点。

1. 要以满足听众信息需求为目的，增强选材的接近性，使连续报道真正成为对重大新闻事件进行追踪报道的重型武器

在连续报道的采制过程中，要按照重要性与接近性相结合的原则，以受众的关注兴趣为出发点，以宏观的视角探索微观事件的深层背景，达到有用和见效的传播效果。突发事件新闻价值非同一般，态势变化莫测，受众的关注度也很高。连续报道需要紧紧追踪新闻事件的发展进程，以连续的报道方式反映事件的最新态势，让受众及时了解事件全貌。

同时，连续报道在呈现事件发展新动态的基础上，需要不断加强其新闻价值的内涵，力争让每一次的报道都增加新闻价值，在听众追踪事件有机运动的渐强式收听中达到理想的传播效果。当前，大时段直播是广播对可预知重大事件的报道采用的主要报道形式。连续报道对重大事件的变化在时空的要求方面也更为多变。

2. 凸显整体观念，树立全局意识，增强连续报道的有序性和递进性

连续报道所关注的事件是变化着的动态事实，通常情况下，记者事前无法预测事件的发展变化，也很难对其进行控制。随着事件的发展，新的情况会出现。这就要求记者在传播信息的过程中及时把这些不断产生的新信息快速且准确地表达出来。

需要注意的是，连续报道篇与篇之间的联系并不是把同一事件合并为多次播出，而是要揭示事件的内在联系，包括对随时加入的听众的提示，使听众尽快进入收听状态。所以，在连续报道中，前后篇报道内容的铺垫不但可以使新闻信息增值，而且有助于连续报道渐强式传播效果的实现。

3. 展现广播特有的音响优势,开掘听觉信息,强化连续报道的现场真实感,实现新闻价值的最大化

声音是广播媒介的灵魂,是其传递信息的特有符号。声音所具有的巨大冲击力、现场真实感,为广播连续报道提供了延展空间。因此,广播连续报道要重视音响的使用,大力挖掘其现场的传真性,在事件的追踪报道中动态地搭建听觉的逻辑层次,通过渐强式的累积传播,实现听觉优势与重大新闻价值的有机统一。

连续报道:水漫河堤、防汛一级应急响应,秦淮河大堤却被挖空建高档餐厅!

任梦岩 景明

作品链接:

http://www.zgjx.cn/2021-10/25/c_1310259846_2.htm

http://www.zgjx.cn/2021-10/25/c_1310259846_3.htm

http://www.zgjx.cn/2021-10/25/c_1310259846_4.htm

(第31届中国新闻奖一等奖,中央广播电视总台2020年7月25日至7月29日)

【简析】

《水漫河堤、防汛一级应急响应,秦淮河大堤却被挖空建高档餐厅!》于2020年7月25日至7月29日刊播在中国之声《新闻纵横》《全国新闻联播》。作品关注民生热点,直面违法乱纪问题,发挥了媒体的舆论监督作用,体现了主流媒体的责任与担当,起到了很好的社会传播效果。以下从标题、结构、音响编排这三个方面进行一些剖析。

1. 选题醒目,发挥监督作用

夏季南方汛情严峻之时,记者接到群众举报,在秦淮河杨家圩大堤内部,有多家违建餐厅、酒吧在防汛一级应急响应后仍在经营,可能对堤防造成隐患。记者调查后发现,大坝内部违建问题确实严重,相关人员互相推诿,对防汛工作造成了极大隐患。于是,本作品以《水漫河堤、防汛一级应急响应,秦淮河大堤却被挖空建高档餐厅!》为题,直击要害,突出了问题的严峻性,引人深思,不但吸引听众的关注,还可以引起监管部门的高度重视,发挥了重要的舆论监督作用。

2. 报道全面深入,结构完整

该作品连续进行报道,对相关人物的采访都十分全面和具体,作者将整个事件发生的经过、所涉及的各个环节都予以调查,并还原现场实况,探究问题根本,脉络清晰,结构完整。例如,首先在节目中报道"秦淮河挖空堤坝建餐厅,汛期安全风险凸显",采访现场租户及江宁城建集团相关人员,对监管部门提出问题;接下来,记者继续深入调查,对相关监管部门、负责人员被问责的情况,违建问题的解决持续进行跟踪报道,使得整篇作品信息全面,结构完整,满足了受众对连续报道信息完整性的需求。

3. 广播特点鲜明,现场真实感强

声音是广播播媒介的灵魂,是其传递信息的唯一符号,情感细腻丰富的声音和原汁原味的现场音响素材,都能为广播连续报道提供不可估量的延展空间。该作品注重现场音响的运用,例如不断展示餐厅营业声、现场施工声,通过现场采访的真实背景音,在事件的跟进报道中动态地搭建起听觉的逻辑层次,实现了听觉优势与新闻价值的有机统一,取得了很好的传播效果。

连续报道:神秘"曹园"

管永超　迟嵩

作品链接:

http://www.zgjx.cn/2020-10/14/c_139434385_2.htm

http://www.zgjx.cn/2020-10/14/c_139434385_3.htm

http://www.zgjx.cn/2020-10/14/c_139434385_4.htm

(第30届中国新闻奖一等奖,中央广播电视总台2019年3月19日)

【简析】

发挥好新闻媒体的舆论监督功能,有揭露社会弊端、建设和谐社会的重要功效,也是增强媒体公信力的重要手段;通过对社会中违法行为的批判,新闻媒体在推动政府作为、社会建设、保障民生等方面将起着重要的作用。《神秘曹园》便是媒体发挥舆论监督作用的佳作,在题材选取、报道角度、社会效果等方面都取得了不错的成绩,在连续报道中发挥出正面传播价值。该作品有以下几处亮点。

1. 选题典型,社会影响力大

广播连续报道要做到提高传播的影响力和舆论引导能力,就必须在选题方面下功夫。我国一向重视对林地资源的保护,加强生态文明建设,此前就有陕西"秦岭事件"的教训,而"曹园"顶风作案,陆续建设十余年,让相关部门做出的三份违法处罚都沦为"一纸空文",成为我国在加强林地资源保护路上的反面典型案例。该作品题材警示性强,新闻价值高,记者报道时立意深、看得远,因此,作品最终给人以启示和警示,让"绿水青山就是金山银山"观念深入人心,起到了很好的社会传播效果。

2. 挖掘事实,证据扎实

连续报道耗时长,需要深入挖掘事件背后的成因,舆论监督性的连续报道更是要求记者采访时要敢于突破障碍,报道时要敢于碰硬,这对记者来说,是很大的考验。在本报道中,记者接到群众实名举报后,马上开展实地调查,选择恰当的采访路径,同当事人联系,同官方相关部门联系,力求获得真实、权威的信息,力求细致挖掘出各方线索和本质,以打开报道突破口,获得扎实证据进行佐证,加强报道的可信度。

3. 角度新颖,监督效果强

优秀的新闻作品必定会带给受众不一样的感受,如何抓住听众的兴趣点,这就需要找好报道的切入点,不落俗套。在"神秘曹园"事件曝光后,不少媒体追求热点效应,从各个角度对此事进行报道,如曹园主人的私人恩怨、园内的奢华程度等,报道角度娱乐化倾向严重。《中国之声》的记者从公共利益的角度出发,紧紧围绕事件的核心,探究事件背后成因,关注事件处理结果,结构完整,信息全面,满足了受众对信息的需求,充分发挥了媒体舆论监督功能,是一篇典范。

第七节 广播新闻访谈的赏析

一、广播新闻访谈的定义

以当前出现的一些社会热点问题、焦点话题和难点议题以及关注度高的新闻事件为谈话主题,传播者和受众之间通过电台实时交流,达到介绍新闻背景、分析新闻事件、预测发展趋势、反映公众意见等传播目的和效果,这就是广播新闻访谈。

广播新闻访谈的目的,是借助人际传播的优势来实现大众传播。通常是由主持人、嘉宾和场外听众,根据某一个特定的主题进行交流或者讨论,然后把这一过程广播出去传递给广大受众。

二、广播新闻访谈节目的赏析要点

广播新闻访谈节目具有极高的时效性和很强的现场感。根据这两个特性,我们在赏析广播新闻访谈节目时,应该注意以下方面。

1. 话题应具有时效性、针对性和引导性

访谈话题,即广播新闻访谈的选题。俗话说"题好一半文",做文章如此,做访谈节目也应该如此。作为整个广播新闻访谈栏目的灵魂和核心要素,选题的好坏关系到整个节目的效果。

一个好的访谈话题,必须能够调动访谈者的积极性,同时,又要能吸引受众来听。因此,它必须具备以下三个方面的特性。其一,时效性。广播新闻访谈节目的选题,首先必须具有新闻该有的时效性,应该抓住社会热点,选择新近发生的事件或者思潮作为话题。其二,针对性。除了抓住社会热点之外,要取得吸引受众的效果,还应紧扣时代脉搏,了解受众所思所想,这样才能受到更多的社会关注。其三,引导性。广播新闻访谈节目是广播节目的一种,它也必须符合媒体职业和道德规范,这就要求访谈话题符合国家政策和宣传纪律,正确引导舆论。

2. 观点多元、形式多变

作为一种语言的艺术,广播节目都是"只闻其声,不见其人"。新闻访谈节目中吸引受众全靠声音,那么,什么样的声音能够吸引受众呢?真话、实话和多元化的观点最能吸引受众。在节目制作时,应该围绕主题多请几位不同方面的嘉宾,尽量让节目现场活泼起来。

3. 主持人在广播新闻访谈中的重要性

广播新闻访谈中除了嘉宾和场外听众之外,最重要的就是主持人。主持人架起了嘉宾和场外听众之间沟通的桥梁,也控制着谈话的节奏。主持人既是采访者、谈话者,又是组织者、引导者。主持人在节目中的表现,很大程度上决定了一档广播新闻访谈节目质量的高低。

正因为主持人在广播新闻访谈中扮演着至关重要的角色,因此,好的访谈主持人必须做到从容不迫,并且在嘉宾、受众之间拿捏有度、游刃有余。

广播新闻访谈:背着国徽去开庭　打通司法为民最后一公里

康乐　李凡　杨扬　王慧

作品链接:

http://www.zgjx.cn/2021-10/29/c_1310275380_2.htm

http://www.zgjx.cn/2021-10/29/c_1310275380_3.htm

(第31届中国新闻奖二等奖,中央广播电视总台2020年12月28日)

【简析】

2020年是我国全面建成小康社会、实现脱贫攻坚战的收官之年。为助力脱贫攻坚,巩固脱贫成果,我国媒体纷纷策划了许多优秀的作品,《背着国徽去开庭　打通司法为民最后一公里》就是其中之一,获得第31届中国新闻奖二等奖。该作品很有新闻价值和时代特色,下面就结合广播新闻访谈作品的特点进行简要的评析。

1. 选题典型,贴合时代方向

好的选题是节目成功的前提,往往能迅速抓住大众的内心,吸引关注,甚至能引发受众深思。因此,选题也是广播新闻访谈栏目的灵魂和核心要素,其好坏直接关系到整个作品的传播效果。

2020年是脱贫攻坚决胜之年,在政策导向下,"脱贫"成了媒体的重要引导方向。作者抓住脱贫攻坚战中的热点,在社交媒体中发现"法官背着国徽翻山越岭去开庭的照片"这一热议话题,从中发掘新闻线索,迅速采访当事人,为观众答疑解惑,同时进行普法宣传,展现了我国司法扶贫的重要成果。

2. 节目精心策划,传播形式多元

该节目时长44分钟,分为三个部分,分别探讨了农民法律意识、维权成本以及司法执行难问题。整个作品主题鲜明,脉络清晰。

值得一提的是,该作品综合运用各种广播手段,有当事人采访、电话连线,也有直播间嘉宾访谈、农民提问环节,作品还配有各种音响元素,增添了传播效果,使得作品内容紧凑而又层次丰富。主持人在现场表现严肃而不失亲和,访谈话语流畅,分寸拿捏到位,采访片段张弛有序,形成了一个良好的传受氛围。

3. 慎重挑选采访对象,注重贴近性

作者在宣扬宏大主题的同时,又不忘用具体生动的事例贴近人们的生活。在选取采访对象时候,主要选取地方农民或干部,以脱贫"当事人"的身份来表达自己的困惑,使得问题鲜明突出,彰显了新闻的贴近性;在基层法官解决具体事件的过程中,作品十分注重展示基层干部的责任担当。

第八节 广播新闻现场直播的赏析

一、广播新闻现场直播的定义

广播新闻现场直播,顾名思义,是对新闻事件及其发展过程以直接播出的形式,实现现场同步、深度报道的一种广播节目形式。历史上,广播新闻现场直播又称为新闻现场实况转播,这是一种便于发挥广播快速传播优势的形式。

二、广播新闻现场直播的特点

1. 直接性

一般的广播新闻节目,多是在新闻事实发生之后,对其做出报道。广播新闻现场直播则是将新闻事件的发生、发展过程,通过新闻技术性处理后,直接同步播出。

2. 渐进性

广播新闻现场直播的渐进性是指,通过广播直接记录变化、发展的新闻事件的全过程,并且在记录的同时同步传播给广大受众,以此满足听众关注事件进展的心理需求。

3. 选题单一明确

不同于其他广播新闻节目,广播新闻现场直播节目的选题非常单一且明确。选题虽然单一,但节目的内容却可以非常丰富,节目播出时可以通过不同角度、不同场地、不同观点,对选题进行集中、深度的报道、解析和呈现。

4. 现场性

现场是指广播电台直播室之外的新闻事实的发生地。广播新闻现场直播节目中,现场的重要性往往不亚于广播电台的直播室。

三、广播新闻现场直播作品的赏析要点

1. 选题具有新闻性

在一些文艺、体育广播节目中,为了达到实况直播的效果,往往也会实行现场直播。但是,以上节目直播并不能称作广播新闻现场直播。那么,具备什么样的要素,才能成为广播新闻现场直播呢?

从选题角度来说,广播新闻现场直播的选题必须具备新闻性。这是确定新闻现场直播的规定性的基本因素。

什么样的选题才能成为新闻现场直播的选题?一般来说,能达到良好传播效果的新闻现场直播选题,多半是在意义、进程、节奏、现场音响、背景资料等各个方面,都具有典型性、显著性和对受众的吸引力。

2. 节目内容具有深度和广度

广播新闻现场直播的深度,是指在新闻现场直播中,时间、地点、事件、原因和结果的报道都被放大和深入挖掘。由于直播中的新闻事件往往同时在发生、发展,在这期间,新闻事件本身的变化和进展,都会导致不同而且不可预知的阶段性结果出现。这就要求在直播过程中,必须不断地和跳跃性地对一些新闻事实进行强调。而这些特点,是其他非直播或者非新闻现场直播的广播节目所不具备的。

3. 多新闻手段并用

作为一种大时段的新闻报道形式,广播新闻现场直播节目时长一般超过30分钟。不短的时长要求节目中必须具备海量的信息。如何能够在直播中备齐和运用这些海量的信息?这就涉及新闻手段的多种运用,直播形式也从中不断得到丰富、发展。

多种手段同时运用,往往能够为广播新闻现场直播增添无穷的魅力。现在广播新闻直播节目中常用的有以下几种形式。

(1) 新闻稿现场播报和新闻点目击式、即时见闻口播相结合。

(2) 历史回顾的播音和播音加历史音响穿插回放,邀请嘉宾、专家在前方直播室协播相结合。

(3) 邀请新闻人物现场访谈、新闻人物远距离电话采访,以及其他媒体记者的远距离播报相结合。

(4) 线上网络即时互动、多媒体交互和广播节目直播相结合。

4. 节目表达方式多样

受众收听广播节目时仅仅靠一双耳朵听。如果广播新闻现场直播仅仅停留在"我说你听"的阶段,已经很难引起受众的兴趣了,更别说达到身临其境、闻其声如临现场的效果了。这就要求广播新闻现场直播节目在制作时,要将多种表达语言相结合,不能一味地抒情,也不能一味地白描,更不能一味地议论。一场成功的广播新闻现场直播,应该是叙述、白描、抒情和议论有机结合的产物。

作品赏析示例

现场直播：我们在一起——直击武汉紧急关闭离汉通道

柳芳　杨康　刘征　李一凡　沈雅洁　李丽　金若晗　周梦　赵文华
黄文　李丹琼　杨晓　冯超　赵欢　刘雅婷　周漫　刘爽　向秀

作品链接：

http://www.zgjx.cn/2021-10/25/c_1310259806_2.htm

（第31届中国新闻奖一等奖，湖北广播电视台2020年1月23日）

【简析】

2019年底，武汉突然暴发新冠疫情。为防止疫情扩散，2020年1月，政府做出一个历史性的决定——暂时关闭离汉通道，停运公共交通。武汉广播电视台迅速做出反应，在湖北之声FM104.6紧急播出特别节目《我们在一起——直击武汉紧急关闭离汉通道》。该作品播出后，产生了巨大的影响力，充分体现了广播媒体在突发事件报道中的独特作用，是应对紧急状况现场直播的佳作，获得第31届中国新闻奖广播新闻现场直播项目一等奖。

面对紧急情况，创作团队迎难而上，直击武汉关闭离汉通道第一现场，充分发挥主流媒体的舆论引导作用。疫情的突然袭来，让人猝不及防，武汉关闭离汉通道的信息更加重了民众的恐慌。作为武汉媒体，有必要也必须直面现实，直面群众，积极引导舆论，及时回应社会关切，体现了主流媒体的责任与担当。

武汉关闭离汉通道，这是我国的重大事件，在这一特殊时刻，这场新闻现场直播史无前例，慢不得，也没有许多准备的时间。值得称赞的是，创作队伍以高超的新闻素养和过硬的业务能力奋战在一线，两位主持人在直播间现场播报，记者远距离在现场连线报道，直播过程中邀请听众即时互动，使节目自然、完整、连贯。

其中，数十位记者奔赴武汉不同的角落，从老百姓最关注的问题出发，现场直播车站、机场、地铁、火车站、超市、小区、医院等多地的真实状况。"沉浸式"的直播方式让节目极具感染力，让听众体验感受现场的防控工作正在有条不紊地进行，推动民众对抗疫政策的理解与配合。

该节目被多家平台同步转播，产生了很好的传播效果，充分发挥了广播的特色和优势，对现场场景的再现、对政策和疫情及时解读，在抗疫战场上起到了强信心、暖人心、聚民心的作用。

广播新闻现场直播：中国之声嫦娥五号探测任务特别直播《嫦娥再探月》

高岩　王磊　张棉棉　辛如记　刘鹤佳　邹颖婧
吴媚苗　张雪峰　李伟森　孙永　郭鹏　王艺

作品链接：

http://www.zgjx.cn/2021-10/29/c_1310275358_2.htm

http://www.zgjx.cn/2021-10/29/c_1310275358_3.htm

（第31届中国新闻奖二等奖，中央广播电视总台2020年11月24日）

【简析】

2020年11月24日，中央广播电视总台推出中国之声嫦娥五号探测任务特别直播《嫦娥再探月》，作为嫦娥五号任务最关键一步，此次直播备受瞩目，主题重大，获得第31届中国新闻奖广播现场直播项目二等奖。以下，将从选题、报道内容、呈现方式等方面进行点评。

1. 选一个意义重大的题

好的选题是成功的一半，从2004年开始，中国的月球探测工程"嫦娥工程"就一直备受瞩目，关乎民族荣誉和国家未来，意义重大。承担此次发射任务的长征五号火箭有过一次失败的发射经历，这使得本次直播扣人心弦，更凸显了本次直播的新闻价值。创作团队以"嫦娥再探月"为主题，用神话故事的古典韵味来彰显作品内涵，也突出了此次任务的重要性，而意义重大和文化内涵十足的标题，对观众极具吸引力。

2. 叙事兼顾科学性和趣味性

作为一个科学性和专业性都很强的新闻题材，在报道时要想让观众感兴趣、听明白，就不能仅仅流于过程和结果的报道，报道内容应既有科学的深度，也要通俗易懂兼顾趣味性。在此次直播中，创作团队邀请嘉宾在直播室内进行精准解读，对话流畅自然，讲解深入浅出，生动有趣，再配合发射现场的音响，让直播极具画面感和情节性。

3. 多手段运用，多视角解读

面对如此宏大的主题，创作团队运用多种手段进行播报，通过不同视角的解读、场景的切换等方式使得直播极具画面感和现场感。

作品充分体现了的广播的特点，通过各种手段的综合运用增加可听元素，增强了广播的现场感和立体感，克服了音响元素的单一性。在直播现场，作品通过记者连线、现场解说、录音报道等多种方式完整记录发射的全过程，现场的点火声音、鼓掌声以及嘉宾和主持的解说声都能让人感受到现场的激动和兴奋。

此外,作品还通过多媒体联动传播,被地方台和多家门户网站转载,使新闻现场直播得到拓展,形成强大的声势。

作品赏析示例

广播新闻现场直播:泉州欣佳酒店突发楼体坍塌事故紧急救援现场直播

李晓晖　傅毅梅　林凡　王琳　李寰　孙伟瀚　陈心野
林超艺　杜安琪　张跃　廖庆升　李宗尧　陈立

作品链接:

http://www.zgjx.cn/2021-10/28/c_1310269820_2.htm

(第31届中国新闻奖三等奖,福建省广播影视集团2020年3月9日)

【简析】

《泉州欣佳酒店突发楼体坍塌事故紧急救援现场直播》是针对重大突发事件中的现场直播。2020年3月7日19时14分,泉州市鲤城区欣佳酒店所在建筑物突发坍塌事故,导致71人被困。事件发生后,福建广播传媒中心启动全媒体立体救援报道,第一时间赶往事故现场进行现场报道。该报道有几个突出的亮点。

1. 时效性强,报道立体全面

该作品选取2020年3月9日晚23点15分到3月10日凌晨0点12分这段时间,做了近一个小时的广播直播。新闻工作者运用无人机现场实况拍摄,全方面立体化进行现场报道,此外还推动多平台进行实况转播,节目时效性和新闻性强,真实客观,充分发挥了媒体全方面覆盖的传播功能,显示了专业媒体的职业素养。

2. 现场沉浸式直播,注重细节

细节是一个节目最容易打动人的地方,也是最能体现画面感的地方,本作品在报道中,新闻工作者大量捕捉了现场细节画面。例如,救援的关键时期,遇难人员已经在废墟下被困两天,情况危急,救援难度大。记者对一对母子的救援过程运用大量同声期进行详细报道,高度还原现场救援实况,强烈的画面感牵动着无数观众的心。这对母子的成功获救也增加了救援的信心,体现了浓烈的人文关怀,取得了很好的社会效果。

3. 发挥融媒体传播优势,增强直播节目贴近性

节目主动向听众靠拢,向听众传递声音,在这样的突发事故报道中,听众的声音往往最具温情、感染力。直播借助融媒体传播,让网友与听众的声音同时出现在直播中,近距离感受大众的关怀,营造出积极、正面的舆论氛围。

第九节 广播新闻节目编排的赏析

一、广播新闻节目编排的定义

广播新闻节目编排是指将若干条不同体裁的新闻(消息、通讯、评论等),按照编排思想和时间限度,编制成广播节目。它不是新闻内容的简单堆砌和罗列,而是一种创造性的劳动,其目的是实现一次节目的整体优化,使听众循序收听,清楚明白,印象深刻。

新闻作为广播节目中的一项主要内容,必须注重新闻的编排。随着人们欣赏水平的不断提高,从内容和形式上都对广播新闻提出了新的要求。因此,广播新闻节目编排要突破传统的思维方式,抛开头脑中以往思考类似问题所形成的思维定式,以此达到对新闻节目编排创新的目的。

二、广播新闻节目编排的特点

目前,媒体之间的竞争日益激烈,广播媒体受到了来自电视媒体和网络媒体的严重冲击,改革已刻不容缓。因此,现在的广播新闻节目的编排方式发生了巨大的变化,并呈现出了许多新的特点。

1. 编排注重信息的丰富性

随着社会的不断发展,人们对信息的需求量越来越大,这就要求广播新闻媒体在新闻节目的编排上一定要注重信息的丰富性。

1)新闻节目的信息容量提升

对于广播节目而言,总的节目时长是一定的,要增大新闻信息的容量,必须增加新闻节目的数量。

2)新闻信息的形式呈现多样化

新闻信息的形式正朝着"立体化"的方向发展,具有丰富性。从地域上看,有些广播电台不但有地方新闻,也有全国新闻、国际新闻。从新闻体裁来看,有消息类新闻,也有新闻解读和评论。从播报形式来看,既有口播新闻,也有录音报道新闻,还有连线报道。播报形式的多样化能够有效地刺激听众的听觉,激起听众持续收听的兴趣。

2. 新闻节目编排注重信息的时效性

时效性是广播媒体的优势,也是其追求的目标。现在的广播新闻节目在编排过程中,也体现出了注重新闻信息高时效性的特点。一方面,要提升直播节目的比重;另一方面,可进行"贯通"式的节目设置。

在某段时间内全部为新闻节目,中间不穿插任何非新闻类节目,这种"贯通"式的节目设置使得新闻可以随进随出,使记者发回的报道以最快的速度通过广播传播出去,大大增强了广播新闻的时效性。

3. 新闻节目编排注重新闻信息的高质量

想要做好大容量、高时效性的新闻节目，如果没有品质作为保证，还是不能受到听众的欢迎。面对竞争激烈的广播媒体市场，现在的广播新闻节目在编排时，在追求丰富、快速的同时，更加注重新闻信息的高品质。

三、广播新闻节目编排作品的赏析要点

1. 作品结构合理，节目节奏有序

在当今信息爆炸的时代，每天面对浩如烟海的信息资源，选择什么样的新闻内容，采用什么样的报道形式，都需要编辑的组织与安排。一套好的广播节目编排，体现在听觉逻辑的延伸上，更体现在板块节目的编排技巧上。

新闻的错位组合和其他节目的组合，是激起听众好奇心的重要手段。要突显新闻的重要性，应该将它放在不同类的新闻中进行播报，由于差异性，必能吸引听众的注意。

从收听习惯看，波浪式地进行新闻刺激才能不断鼓励听众听下去，产生尽可能多的兴奋点。英国一位电台节目制作人和主播说："当你在制作一小时的节目之时，你应随时保持节目的吸引力，而不是像新闻公告板那样机械地从重要的新闻播送到最无关紧要的新闻。你应该给节目一个强势的吸引人的开场，然后一直保持着，直到最后节目结束。"

新闻编排有了节奏，整个新闻节目才有了灵魂。如何才能建立起新闻节目的节奏呢？美国传播学者特德·怀特提出过一个"峰谷理论"，将新闻节目比作"一系列的山峰和峡谷"，中间有高峰也有低谷，有张也有弛，这样才能体现出一种峰谷互见的节奏感，吸引受众对新闻节目进行持续的关注。

2. 具有想象力的编排体系

舒适的新闻节奏、独特的节目框架能够引起受众的关注。广播以事件之间的逻辑关系的转承，带动受众的注意力，调动受众的联想，使得它比其他任何媒介更适合也更需要逻辑性联想。

3. 故事性强

对待不同的选题，编辑要进一步解放思想，要生动鲜活，要能够做到以小见大，要善于从非事件性材料中寻找"事件性因素"，善于在正面宣传中讲述带有新闻性的"故事"。如果有足够的新闻价值，新闻可以尝试说故事。

4. 好的切入点

从宣传内容中寻找新闻点，力争让报道"好听一点"。精心选择听众容易接受的亮点切入主题，而不是简单复制道理、堆砌数字、抄袭材料。因为听众最容易接受的是身边的具体入微的事物。所以，新闻报道必须千方百计找到带有新闻性甚至有点"戏剧性"的切入口。

5. 采用多种手段，增强传播效果

在广播新闻编排中，编辑手段的充分运用能够充实新闻有效信息，扩大宣传效果。

除了提高编排艺术、把握好编排原则外,广播编辑手段还包括编写提要、稿件排序、组合搭配、专栏设置、栏目曲或间奏乐等。对不同类型的稿件,巧妙、合理、有机地组合和搭配,具有增强节目可听性、提高和增强听众专注收听耐久力的作用。

6. 注重广播音响的运用

广播音响的正确运用在广播稿件中起着重要的作用。广播传播方式的线性特征、传播方式的伴随性特征,要求一篇好的广播作品一定要寓思想性于可听性之中。从这个层面上说,广播特点要突出,稿子音响素材要丰富,稿子结构、层次要清晰,记者的口播要突出叙事,背景音响的陪衬分寸、长度要把握精确。

7. 借助新闻以外的其他艺术元素丰富节目

运用音乐手段对相关新闻进行铺垫和点评,能够带来意想不到的戏剧效果,比编辑自己撰写评论来得更妙。

总之,新闻节目的编排需要遵循一定的技巧,但并不意味着循规蹈矩。在追求新闻的真实性和时效性以及节目的正确导向性的前提下,综合运用逻辑与联想这两种手段来进行编排,新闻节目就能不断创新。

广播新闻节目编排:"战疫情"特别报道

高岩　赵军　季苏平　杨超　陈俊杰

作品链接:

　　http://www.zgjx.cn/2021-10/25/c_1310259685_2.htm
　　http://www.zgjx.cn/2021-10/25/c_1310259685_3.htm

(第 31 届中国新闻奖一等奖,中央广播电视总台 2020 年 1 月 26 日)

【简析】

为配合疫情防控,及时回应社会关切,从 2020 年 1 月 26 日开始,中央广播电视总台中国之声分别在每天上午和下午固定时段,推出《"战疫情"特别报道》,播出近百场。凭借超强的时效性和丰富的信息量,该节目成为大众了解中央防控疫情部署、疫情发展最新动态和防疫知识的重要平台之一,为助力疫情防控做出了重要贡献,并获第 31 届中国新闻奖广播新闻节目编排一等奖。接下来欣赏该获奖作品编排的特色风格和亮点之处。

1. 时效性强,占据舆论先导

超强的时效性是广播媒体的优势所在,也是该节目创办的重要要求。《"战疫情"特别报道》将广播的"快"做到了极致,十分重视时效性,将时效性原则贯穿于整个节目之中。比如,记者在第一时间连线直播间,将重要的新闻以最快的方式传播给广大听众,每天及时报道疫情防控最新动态。

此外,每期报道都积极探索全媒体传播,先网后台,独家报道先于广播端在央广网刊播。比如,"黑龙江确诊病例接近300例背后原因分析""天津打响疫情阻击战应对宝坻近万人隔离事件"等报道,第一时间在网络进行推送,有效地回应热点,平复社会恐慌,成为全国抗击新冠疫情最权威、最有影响力的舆论阵地。

2. 内容丰富,信息容量大

《"战疫情"特别报道》在主题上以"疫情防控"为中心,关注全国疫情最新动态。其内容不仅包括疫情重灾区的最新报道,也包括最新的政策解读、医疗救治、社会服务等消息,点面结合,涵盖这一特殊时期所有紧急、重要的实用信息,满足了大众对疫情相关信息的需求,缓解了大众的信息焦虑。

3. 编排形式灵活,节奏鲜明有序

在新闻编排上,该报道灵活有序,既有权威发布信息,也有疫情防控第一现场。获奖的这一组报道,报道内容覆盖面广,报道形式实现了由面到点、再由点到面的起承转合,张弛有度,体现出一种峰谷互见的节奏感,增强了节目的可听性,带动了观众的注意力,并给听众带来多方面的信息报道和多角度观点的呈现。

4. 表现形式丰富多样,突出传播效果

《"战疫情"特别报道》在广播的表现手法运用上也是值得学习和欣赏的。报道中有记者身临其境的连线,有内容翔实的录音报道,有专家的在线解读,也有专门制作的片花。特别报道将重要的防疫信息以不同的编排方式进行播报,让节目不显枯燥,贴近受众,增加传播效率,充分体现了国家广播电台的风范与实力。

广播新闻节目编排:声动福建

阮怡　李薇　刘学

作品链接:

　　　　http://www.zgjx.cn/2021-10/29/c_1310275341_2.htm

　　　　http://www.zgjx.cn/2021-10/29/c_1310275341_3.htm

（第31届中国新闻奖二等奖,福建省广播影视集团2020年10月14日）

【简析】

《声动福建》是福建新闻广播的一档重点本土新闻栏目,始创于2010年1月,专注于梳理全天省内热点新闻。获奖的这期节目时长26分钟,该期节目以"摆脱贫困与政党的责任"国际理论研讨会在福建省举行为契机,展现福建扶贫实践的重要成果,节目内容具有深度、广度和高度,信息丰富、形式多样,取得了很好的传播效果。

1. 主题鲜明，注重高品质

2020年是我国全面建成小康社会、实现脱贫攻坚战的收官之年，作品创作团队抓住时代脉搏，升华主题，展现我国脱贫攻坚战的最新成果。作品创作团队精心策划，对节目的质量注入了大量心血，充分挖掘新闻背景，将"摆脱贫困与政党的责任"国际理论研讨会动态新闻与福建"脱贫攻坚"的典型事例、典型人物故事有机串联，生动形象地展现脱贫专题——赤溪村的脱贫故事，主题鲜明，品质优良，强化了报道的吸引力，提高了听众关注度。

2. 编排形式多样，叙事有力

《声动福建》体裁丰富多样，作品包括消息、评论、访谈、录音、连线、专题等多种类型，信息量饱满、制作精良；创作团队充分发挥广播的特色，注重声音的运用，主持人讲解亲切自然，作品中适时地加入旁白、录音，有力地增加了叙事的力度。例如，节目在讲述完连家船民脱贫的故事后，进行公益宣传《我要稳稳的幸福》，对作品主题升华起到了画龙点睛的效果。

3. 编排主次分明，突出时代意义

这期节目以脱贫攻坚为主线，内容上集合了在福建扶贫历史上具有重要标志性的几个事件和人物，通过丰富的编排手段，对一个个富有感染力的事例进行生动叙述，不仅展现了脱贫的重要成果，更向世界展示了中国脱贫事业的伟大成就。整个作品精心设计，独具匠心，充满历史感和时代感。

思考与练习

1. 广播新闻作品与电视新闻作品有哪些异同？
2. 在中国新闻奖获奖作品中选择一些广播新闻作品，与身边的同学一起赏析。

第四章 电视新闻作品赏析

第一节 电视新闻作品概述

纵观电视发展的历史和现状,它始终担负着舆论工具的职能。在反映和组织舆论的活动中,新闻报道是其主要内容。一个电视台如果不办新闻节目,会被视为教育工具或娱乐工具,因此,当今世界的大多电视网、电视台都对新闻节目投入巨大资金和最多人力。新闻节目办得好坏,已被公认为事关电视台声誉、地位和收视率的重要因素之一。

一、电视新闻的特点

对于电视新闻报道,首先必须以电视新闻使用的工具及其性能、电视表现手段、传播和接受的方式为出发点,同其他新闻媒介进行比较鉴别。在这样的基础上,我们不难发现下列若干特点。

第一,以视觉为主、视听结合、连续运动变化的屏幕形象来传达一定的内容,给观众带来强烈的真实感,雅俗共赏,让观众喜闻乐见。电视新闻的认识、指导功能以及记者的观点都要寄寓于可感形象的选择和表现之中。

第二,小屏幕的形式和近距离的观赏方式,同观众保持面对面的联系,观众易于产生"当面会晤"、身临其境和参与其事的亲身感受。电视节目制作者要征服观众,就必须具有明确的"对象感"。

第三,以家庭为单位接受传播。电视机是家庭业余生活的伴侣、朋友。电视屏幕是为家庭每个成员(包括为数众多的少年儿童)提供精神食粮的"窗口"。就电视节目的总体而言,尤其是综合性的"新闻联播"这类节目,不是仅仅为某一"观众层"而开办的。在家庭成员共同观赏的过程中,气氛活跃,且多有议论。这就要求电视节目对不同情况的家庭成员都具有吸引力。在现代,家庭同社会生活息息相通,密不可分。电视新闻要抓住时代脉搏,又要同大众日常的物质、精神生活保持密切联系,这样才能满足广大观众的愿望。

第四,以电子信息传递图像、声音为其技术手段。这比之报纸的排版、印刷和电影的洗印、拷贝、录音的生产程序和周期大为简化,而且无需发行这一过程,大大提高了传播的时效。从某种意义上说,电视是没有距离的视听媒体,各个电视台之间每天播放的新闻,经常处于分秒必争的竞争或竞赛之中。

综上所述,电视新闻报道是以电子信息技术为手段,通过屏幕形式展示连续运动及富于变化的图像和声音,迅速地向广大家庭传播各种特定的新闻内容(节目)。

二、电视新闻的分类

电视新闻按不同界定范围,就会有不同的分类方法。电视新闻主要有下述几种分类方法:

(1) 按新闻题材的专业内容分类,有时政新闻、社会新闻、文教新闻、体育新闻等。

(2) 按新闻性质分类,有预知新闻与突发新闻、主体新闻与反映新闻、共有新闻与独家新闻、静态新闻与动态新闻、硬性新闻与软性新闻等。

(3) 按新闻题材涉及的地域范围分类,有国际新闻、国内新闻、地方新闻等。

(4) 按新闻体裁分类,有消息类新闻、专题类新闻、评论类新闻、系列(连续)报道类新闻。

目前,我们新闻界普遍采用以新闻体裁为划分标准的分类方法。

三、电视新闻的评价标准

关于电视新闻作品,没有完全统一的评价标准。笔者从新闻作品评析的基本角度,列出了以下几条主要的参考标准。

1. 新闻价值大小

任何新闻作品,其新闻价值都应该作为评价的首要标准。

2. 主题挖掘程度

在当今信息化社会中,抢到完全的独家新闻很不容易。要想有新意,往往需要在主题挖掘上下功夫,是否能挖掘出其他媒体忽视的价值,显得至关重要。

3. 结构是否合理,层次是否清晰

这一点主要从电视观众的角度考虑。是否能让各类电视观众都能顺利看完整篇报道,而且能准确理解所有信息,关键看结构是否合理、层次是否清晰。

4. 电视新闻技术性优势体现

主要涉及电视拍摄技巧、编辑水平,以及电视画面、解说、同期声、字幕、图标、动画等元素的使用。

5. 社会反响如何

今天的新闻是明天的历史,新闻报道的目的就在于传播信息,服务社会。分析新闻作品的优劣,离不开此新闻报道所产生的社会反响。

四、电视新闻作品的赏析要点

对电视新闻作品的赏析同其他新闻作品角度基本一致,大致可以梳理出以下角度。

（一）对选题价值和主题报道思想进行分析

1. 选题价值

赏析一篇新闻作品，首先要分析其选题的价值。如果选题没有新闻价值，付出再多努力也没什么意义。这一点主要结合新闻价值的属性分析即可。

2. 主题报道思想

新闻报道是"用事实来说话"。同一条新闻信息，不同媒体都有自己的主题报道思想，赏析时要分析其主题报道思想是什么，是否有特别之处。

（二）对新闻作品的具体内容分析

每篇新闻作品都有独立的内容，要根据具体的内容展开细致的分析。

（三）对作品形式进行评析

（1）新闻表现手法，包括口播文字稿、画面、字幕、背景音响、同期声、访谈录音、记者旁白解说、动画辅助、图表等。

（2）语言，包括口语或书面语、复合句或简单句、人称指代、人物职务介绍、数字运用等。

（四）对新闻时效进行评析

这里的"时效强"，是与新闻发生的时间相比较，或与其他作品的时效相比较。作品的时效性关系到作品的优劣。

（五）从作品看采访——采访的难易度

笔者特别推崇这个角度的赏析，因为新闻作品不是新闻工作者凭空想象出来，而是对通过各种采访方式所获得的素材进行加工制作出来的。电视新闻作品的质量好坏，采访是其中的关键因素。

（六）从新闻作品所产生的社会效果进行评析

（1）作品是否被广泛转载、转播、引用。

（2）作品是否促成了有关问题的解决或缓解，是否引起政策法规的变化。

（3）作品是否改变了新闻当事人的命运，是否使社会有所进步。

（七）宏观性、综合性比较分析新闻作品

（1）同一题材、同一体裁的不同新闻作品比较。

（2）同一题材、不同体裁的新闻作品比较。

（3）某一专业领域的新闻作品比较。

（4）某一位记者不同新闻作品比较。

第二节 电视消息的赏析

作品赏析示例

贺兰山生态环境整治后 大批野生动物重回家园

张春华 牛大力 高凌

作品链接：

http://www.zgjx.cn/2020-10/14/c_139436533_2.htm

（第30届中国新闻奖一等奖，宁夏广播电视台2019年10月22日）

文字稿：

【导语】贺兰山是中国西北重要的生态屏障。2017年5月开始，宁夏对贺兰山国家级自然保护区范围内169家矿山企业全部关停退出，进行综合整治，打响"贺兰山保卫战"。近日，记者在保护区采访时发现，昔日满目疮痍的工矿区经过环境治理和生态修复，重现生机与活力，岩羊、马鹿等野生动物重新回到了家园。

【解说】头鑫煤矿整治修复区位于石嘴山市石炭井贺兰山腹地，在一条过去的煤炭矿石运输道路附近，记者发现了岩羊的踪迹。

【同期声】记者高凌：这个岩羊的群还是比较大的，1、2、3、4、5、6、7，6到7只岩羊在奔跑。就在我身后的山上大家可以看到刚刚有7只岩羊，它们应该是一个小家庭，从这块整个山梁上面奔跑而过，可以说让人非常地兴奋。因为大家可以看到，在这个山的旁边，两年前它还是一个露天的煤矿。

【解说】沿着整治修复区往里，另外一群岩羊也与记者不期而遇，但很快消失在视线中。原来吸引岩羊的不仅仅是从整治修复区新长出来的植被，还有珍贵的水源。在秀江整治修复区里，一眼清澈的山泉成了野生动物们固定的饮水地，在这里我们发现了不少动物的脚印。

【同期声】宁夏贺兰山国家级自然保护区石炭井林政办主任艾贺鹰：现在我们看到的这片泉眼，在2017年的时候煤矿没有关停的情况下，上面飘的是煤灰，下面全部是淤泥，而且这些植被上全部落的都是煤灰。2017年之后，贺兰山生态治理进行修复，现在水也变清了，山上的草和树也变绿了，刚才我们看到的岩羊也回来了。

【解说】再往深处走，更多的野生动物与我们相遇。在整治修复区，记者发现了成群的石鸡，它们正在渣土坡的草丛中觅食嬉戏，但它们不知道自己的天敌正在暗处盯着它们。

【同期声】(现场)哎哟，那上面是个金雕。

【正文】正是成群的石鸡吸引了金雕。这也说明,一条完整的生态链正在整治修复区逐步形成。除了在石炭井整治区发现了野生动物的踪迹,记者在离银川市城区比较近的主佛沟整治修复区也有新的发现。

【同期声】(现场)宁夏大学生命科学院教授张显理:那个马鹿就在那,看见没,看见没?

记者:在山顶上,我看到了。

张教授:那就是一头雄马鹿。

记者:看起来好大啊,这个体型。

张教授:大概(体型)在两米开外了。

记者:我们离得好近啊!

【解说】距离这头马鹿200米的位置就是一个正在进行整治修复的硅石矿场。通过治理修复前后对比,可以看到通过削坡降台、矿坑回填、覆盖黄土、播撒草籽等措施,生态修复效果非常明显。今年5月,宁夏出台《贺兰山生态环境综合整治修复工作方案》,提出利用3年时间,基本消除损害贺兰山生态环境突出问题,建立贺兰山生态环境保护长效机制,逐步恢复贺兰山自然生态本底,筑牢我国西北地区生态安全屏障。

【同期声】宁夏大学生命科学院教授张显理:如果我们长期保持这种态势,继续加大贺兰山的保护力度的话,那么以后我们贺兰山的生态环境会变得更好,而且它会成为咱们国家、人类和自然环境和谐共处的一个典范。

【简析】

《贺兰山生态环境整治后　大批野生动物重回家园》由宁夏卫视频道播出,取得了良好的社会效果,特点如下。

1. 重视采访,记者采访经验丰富

从作品中可以看出,记者拥有丰富的采访经验。在基层采访中获得线索后,为获取第一手资料,记者克服困难,数次深入贺兰山腹地多个整治矿区实地调查。在采访中,记者反应敏捷,利用多种设备,迅速捕捉到了岩羊、马鹿、金雕等野生动物出现的瞬间,生动地展示了野生动物重回整治矿区并形成较为完整生态链的场景。作品传递出要尊重自然、顺应自然、保护自然,树牢绿色发展理念的深刻主题。

2. 采访对象、内容完整,有思想深度

作品既反映了西北重要生态屏障贺兰山整治修复中的可喜变化,也有对治理前环境恶化的思考。整个采访过程扎实深入,思路清晰,不仅有记者的同期声,还采访了宁夏贺兰山国家级自然保护区石炭井林政办艾贺鹰主任和宁夏大学生命科学院张显理教授,整个采访过程有理有据,内容完整。

3. 电视特色鲜明,现场感强

作品在报道中,大量出现同期声和解说词,现场感强烈,发挥了对视觉、听觉的补充作用,使观众犹如身临其境,从而达到情感上的共鸣,充分发挥了电视画面的特色。

4. 作品社会效果良好

目前,我国经济正处于由高速增长阶段转向高质量发展阶段的过程中,污染防治和环境治理是需要跨越的一道重要关口,驰而不息打好"蓝天、碧水、净土"三大保卫战,既需要理论层面的引导,也需要直观且具有说服力的生态实践典范。该作品在电视及央视网、腾讯、爱奇艺、微信微博等新媒体平台播出后,都产生了非常好的社会反响,可成为引导环境建设的典范作品。

作品赏析示例

习近平出席庆祝人民海军成立70周年海上阅兵活动

作品链接:
http://www.zgjx.cn/2020-10/14/c_139436534_2.htm
(第30届中国新闻奖一等奖,中央广播电视总台2019年4月23日)

文字稿:

【导语】在中国人民解放军海军70华诞之际,中共中央总书记、国家主席、中央军委主席习近平23日出席在青岛举行的庆祝人民海军成立70周年海上阅兵活动。

【正文】琴岛春意浓,黄海春潮涌。青岛奥帆中心码头,担负检阅任务的西宁舰按照海军最高礼仪悬挂代满旗,五星红旗、八一军旗迎风飘扬。来自61个国家的海军代表团团长齐聚检阅舰,共同等待喜庆时刻的到来。

12时40分许,习近平来到青岛奥帆中心码头。

【现场】向左看,敬礼!

【正文】在雄壮的乐曲声中,习近平检阅海军仪仗队。

随后,习近平登上检阅舰。

【现场】主席同志,海军西宁舰仪仗队列队完毕,请您检阅!

向右看,敬礼!

【正文】13时许,检阅舰鸣笛启航,驶向阅兵海域。

此刻,人民海军32艘战舰威武列阵,战机振翅欲飞,远涉重洋前来参加庆典活动的13国海军18艘舰艇整齐编队。

14时30分许,检阅舰到达预定海域。

【现场】主席同志,受阅部队准备完毕,请您检阅,海军司令员沈金龙。

开始!

海上阅兵开始。

【正文】激昂的《分列式进行曲》在大海上响起。

受阅舰艇分成潜艇群、驱逐舰群、护卫舰群、登陆舰群、辅助舰群、航母群破浪驶来。受阅飞机呼啸临空。

大海滔滔,铁流滚滚。自1949年4月23日从江苏泰州白马庙启航,人民海军在党的指引下,一路劈波斩浪,逐步发展成为一支能够有效维护国家主权、安全、发展利益的海上武装力量。

受阅舰艇通过检阅舰时,一声长哨,官兵整齐站坡,向习主席致敬。

【现场】同志们好!

主席好!

同志们辛苦了!

为人民服务!

同志们好!

主席好!

同志们辛苦了!

为人民服务!

【正文】"同志们好!""主席好!""同志们辛苦了!""为人民服务!"军乐作伴,涛声作和,习近平的亲切问候同官兵的铿锵回答相互激荡,统帅和官兵的心紧紧连在一起。

【现场】同志们好!

主席好!

同志们辛苦了!

为人民服务!

向右看!

同志们好!

主席好!

【正文】新时代,新航程。习近平对人民海军建设高度重视,先后多次视察海军部队,发出"努力把人民海军全面建成世界一流海军"的号召。人民海军正以崭新姿态阔步向前、逐梦海天。

【现场】同志们好!

主席好!

【正文】15时许,检阅舰调整航向,向参加庆典活动的来访舰艇编队驶去。

国际舰队检阅,是海军这一国际性军种特有的海上礼仪活动,是世界各国海军友好交流的一种独特方式。

俄罗斯、泰国、越南、印度、日本、菲律宾、孟加拉国、文莱、韩国、新加坡、澳大利亚、马来西亚、缅甸等国的舰艇悬挂代满旗,按照作战舰艇、辅助舰船的顺序,以吨位大小排列,依次通过检阅舰。

习近平向各国官兵挥手致意。各国海军代表团团长在检阅舰后甲板就座观礼。

15时30分许,在《友谊地久天长》的乐曲声中,庆祝人民海军成立70周年海上阅兵圆满结束。

许其亮、丁薛祥、魏凤和、王毅等参加活动。

【简析】

《习近平出席庆祝人民海军成立70周年海上阅兵活动》是中央电视台《新闻联播》播出的一则电视消息。

1. 题材重大，社会效果显著

作品主题很有社会影响力，播出后，《人民日报》、新华社、《解放军报》、《中国日报》等境内外多家媒体争相转载，使该话题迅速成为关注的焦点。在央视的官方微博账号上发布后，阅读量达 18.4 亿。该作品展我军威，壮我国威，体现了海军将士们在习近平强军思想的指引下，在新时代不断创造出辉煌业绩的坚定信念，彰显了党的十八大以来建设强大人民海军的巨大成就。

2. 蒙太奇语言运用熟练

该作品运用电视节目的特点，充分捕捉了习主席在活动现场的精彩瞬间，运用各种镜头语言，全面展现了习近平主席的统帅风范、人格魅力和伟大情怀。各种宏大的镜头，充分体现了习主席对部队建设的巨大关切，也宣传了我国建设海洋强国的坚定信念。

3. 采编工作准备充足

这次活动规模空前，中央电视台采编团队提前半个多月进驻活动场地，多次勘察地形、进行演练并召开专题会议部署相关工作，最终决定以舰船为平台进行信号传输。在检阅舰多个位置架设近 10 台摄像机及高倍陀螺仪，同时，又在各个受阅舰上布设近 20 台机位，在直升机和潜艇上安装近 15 台特种摄像机。采编工作的细致准备，使得作品质量得以保障。

4. 画面传输及时，时效性强

报道中，中央电视台专门出动 2 架直升机搭载高倍陀螺仪在空中对海上阅兵进行航拍，陆海空全方位对此次活动进行持续报道，这些画面通过多架微波设备在一定的范围内实时传送回检阅舰，保证了新闻画面的时效性，大场景大制作的精美画面，现场感十足。

第三节 电视新闻专题的赏析

作品赏析示例

心守这方土——农民刘子青的舞蹈梦

张欣　王虎全　石凯强　王红伟

作品链接：

http://www.zgjx.cn/2020-10/21/c_139451070_2.htm

（第 30 届中国新闻奖二等奖，内蒙古广播电视台 2019 年 9 月 25 日）

文字稿：

【导语】每一个清晨，阳光越过地平线，当你路过界碑时，我收到了宁静与平安。每一个午后，在梦想起舞的日子里遥望你的身影，从未改变的是那份热切与执着。每一个傍晚，当马群穿越草原，风行千里，送来绿野的芬芳。时光漫步七十年，在祖国的正北方，看担当捂热春秋。《新闻在观察》庆祝新中国成立七十周年特别报道，心守这方土，敬请关注。

【正文】这是 2018 年 11 月 25 日包头市师范学院舞蹈系 2015 级毕业班的汇报演出。舞台上，一个 59 岁的老人出现在聚光灯下。音乐声中，这位老人与舞台的故事缓缓拉开。

大幕拉开，灯光亮了，音乐响起，这是 58 岁的农民刘子青第一次登上了属于自己的舞台，舞台上，刘子青紧张得不得了，却也因此本色地演绎了自己的经历。在这首义舞中，他将所有的过往画作遇见阳光的白雪，在这个舞台上，燃烧生命，闪闪发光。

【同期声】刘子青：一个没有文化的种地老汉，能登上这么大的舞台，把我抬举还这么高，我心里呀，特别高兴。那时候就泪止不住了。

【正文】当最后一个场景演完后，礼堂里响起了久久不断的掌声。刘子青站在幕后，向着舞台深深地鞠了一躬。

【同期声】记者：当时刘子青大爷就隔了一个幕，然后就望着台前发生的一幕一幕，他当时没说话，就是深深地鞠了一躬，当时我就拍下了这一幕，眼泪真的是一下控制不住。这个梦想的力量真的是很强大很强大，而且这么多人帮着你完成梦想，这是一件太幸福的事情。

【正文】今年 59 岁的刘子青是包头市石拐区公益店村的一个普通农民。相册里的这张照片是刘子清一生中的第一张照片，也是唯一一张少年时留下的印象。手拿着这张照片，往事仍然历历在目。

【同期声】刘子青：村子头放电影，我就看到那个《红色娘子军》那个现代舞剧，特别跳得好。那会儿十来岁，哎，哪个村转着演电影，我就跑到哪个村看这个电影，自己看这么几十遍。

【正文】48 年前，一部《红色娘子军》的电影在小小的少年心中埋下了一颗种子，穿上舞鞋，站上舞台，成了 11 岁的刘子青最向往的一个梦。

【同期声】刘子青：我心里想，我多会儿能跳这么一支舞蹈呀，就想了一下。

【正文】然而在上世纪 60 年代末，那个大多数中国农村家庭还在为温饱犯愁的年代，这颗梦想的种子注定无法发芽。人们常说，半大小子吃穷老子，对于刘子青家来说，填饱肚子更是难上加难。八岁时父亲就离世了，母亲带着六个半大小子艰难地度日，懂事的孩子们早早地扛起了父亲留下的锄头，过起了面朝黄土背朝天的生活。在那个年代，刘子青也不得不将自己的舞蹈梦埋到了泥土中，把所有的精力放在了如何才能填饱肚子上。

【同期声】刘子青：我母亲一个人把我姊妹六个带大，那个时候的生活特别地难熬。我记得有一次吧,就是攒了五毛钱,走到二十里下街上,那会儿五分钱一个馒头,早上下去买了两个馒头一毛钱,两毛八一碗羊肉面,真好吃呢。往回走的时候,怕把鞋穿烂,二十里路上,我脱下鞋,在路上走了二十里又回来,怕把鞋磨烂了。大集体那个时候,分开地以后,自己打的麦子,自己磨的面粉,第一次我妈做的烙油饼炒鸡蛋,从来没有放过那么大的油,鸡蛋和烙油能吃饱,最香的一顿饭了。

【正文】一粥一饭,来之不易。吃一顿饱饭不仅是刘子青,也是那个年代所有中国人最迫切的梦想,以至于一张油烙饼、一盘葱炒鸡蛋这样的味道,在刘子青心里记了整整40年,也成了很多从那个年代走过的人们抹不去的记忆。因为这是第一次吃饱的味道,也是中国农民打破陈规,开启改革新时代的见证。

【同期声】刘子青:这是我年轻时候,结婚时候盖的这个房。

记者:这看着也还行。

刘子青:结婚时候盖了这么个好房,村里头人说看人家,盖起新房了娶媳妇,可盖好了,这是土房子。

记者:哦,这是土的。

刘子青:嗯,土房。外头褙了一层砖,里头都是土。一点砖都没有,找对象越发不好找了,一个房子都盖不起,都是土房。那会儿盖起个砖房,人家都说还有砖房呢,找对象也好找。

【正文】在这两间土坯房里,刘子青成了家,生了娃,勤勤恳恳地在土地上奋斗了20多年。那时刘子青做梦都想为老婆孩子盖上一排砖瓦房。2001年,当地政府出资为村里建起了大棚,鼓励大家种植经济效益更高的蔬菜。刘子青和妻子尚秀芳抓住机会承包了两栋大棚,开始了更为辛苦的劳作。

【同期声】记者:那每天累不累呀?

刘子青:哎呀也不累,高兴,每天能上钱了。以前从春天种上地到秋天,拢上点葱、土豆、玉米,卖了才有钱。现在温室里头,每天能卖钱,特别开心、特别高兴。

记者:那时候收入怎么样?

刘子青:那时候收入也行,一年收入三万来块钱。

【正文】就从这两栋大棚开始,刘子青两口子用汗水换来了超过以往近十倍的丰厚回报,梦想中的那一排砖瓦房也终于盖起来了。

【同期声】刘子青:这张照片是盖起新房我搬进来的时候,搬进来我高兴的。这是她从门里一出来看见我正在跳呢,我说老婆谢谢你。

【正文】如今40多年的辛苦劳作早已变得云淡风轻,只留下了这一双粗糙的双手和那满脸的皱纹,像年轮一样讲述着奋斗者的故事。然而在农民刘子青身上逝去的是年华,不变的却是那颗追梦的心。

蓝天、白云、草地,这里就是刘子青最初的舞台。2012年,石拐区新区建设如火如荼地进行着,刘子青家的地在新区建设中有一部分被征收,这也让他有了更多的时间把目光投向外面的世界。生活的富足给了人们无限的希望和可能,那个被刘子青埋藏了

40多年的舞蹈梦就这样从记忆的深处破土而出了。

【同期声】刘子青:五十二岁上后半年,就不种地了。看电视突然想起来,哎呀,我小时候不是可爱舞蹈嘛。看到人家练基本功了,把我爱的……

【正文】当时他就决定要照葫芦画瓢,开始练习舞蹈基本功。刘子青自己也没想到,这么一练就真的上了瘾,舞蹈的基本动作他竟一个个慢慢练成了。

【同期声】刘子青:我就这样睡觉呢。

记者:一晚上都这样睡?

刘子青:睡两小时。

记者:那一开始能这样睡下吗?

刘子青:一开始睡不下,就睡个四五分钟,两条腿交替着。有一次练得,疼得我一会儿就上不来气了。心里头知道,就是不会出气,没呼吸了,疼的就那种感觉。那次很可怕,我自己也怕了,腰疼得没气了咋办?

【正文】醒着练,睡着练,六年时间,两千多个日日夜夜,近乎走火入魔式地坚持。就这样,刘子青执着追梦的故事,在人们的口口相传中不胫而走。2018年的那个夏天,当地媒体牵线搭桥,刘子青有了一次走进包头市师范学院舞蹈系系统学习的机会。然而面对这个突如其来的惊喜,他却在第一次追梦的路上退缩了。

【同期声】刘子青:哎呀,我说我这么大岁数了,我六十来岁了,人家二十来岁。我就不敢去,怕哪天被学校撵出来怎么办?羞的,这么大岁数了,心里想着不敢去,就不敢去。

【正文】去,他有点害怕,不去,他又有些向往。整整纠结了两个月后,2018年9月11日开学的那一天,刘子青终于鼓起勇气走进了学校。当他怯生生地拉开舞蹈室的门,换上舞鞋的那一刻,一切都变得不一样了。

【同期声】刘子青:哎呀,看到人家那么好,我心里头感动的,同学们跳我也跳,同学们咋练我也练,高兴得就忘了我是个老汉了。

【正文】就从那一天起,刘子青有了一个新的身份——包头师范学院舞蹈系建系16年以来第一位旁听生。有些黑黄的脸,不太挺拔的身姿,在这一群风华正茂的学生堆里,刘子青格外显眼。旋转、跳跃,虽然动作没有那么标准,甚至有时还跟不上大家的节奏,但站在起舞的队列里,他的眼里闪现着的是年轻和自信的光芒。

【同期声】包头师范学院舞蹈系主任史建兴:我很少能在这个年纪,别说他们,就是说在我们这个年纪甚至比我们小的孩子身上,很久很久没见过这种闪烁的光芒了,就是特别愿意,然后从你眼睛里能感到这种渴望。

【正文】让刚刚进入学校不到两个月的刘子青参加2015级舞蹈系即将到来的毕业演出,用史建兴的话说,这是一个疯狂的想法。

【同期声】包头师范学院舞蹈系主任史建兴:其实我一直没跟他面对面地沟通过这事。他现在除了就是说在身体的软度上达到了一定程度之外,其实在其他地方全是空白,因为毕竟随着年龄这个增长,等我把他雕琢成一个精品然后再上舞台,也许错过这个最佳在舞台上绽放的时候。所以我去年真的是咬牙切齿地,一狠心,一跺脚,我说得,就今年吧。

【正文】为了这次来之不易的机会,刘子青付出了比以往更多的努力,只为不给这些不遗余力帮助他的孩子们丢脸。转眼间就到了演出的日子,同学们将他的白发染黑,换上登台的服装,时光仿佛又回到了年前的那个夏天,荧幕前11岁的少年终于穿上了舞鞋,新生刘子青也终于登上了向往了48年的舞台。

【同期声】刘子青:我觉得我50多年了,我为实现我的梦想,所以我再苦再累,我觉得只是甘甜。

【简析】

《心守这方土——农民刘子青的舞蹈梦》是内蒙古广播电视台推出的电视新闻专题。该作品采取跟踪记录式的报道手法,贴近生活,语言朴实生动,作品呈现出的人文情怀与时代背景彼此渗透交融,催化发酵出新的情愫,牵动着观众的心底之弦。

1. 标题醒目、极具吸引力

该作品将主人公的身份——"农民",与"舞蹈梦"这本毫无关系的词语结合在一起,在最大程度上引起观众强烈的好奇心。作品用事实说话,叙述新闻的角度切中关键,真实地再现了刘子青的农民身份以及对舞蹈的热爱,新闻触角敏锐。

2. 正能量传播

作品生动地表现出了普通人的爱国热情,通过讲好百姓身边事,传递社会正能量,并激励了更多平凡生活中的普通人为梦想持之以恒地努力着,鼓舞人心。作品播出后,因正能量的传播内容,受到了国家广播电视总局的表扬。

3. 采访技巧返璞归真

记者以一种平易近人的态度与被访者沟通交流,让被访者置于一种无压力、轻松的状态下,让被访者忘记摄像机的存在。如此,记者能够深入现场获得一手资料,使整个采访氛围十分愉快、真实、生动。

4. 主题以小见大

作品通过主人公娓娓道来,展现这个"大时代"里"小人物"的故事。在大背景下讲小故事,在小事件中见大视角,把目光聚焦在大时代下普通而又不凡的农民——刘子青身上,在小人物的故事里,有着中国人为了梦想永不放弃、努力拼搏的身影;在小人物的故事里,有着中国人把无数个不可能变成了可能的坚定信念。

5. 紧握时代脉搏,弘扬中国精神

作品通过讲述刘子青的故事,可以鼓舞更多青年人,正如作品宣传的——"追逐梦想,什么时候开始都不晚""幸福是奋斗出来的"。将国家命运与个人梦想紧密融合,紧扣时代脉搏,唱响了时代主旋律,传递出时代的声音。

第四节 电视新闻评论的赏析

不要让群众在危房里奔小康

杨晓丹　张舒　傅萌　周茉莉　蔡斯伟　朱光照

作品链接：

http://www.zgjx.cn/2020-10/21/c_139450808_2.htm

（第30届中国新闻奖二等奖，南京广播电视台2019年12月31日）

【简析】

《不要让群众在危房里奔小康》是南京广播电视台播出的一则新闻评论，针对该作品，有以下点评：

1. 聚焦问题意识

作品集中体现出问题意识，从问题出发展开深入采访。例如，针对作品中提出的"在即将取得全面小康建设胜利之时，在南京这座东部省会城市，城区还有群众居住在危房里？原因是什么？群众有什么期待？怎么解决？各方对此有什么观点？"等问题，记者迅速进行了深入采访，抓取新闻事实，在报道中层层剖析，紧紧围绕"不要让群众在危房里奔小康"的目标，进行有理有据有力的评论，并给出了解决问题的建设性意见。

2. 讲究主题的贴近性

从新闻主题上来说，该作品十分贴近群众、深入群众。2020年是全面建成小康社会的决胜年，建设小康的系列工作与政策如何得到人民群众认可、经得起历史检验？该作品从群众关心、政府重视的住房问题入手，通过对现象报道、问题剖析，引入成功案例作为示范，提出了建设性的意见。

该作品经电视、网络平台播出后，受到了政府有关部门的高度重视，对加快推进南京危旧房、棚户区改造工作有重要推动作用，也让群众看到了高水平全面建成小康社会的信心和决心。这说明，贴近性较强的主题，比较容易获得好的传播效果。

3. 评论直击社会痛点和难点

从评论角度来说，该作品新闻触角敏锐，直击南京在全面建成小康社会过程中的难点和痛点，该作品的播出，对各地解决类似问题具有借鉴意义，引人深思。从报道内容可以看出，记者对社会问题的剖析，有理有据有力，同时给出成功案例作为示范，也提出了建设性意见，可以说，该作品是记者积极践行"四力"的评论佳作。南京广播电视台在全面建成小康社会决胜年即将到来之际,播发此篇评论,充分彰显了主流媒体"围绕中心、服务大局"的使命担当。

第五节 电视系列报道与连续报道的赏析

作品赏析示例

大国工匠

许强　肖振生　姜秋镝　岳群　崔霞等

作品链接：

http://www.xinhuanet.com//zgjx/2016-08/28/c_135640003.htm

(第26届中国新闻奖一等奖,中央电视台2015年4月30日至2015年5月10日)

【简析】

《大国工匠》由中央电视台播出,是一篇优质的报道,这体现在:

1. 内容呈现通俗化

该作品把晦涩难懂的专业知识,以观众通俗易懂的表达方式展现出来,使普通观众也能够快速理解。比如,节目通过实验的方式,展示洪家光的精湛技艺,这种展现方式能够使得节目内容更加简单,并发挥出节目的最大传播效果。

2. 选题具贴近性

《大国工匠》将镜头对准了"国宝级"的中国技术工人,贴近群众、深入群众,以"创造"为主题,深入挖掘传承的故事,弘扬时代精神和创造精神,向社会传递正能量,鼓舞了正在坚守岗位的每一个人,努力将"工匠"精神一代一代地传承下去。

3. 高品质创作

除了节目选题和故事内容引人入胜以外,为了追求良好的画面效果,《大国工匠》在前期拍摄方面,创作团队采用了4K拍摄技术,后期剪辑中在字幕、画面色调等方面也做出调整,努力向观众呈现出最精彩的画面效果。因此,制作精良是该作品受到广泛好评的重要原因。

4. 传播效果显著

《大国工匠》在央视播出后,还在CGTN播出,在国际上获得良好的反响。并同步在脸书、推特、VK、YouTube等平台播出,这些平台传播,将吸引一大波社会关注,引发显著的传播影响力。

第六节 电视新闻访谈的赏析

作品赏析示例

任正非：时下的华为

张士峰　董倩　王惠东　孟克　王扬　王忠仁　宫鹏飞

作品链接：

http://www.zgjx.cn/2020-10/14/c_139436989_2.htm

（中央广播电视总台2019年1月20日）

【简析】

华为创始人兼CEO任正非鲜少在媒体报道中露面，2019年1月17日，中央广播电视总台央视《面对面》栏目在深圳华为总部对任正非进行独家专访，这是任正非首次接受国内电视媒体的专访。在此之前，华为首席财务官孟晚舟在加拿大温哥华被扣留，事件发展持续发酵升温，在此背景下，中央电视台对任正非的访谈极易引发舆论热议。因此，该作品受到关注，有几点值得点评。

1. 记者采访单刀直入、求真求实

中央电视台记者在专访中的表现可圈可点，在记者的引导下，任正非先以父亲的视角，回应了女儿孟晚舟被扣留事件，又以掌门人的切身感受，分析了华为遭遇的困境，再以企业家的全球视野，呼吁公众重视基础教育。

整场访谈中，任正非的回答高屋建瓴、洒脱智慧，那份波澜不惊与自信，引人深思；与记者的互动配合得宜，问答之间，电视新闻访谈作品的魅力，彰显得淋漓尽致。

2. 表现形式突破传统思维，立体编排

该作品突破了大屏播出的传统思维惯性，镜头画面采取大小屏互现、转换的立体传播形式，一时间，网媒、微博、微信呈现"刷屏"之势。

3. 关注时事热点，提前策划

任正非接受《面对面》专访，一出炉即成热点新闻事件，路透社、《纽约时报》、《南华早报》等国际主流媒体，也纷纷报道了这次专访内容，形成了一条打通国内国际的舆论通道。不难看出，有这样的传播效果，得益于创作团队时刻关注时事特点，关注舆论发展趋势，在采访外、采访前下足功夫，对访谈内容和话题提前准备。

第七节 电视新闻现场直播的赏析

作品赏析示例

守卫蓝天 我是行动者——2019·共筑美丽家园

卜宇 陈辉 季建南 殷敏利 陆树鑫 王小蓓 李轩 庄学香 贾威
刘霞 许诺 朱贺庆 黄河 马文静 刘康 李明 文坤 吴浩然

作品链接：

http://www.zgjx.cn/2020-10/21/c_139451444_3.htm

http://www.zgjx.cn/2020-10/21/c_139451444_4.htm

（第30届中国新闻奖二等奖，江苏省广播电视总台2019年6月5日）

【简析】

1. 直播话题热度高

本次直播全程两个半小时，先后围绕"打赢蓝天碧水净土三大保卫战""生物多样性""垃圾分类""无废城市"等环保高热度的话题，进行谋篇布局，呈现了江苏近年来积极践行习近平生态文明思想，探索以生态优先、绿色发展为导向的高质量发展之路。直播话题热度高，则容易与观众产生良好的互动。

2. 直播意义重大

2019年6月5日是第48个世界环境日，中国是世界环境日主办国，江苏广电总台融媒体新闻中心联合省生态环境厅、多地市县台，推出了"守卫蓝天 我是行动者——2019·共筑美丽家园"全媒体大型直播，广泛宣传环保理念，意义重大。直播内容主要呈现江苏省推动生态环境高质量发展的实践，展现新时代江苏大地的最靓"颜值"，因意义重大，受到社会各界广泛关注。

3. 引入新技术，增强故事性

本场直播引入了观鸟点的实时监控技术，并注重大小屏融合，在技术上有新突破；以寻找一只有着特殊经历的白鹤"419"为线索，使直播内容具有故事性和悬念感。同时邀请嘉宾做客直播间，将人文生态、科普知识和观赏美感融为一体，契合生态文明建设主题，生动展现了鄱阳湖"人鸟共家园"的自然和谐景象。

第八节 电视新闻节目编排的赏析

作品赏析示例

3·15 特别报道

余超　徐炳栋　王超

作品链接：

http://www.zgjx.cn/2020-10/14/c_139436987_2.htm

http://www.zgjx.cn/2020-10/14/c_139436987_3.htm

（第 30 届中国新闻奖一等奖，江西广播电视台 2019 年 3 月 15 日）

【简析】

《3·15 特别报道》由江西广播电视台播出，紧贴民生问题，充分发挥了舆论监督的社会功能，作品特点如下。

1. 打破常规编排，创新报道形式

该作品打破了常规的作品编排方式，将长达 120 分钟的新闻直播节目分成九个板块，各自突出重点，又将连续报道、口播消息、直播连线、主播点评、话题互动等多种节目表现形式穿插在板块之间，起到调剂作用，减少观众的审美疲劳，以提升传播效果。

2. 注重记者采访，社会反响巨大

该作品注重记者深入一线调查，很多内幕与真相都是记者进行暗访得来的，目的是揭露乱象丛生的行业秘密，维护消费者合法权益。因此，作品引发了巨大的社会反响，直播平均收视率为 3.04，较平日上升 13%；在微博、微信、今日头条、抖音、百度等新媒体平台发布后，总阅读量突破 2.9 亿人次，引起国家市场监管总局高度关注和重视。

3. 主持人良好的职业素养

主持人在报道中表现状态积极，控场张弛有度，体现了熟练的主持技能与良好的职业素养。作品可见主持人对社会新闻专业知识与实践有自己独到的见解，因此形成了新闻节目的独特风格。

思考与练习

1. 电视新闻作品的赏析,与其他类型媒体的新闻作品相比,有哪些独特之处?
2. 观看中国中央电视台新闻频道、凤凰卫视资讯台,赏析其中的优秀新闻作品,比较这两家电视媒体的作品风格。

第五章 新媒体新闻作品赏析

第一节 新媒体新闻作品概述

新媒体一词最早是由美国哥伦比亚广播电网技术研究所所长戈尔德马克在1967年的一份商品开发计划中提出的。何谓"新媒体"？新媒体的"新"字具体表现在哪些方面？是指媒介形式新颖，还是指这种媒介所引起的新的社会变化？是对传统媒体的完全取代还是延伸？

关于新媒体的概念，目前学界并没有得出统一的答案。根据匡文波的总结，新媒体是利用数字技术，通过计算机网络、无线通信网、卫星等渠道，以及电脑、手机、数字电视机等终端，向用户提供信息和服务的传播形态。目前，新媒体主要包括网络媒体、手机媒体、网络电视等媒体形态。而技术上的数字化、传播上的互动性，正是新媒体传播的本质特征。[1]

还有另一种说法，清华大学的熊澄宇教授认为：所谓新媒体是一个相对的概念，"新"相对"旧"而言。从媒体发生和发展的过程中，我们可以看到新媒体伴随着媒体发生和发展在不断变化。广播相对报纸是新媒体，电视相对广播是新媒体，网络相对电视是新媒体。今天我们所说的新媒体通常是指在计算机信息处理技术基础之上出现并影响人们的生活方式和社会形态的媒体形态。[2]

一般来说，新媒体是相对于旧媒体而言的，新媒体主要指以现代网络技术为依托，在报纸、广播、电视之后发展起来的新媒体形态。我们常见的互联网、微信、微博、新闻客户端、数字电视等，都属于新媒体。

无可置疑的是，新媒体正以一种前所未有的速度发展壮大，并逐渐影响到我们的生活方式和社会形态。当今时代，人们利用新媒体购物、学习、生活、休闲娱乐等，我们的生活已经无时无刻离不开新媒体，这是一种前所未有的生存体验。在本章我们将特别阐述关于新媒体新闻作品对我们日常生活带来的巨大变化，以及如何赏析新媒体新闻作品。

一、新媒体新闻作品的特点

相对于传统报纸、广播、电视媒体而言，新媒体新闻推送有更加突出的特点。

---

[1] 谭喆.论传统媒体在新媒体时代的发展之路[J].企业家天地(中旬刊),2013(9).
[2] 参见清华大学教授熊澄宇教授做客人民网"传媒沙龙"，主题为"新媒体与文化产业",2005年2月1日。

1. 新媒体新闻作品推送形式与传统媒体不同

传统媒体主要采用点对面的单一传播模式，而新媒体则将传统点对面与人际交往中的点对点结合起来，使新媒体新闻推送达到了意想不到的传播效果。例如，微信新闻传播方式主要包括朋友圈分享、微信公众号推送，以及好友之间的点对点传播。

2. 新媒体新闻作品阅读体验与传统媒体不同

相对于传统媒体，新媒体给受众提供的是一种碎片化的阅读体验。受众在接受新媒体推送的新闻时，不需要占用大量的或整块的时间，只需要利用生活或工作间歇的琐碎时间，比如排队、休息、上厕所等，就可以通过手机等移动终端轻松了解到一切他们想要获取的信息。此外，报纸通过文字传递信息，广播通过声音传递信息，新媒体不同于传统媒体单一形式的传播途径，而新闻作品具有多媒体性，展现手法多样，可以使报道中文字、图片、图像、声音共存，给受众带来多样化的阅读体验。

3. 新媒体新闻作品时效性更强

发生重大新闻事件时，等到传统媒体赶往现场往往已经错过了最佳报道时机。但新媒体不同，新媒体可以做到24小时全时全域发布新闻，在人手一部手机的智能时代，每个人都可以是"新闻记者"。在重大事件发生的一瞬间，在场者只需进行简单的文字编辑拍照上传，就可以使受众得到最新鲜、最准确的信息。

4. 新媒体新闻作品发布主体改变

伴随着自媒体时代的到来，相对于传统新闻作品统一由专业化媒介组织采写编辑发布，新媒体新闻作品的发布主体可以是个人。在这种情况下，通过网页甚至手机，人们可以随时随地地发布新闻，人人都可以成为新闻的发布者和传播者。

二、新媒体新闻作品的分类

新媒体新闻作品的分类方式有很多，在中华全国新闻工作者协会（记协）举办中国新闻奖网络新闻评选的类别划分中，将网络新闻作品划分为网络新闻专题、网络新闻访谈、网络新闻评论、网络新闻专栏、新闻网页设计五大类，这既体现了举办方对网络新闻的理解，同时也反映了目前我国网络新闻发展的实际。

在此基础上，随着"第五媒体"智能手机的普及，我们可以在记协的网络新闻作品划分的基础上，把新媒体新闻作品范围进一步扩大。除了以上五种之外，还可以加上微博新闻作品、微信新闻作品和手机客户端新闻作品。

三、新媒体新闻作品的评价标准

1. 新闻评论

要求观点鲜明，论点正确、有新意，论据准确，分析深刻，论述精辟，论证有力，有鲜明的网络特色。

2. 新闻专题

要求主题得当，特色鲜明；容量大，采集广，更新迅速；交互性强，表现形式丰富多样;页面结构清晰、逻辑分明、布局合理,页面设计新颖美观、富有特色,达到形式、内容与主题思想的完美统一。

3. 新闻专栏

要求内容选择与栏目定位、页面位置相适应,形式新颖,特色鲜明;编排制作精良,社会影响较大;信息量大,交互性强,有鲜明的网络特色。

4. 新闻访谈

要求选题恰当,时效性强;嘉宾有代表性、权威性;访谈内容主题集中,脉络清晰,结构完整;语言简洁生动、流畅准确;主持人提问、转承自然得当,对现场节奏把握适度;背景资料运用得当。

5. 网页设计

要求主题鲜明,风格独特;能够完美、准确展示新闻内容,体现首页功能性;布局合理、富于创新;细节精致、色彩协调;符合读者阅读习惯,体现新闻性、艺术性和网络特点的完美统一。①

6. 微博新闻

要求内容简洁,140字以内;有影响力、活跃度和传播力;选题恰当,时效性强;可读性强,真实准确,杜绝流言谣言。

7. 微信新闻

富有创意,形式新颖;主题明确,风格独特;内容丰富,脉络清晰,结构完整;可读性强,口语化表达,贴近群众。

四、新媒体新闻作品的赏析要点

"横看成岭侧成峰,远近高低各不同。"从不同的角度欣赏新闻作品,就会得到不同的新闻感知。新媒体新闻作品形式多样,并且具有与传统新闻作品完全不同的风格,因此对于新媒体新闻作品的赏析要从其特性出发,从全局的高度把握新媒体新闻作品的优与劣、利与弊。

新媒体新闻作品赏析主要从以下几个方面进行。

1. 新闻主题

新媒体新闻作品使得新闻主题更加平民化,事件主角不再非富即贵,也不必是重大新闻事件,只要是关系到普通大众实际生活的信息,都可以被当作新闻来传播。互联网可以承载海量的信息,新闻可以允许有多种主题,而不再受到版面和时间的限制。

2. 新闻标题

新闻作品标题通常强调突出新闻主题,传达信息真实准确。但与传统新闻标题不同的是,新媒体新闻作品标题更加追求抓人眼球的效果,通过新闻关键词的运用,标题

---

① 《关于第二十五届中国新闻奖初评推荐网络新闻参评作品的通知》(2015年)。

更加符合网民搜索习惯,使新闻作品在互联网海量信息中脱颖而出,增强传播效果。

3. 报道角度

新媒体新闻作品的报道角度,往往是从侧面或者反面进行报道。这样做常常会发现不一样的风景,使新闻报道焕发生机与活力。更有甚者,网民可以通过微博、微信等平台,作为事件当事人对新闻进行报道。

除此之外,对新媒体新闻作品还可以有多种理解和赏析。总体来说,新媒体新闻作品的到来给大众带来了一种全新的阅读体验,既包含了传统媒体新闻所具备的新闻价值,又有自身的特点。

新媒体,特别是以微博、微信、手机客户端为代表的新媒体平台,进入人们的视野也不过短短几年的时间,但对新闻行业的影响已经完全超乎了我们的想象。在今天这样一个人人都可以是新闻发布者、传播者和接受者的时代,人与人之间的距离前所未有地接近,甚至到了一种你中有我、我中有你的不可分割的程度。在人人掌握麦克风的今天,我们很难想象,没有网络、没有手机将是怎样的一种生活。

综上所述,新媒体给整个媒介环境带来了前所未有的变革力量。目前,新媒体正以其数字化、互动性、超文本、虚拟性、网络化、模拟性的特征,开疆拓土,抢占市场先机,瓜分着原属传统媒体的"领地"。在这种态势下,传统媒体也不甘落后,纷纷高举媒介融合的旗帜,搭乘新媒体顺风车,于是乎,新一轮"圈地运动"式的媒介战争正式开始。

第二节 微博新闻作品的赏析

何为微博?知名新媒体领域研究学者喻国明指出:微博即微型博客,是基于有线与无线互联网终端发布精短信息供其他网友共享的即时信息网络,由于用户每次用于更新的信息通常被限定于 140 个字符以内,故此得名"微"。[1]

一般来说,微博是伴随着数字技术的发展而产生的一种网络社区式社交软件。它是一种时效性很强的软件,利用其转发和评论功能,可以使在这一平台上发布的信息,以裂变式的速度迅速传播开来。就目前微博平台来看,最早也是最出名的微博是美国的推特(Twitter)。在中国,新浪公司利用明星效应,迅速占领互联网市场,使新浪微博一鸣惊人,成功树立了自己的品牌形象。随后,腾讯、网易、搜狐也相继推出属于自己的微博平台,与新浪微博抢占市场份额,当然也取得了相当不错的成果。

2010 年为中国的微博元年,我国的微博网站进入了快速发展时期。由于新浪微博充分利用自身媒介资源,逐渐形成了一家独大的态势。

2014 年 3 月 27 日晚间,新浪微博左上角的 LOGO 悄然更换,原有的"新浪"二字消失不见,取而代之的是更大字号的"微博"字样。

2014 年 4 月 17 日晚 9 点半,新浪微博正式登陆纳斯达克。

---

[1] 喻国明.微博:一种新传播形态的考察[M].北京:人民日报出版社,2011.

截至2021年底,微博的月活跃用户数为5.73亿,同比净增约5200万,与三季度持平;平均日活跃用户数为2.49亿,同比净增约2500万,环比微增。①

随着微博平台的不断壮大,微博新闻也逐渐进入大众的视野,并逐渐代替传统的新闻获取渠道,为用户提供每日新闻信息。在第31届(2013年度)河南新闻奖中,首次出现了11件微博获奖作品,更加展现出当前微博新闻作品在用户日常生活中不可小觑的力量。那么微博新闻作品到底有哪些突出的特点,使它能够迅速占领新闻市场呢?

相对于其他新媒体新闻传播渠道,微博新闻除了具有及时性、超文本、虚拟性、网络化等特点外,还具有高效性、互动性、公共性。这些正是微博迅速发展的源泉,也正是这些特点给大众带来了更加开放、更加便利、更加高效的社会生活。

作品赏析示例

【简析】

以上是在河南发生暴雨这一灾害后发布在微博上的一条消息。但有所不同的是,这条消息的作者,是一名普通网民,而非来自传统的新闻机构或新闻记者,这正体现了微博时代新媒体作品的强大魅力。

自媒体时代,人人手握麦克风,可以在社交平台上自由发表自己的言论,可以成为新闻目击者和传播者,也成为某种程度上的新闻发布者。如河南郑州在受到暴雨的侵蚀后,当地许多居民,都把当地的受灾情况和需要帮助的具体信息,在微博平台及时发布,向社会传达出最真实的声音。

微博新闻的特点是发布新闻及时便捷,生动形象,除文字描述外,还可插入图片、视频、音频、flash元素。河南郑州发生暴雨后,许多遭遇困难的民众拿起手中的智能手机

---

① 微博四季报:营收利润双增长,广告业务表现强劲【EB/OL】.(2022-03-03)【2022-11-14】.https://wallstreetcn.com/articles/3653322.

进行拍摄,然后以音视频或图片等形式,纷纷在社交媒体平台发布各类消息,向外界传递出各种各样需求的讯号。

微博还是一个相对自由、开放的民间舆论场,拥有大量忠实的用户,微博平台中也可见许多"知识和技能"的信息传播。例如网友"@碎叫",以视频的形式向大家讲述了暴雨中如何预防、脱困、自救和求救的小知识,短短一小时内就被转发近20万次。

尽管这些新闻类作品不像专业媒体生产的作品那般在遣词造句、表述结构上要求专业、准确和规范,但也都是具备了真情实感的媒体作品,而且受地域、时间等因素影响,这类用户生产的新闻内容时效性更强,更能反映事件发生当下的情形,因此,也更具有新闻价值。

作品赏析示例

【今天,发条微博,缅怀周总理】他在民族危机中成长,为中华崛起而读书;他从战争炮火中走来,为新中国做了大量工作;他始终心系人民,鞠躬尽瘁……他是人民的好总理。3月5日,周恩来诞辰124周年。纪念,缅怀。

【简析】

这是一篇《人民日报》为纪念周恩来总理诞辰124周年所发布的微博作品。

认真对比前条赏析的微博作品和本条微博作品,就会发现两者之间是存在很大的差异的。

本条微博作品的发布主体是《人民日报》——传统媒体的官方微博。这是传统媒体与新媒体融合的产物,这一融合不仅能帮助传统媒体提升传播效果,又能保留传统媒体最大的优势,即权威性,将两种类型的媒体传播优势发挥到最大。

新媒体的出现带来了公民新闻的繁荣,网民可以通过各大社交媒体平台对国家大事、社会现象等问题发表自己的看法;而传统媒体其本身所具有的权威性又在一定程度上克服了谣言和流言的产生。这两篇微博作品体现了微博新闻作品的两种主要类型——用户生产内容与专业生产内容,这两种类型虽然在报道形式、角度等方面存在较大差异,但都以微博为平台,为大众传递及时有效的信息,两种形式相辅相成,缺一不可。

另外,除上述列举的微博消息外,微博平台还可以以长微博的形式发布新闻,这种形式较为少见,但是该形式也有自身的优势。长微博不受 140 字以内的字数限制,不仅仅是告知消息,而且可以在报道新闻事件时将事情的来龙去脉梳理清楚,使读者在阅读时对事件的了解更加全面和清晰。

第三节 微信新闻作品的赏析

随着信息技术的不断革新,传播工具也在更新换代。在 QQ 和微博过后,又一款手机社交工具——微信出现在人们的视线中,受到广大智能手机用户的瞩目与青睐。微信自 2011 年 1 月 21 日由腾讯公司推出以来,就以惊人的速度迅速覆盖全国。截至 2021 年 12 月 31 日,微信及 WeChat 合并月活跃账户数 12.68 亿,上年微信公众号已超 2000 万。①

微信以一种手机客户端的形式诞生,这就决定了用户将要摆脱传统笨拙 PC 终端的局限,可以随时随地地发布和传播新闻。具体来说,微信是一种即时通信式社交软件,它正以一种全新的形式向我们传递新闻。我们可以在使用微信和朋友聊天的同时阅读当下的新闻资讯,也可以在阅读新闻的同时把内容发送给朋友进行分享。微信在诞生之初并不是为新闻传播服务的,而只是作为一种单纯的社交工具。可是,就目前而言,微信在新闻传播上所起的作用已经不容忽视。

微信新闻作品的传播主要是通过公众号的形式,一般而言,微信新闻媒体公众号主要包括三类:①传统媒体公众号,如《人民日报》《江西日报》等,通过微信公众号平台进行媒介融合;②科技媒体公众号,如新浪科技、凤凰科技等;③自媒体公众号,如明星名人、网络红人等。

习近平最新表态的看点

宇文雷格

第二届进博会(中国国际进口博览会)昨天在上海开幕了。

在新中国成立 70 周年的历史时刻,在当今特殊的国际局势和气氛下,进博会有其

---

① 腾讯 2021 第四季度财报【EB/OL】.(2022-03-23)【2022-11-14】.https://www.chinaz.com/2022/0323/1377302.shtml.
2019—2020 微信就业影响力报告【EB/OL】.(2020-07-20)【2022-11-14】.https://www.sohu.com/a/408818072_99900352.

不可忽视的特殊意义。

今年的进博会比去年更火热。今年企业展展览面积较去年扩大了6万平方米,还是满足不了来自150多个国家和地区企业的报名需求,造成"一展难求"的局面。

在昨天的开幕式上,国家主席习近平发表了主旨演讲。法国总统马克龙等多国领导人、议长、代表团和国际组织负责人等都来到现场。

11月5日,第二届中国国际进口博览会在上海国家会展中心开幕。国家主席习近平出席开幕式并发表题为《开放合作 命运与共》的主旨演讲。

演讲

习近平的演讲有三个关键词:开放、创新、共享。

国家为什么要开放?

"世界经济发展面临的难题,没有哪一个国家能独自解决。各国应该坚持人类优先的理念,而不应把一己之利凌驾于人类利益之上。"

"我们要以更加开放的心态和举措,共同把全球市场的蛋糕做大、把全球共享的机制做实、把全球合作的方式做活"。

怎么才能做到开放?

"面对矛盾和摩擦,协商合作才是正道。只要平等相待、互谅互让,就没有破解不了的难题。"

"我们应该坚持以开放求发展,深化交流合作,坚持'拉手'而不是'松手',坚持'拆墙'而不是'筑墙',坚决反对保护主义、单边主义,不断削减贸易壁垒,推动全球价值链、供应链更加完善,共同培育市场需求。"

我们为什么要创新?

"当前,新一轮科技革命和产业变革正处在实现重大突破的历史关口。各国应该加强创新合作,推动科技同经济深度融合,加强创新成果共享"。

怎么才能做到全人类共享?

"共同维护以联合国宪章宗旨和原则为基础的国际秩序,坚持多边贸易体制的核心价值和基本原则,促进贸易和投资自由化便利化"。

进博会举办地,俗称"四叶草"的上海国家会展中心

习近平在演讲中再次强调了中国推进更高水平对外开放的决心,并对全世界说:中国市场这么大,欢迎大家都来看看。

习近平还特别提到了昨天才公布的RCEP（区域全面经济伙伴关系协定）的最新进展。

习近平这么说："我高兴地得知，昨天区域全面经济伙伴关系协定15个成员国已经整体上结束谈判，希望协定能够早日签署生效。"

要知道，RCEP包括东盟十国、澳大利亚、中国、日本、韩国和新西兰，有望明年在越南签署，届时世界上将出现一个超大的跨国自贸区。

可见，只要坚持开放、创新、共享，中国经济发展前景就会光明。

进博会食品及农产品展区展示的西班牙橡果火腿

亮点

进博会跟我们普通大众有什么关系呢？

关系大大的。顾名思义，进口博览会就是我们要多"进口"外国货，用流行话说就是：买买买！

在本届进博会上，有150多个国家和地区的3000多家企业参展，另有50万专业采购商到现场看展。看中了什么商品，企业和（主要是中国的）采购商就会签订小则几万，大则上亿的订单。

再然后，那些商品就会不知不觉地跑到你的购物车里，再被快递员送到家里。

在去年首届进博会上，累计意向成交高达578.3亿美元，里面就包括泰国黑虎虾、智利三文鱼、加拿大龙虾、新西兰奇异果、保加利亚玫瑰水……

今年展出的包括瓦努阿图咖啡豆、西班牙火腿切片、德国窄巷道叉车、意大利血橙……

当然，进博会上不但是我们平常的吃喝用。还有很多制造业产品、"大家伙"和"黑科技"。比如下面这些。

来源:人民日报客户端

装备展区日本那智不二越公司展台拍摄的超高速点焊 SRA 系列机器人

效应

还记得最初,中国为何要举行进博会吗?

用习近平主席在首届进博会开幕式上的话讲,就是:中国不断扩大对外开放,不仅发展了自己,也造福了世界。

现在中国市场呈现消费结构加快升级、消费需求日益多样的特点。举办进博会,扩大高品质消费品和服务进口,可以让我们不出国门就能体验和享受"全球好货"。

以新西兰鲜奶为例,进博会之前,清关检验一度是进口鲜奶的"瓶颈",传统流程使得鲜奶上架需要 8 天以上,而鲜奶的有效期仅有短短的 15 天。

在首届进博会上,新西兰纽仕兰公司的新鲜牛奶仅用 72 小时就从新西兰农场到中国餐桌,一度惊艳了在场的专业观众。

进博会后,在中国合作商的配合下,纽仕兰公司奶制品线下渠道已深入中国 26 个省级行政区域,线上覆盖全部 34 个省级行政区域。

进博会还是提升中国产业竞争优势的"催化剂"。例如在首届进博会上,中国机械进出口集团与施耐德电气实现合作,后者将为中国工程承包及项目管理领域带来世界一流的能效管理整体解决方案。

在庆祝新中国成立 70 周年大会群众游行的辽宁彩车上,有一款机器人与两位小朋友一起六手连弹钢琴,共同演奏《我和我的祖国》。

这款名为"多可"的机器人由沈阳新松机器人自动化股份有限公司生产,机械手则是德国雄克公司生产的仿人五指机械手。就是通过进博会,雄克公司与中国伙伴深化了合作。

更重要的是,今天的世界经济,又一次来到十字路口。开放还是封闭,前进还是后退,各国面临着新的重大抉择。

在这种情况下,举办世界上第一个以进口为主题的国家级展会,就展现了中国作为、中国担当。

值得一提的是,虽然美国本届政府说不会派官方代表来出席,一副冷冷的样子,但是美国企业的热情却是很大。

美企参展数量 192 家,较去年增长 18%,位居各参展国之首(去年是位居第 3)。

毕竟近 14 亿人的超级大市场就在那,你怎么都无法忽视。

进博会服务贸易展区(全景相机拍摄)

(侠客岛 2019 年 11 月 6 日,略有删减)

【简析】

这是一篇来自微信公众号"侠客岛"推送的新闻,阅读量超十万,评论区拥有大量好评。

这篇微信平台推送给用户的新闻,详细介绍了 2019 年上海进博会举办的意义,并概括了习近平总书记在开幕会上演讲的主旨。全文图文并茂,叙事风格亲切随和,与传统媒体严肃的报道风格迥异。

首先,文章标题开门见山,通俗易读。微信推文中,标题与正文空间的隔离,决定了标题出彩与否,是获取点击率高低的关键因素,因此,标题直截了当表明新闻的重要性,是有必要的。本文标题虽然简洁,但是却不含糊,明确交代本文是对习近平总书记在进博会开幕会上的演讲进行综合解读,受众一眼就知道其具有重要的新闻价值。

其次,文章的内容结构安排也十分清晰合理。全文一共分为演讲、亮点和效应三个部分。"演讲"部分,作者针对习近平总书记演讲中的三个关键词,提出了相应的问题和解答,向读者详细地解释了这三个关键词到底有多"关键",为后文剖析上海进博会的重要性做了一定的铺垫。"亮点"部分则是举例介绍普通大众与进博会的关系,即进博会的举办能够给我们带来什么。"效应"部分就中国举办进博会的意义进行了阐述,文章指出"中国不断扩大对外开放,不仅发展了自己,也造福了世界",正面向受众阐述了我国政府的态度。

最后,该篇文章使用了多张图片进行宣传,尤其是在"亮点"部分。图片起到辅助说明作用,既帮助读者深入了解信息,也增强了说服力。

一篇好的新闻作品,需要从标题、选题、风格、表现手法等各个方面入手,恰如其分地展现文章的风采。与传统媒体不同,点击阅读量决定了微信新闻的"生与死",本文的可读性在于它并不像其他报道一样简单报道演讲内容和进博会的进展,而是用较为丰富的细节解答了大众较为关心的问题。当然,这篇文章选题的重要性,也是其获得高点击率的关键。

我省与阿里巴巴集团签署深化战略合作协议

易炼红会见张勇一行　叶建春出席签约仪式

魏星　邱辉强

2月28日,我省与阿里巴巴集团在南昌签署"十四五"深化战略合作协议。签约前,省委书记易炼红会见了阿里巴巴集团董事会主席兼首席执行官张勇一行。省长叶建春出席签约仪式。

省委常委、常务副省长梁桂,省委常委、省委秘书长史文斌;阿里巴巴集团公共事务总裁闻佳,副总裁陶雪飞、任庚出席相关活动。

易炼红、叶建春对阿里巴巴集团长期以来给予江西发展的支持帮助表示衷心感谢。易炼红指出,阿里巴巴集团是全球互联网行业的领军企业,与江西的合作基础深厚,特别是在政务服务、合作平台、重大项目、乡村振兴和公益事业等方面取得了丰硕合作成果,阿里巴巴集团在实现自己发展同时,有力助推了江西经济社会发展。

易炼红表示,当前,江西区位交通、生态环境、产业体系、政策叠加等优势日益凸显,正处于厚积薄发、爬坡过坎、转型升级的关键时期。省委、省政府深入贯彻习近平总书记视察江西重要讲话精神,提出把数字经济做优做强作为"一号发展工程"、把营商环境优化升级作为"一号改革工程",充分激发高质量跨越式发展新动能新活力。推动数字经济大发展、营商环境大提升,迫切需要阿里巴巴集团这样的优秀企业给予大力支持和帮助。希望双方以此次深化战略协议签约为新起点,推动合作向更宽领域、更深层次、更高水平迈进。我们也将一如既往为阿里巴巴集团在赣发展提供一流的营商环境和优质高效的政务服务,实现互利共赢、共同发展。

张勇表示,阿里巴巴集团将在双方良好合作基础上,更加积极融入江西发展,深度参与推进江西发展和改革双"一号工程",加快合作协议落地见效,进一步深化推动双方在数字商贸、数字产业、数字政府、绿色转型、乡村振兴、赣品卖全球等领域的务实合作,努力为江西高质量跨越式发展作出新的更大贡献。

根据协议,双方"十四五"时期将进一步拓宽合作领域、提升合作层次、深化合作成效,依托江西在产业、政策等方面资源禀赋,发挥阿里巴巴集团在科技、商业、人才、金融等方面领先优势,聚焦乡村振兴、数字新基建、数字政府、数字产业、数字商贸、数字治理等重点领域,持续深入推进双方战略合作,扩大阿里巴巴集团业务覆盖范围,助推江西数字经济与实体经济深度融合,助力江西加快打造数字经济发展新高地。

(《江西日报》2022年2月28日)

【简析】

这是一篇来自江西日报微信公众号的新闻,主要报道江西省与阿里巴巴集团签署深化战略合作协议的新闻信息。文章开头简明清晰地介绍了事件发生的时间、地点和人物,使得读者在阅读的第一时间对事件概况有一定了解。

该新闻作品的主要特点是简单扼要,全文重点围绕省委书记易炼红和阿里巴巴集团董事长兼首席执行官张勇的讲话进行集中性概括。文中两段间接引语,不仅介绍了深化战略合作协议的主要内容,还向读者传达了江西省与阿里巴巴集团签署该协议的重大意义,传递出合作的利好信息。

文末根据协议内容,向读者简短介绍"十四五"时期,阿里巴巴将运用自己在科技、商业、人才和金融等方面的领先优势,帮助发展江西省乡村振兴、数字新基建、数字商贸等重点领域。这一段内容的补充恰到好处,能让读者具体了解到,签署这一协议,是关系到江西民生发展的重大合作。

可见,新闻作品仅仅对读者起到告知作用是远远不够的,还需让读者知晓事物与自己切身利益相关,新闻再短也需强调贴近性和显著性,这样读者的反馈才会更加积极。

第四节 网络新闻专题的赏析

近些年来,随着"第四媒体"互联网的不断发展,网络新闻专题这种形式的新闻报道也在逐渐走向成熟。目前已经成为一种不容忽视的网络新闻报道方式,也是各家网络媒体争相提升自身竞争力的重要手段。

那么何谓网络新闻专题?目前学术界尚没有给出统一的答案,四川大学蒋晓丽认为:网络新闻专题是指基于网络技术的支持,综合运用多种表现手段,展现某个特定主题或事件的一组相关新闻信息的总汇,它旨在通过对现有新闻资源进行深度开发,挖掘出事实背后的真相与联系。[①] 新浪前总编辑陈彤认为:网络新闻专题是指网络新闻媒体在特定的新闻或信息主题之下,建立综合性的相对独立的网络新闻报道形式,与日常程序化的一般性网络新闻报道相呼应,也是网络新闻表现形式中的一种主要形式。[②]

一般而言,网络新闻专题就是指以互联网为平台,运用多种报道形式,针对某一主题进行的深度新闻报道。因此,网络新闻专题已经不再单单局限于单篇的新闻报道,编者的注意力除了每篇文章的编写以外,更多的是要关注整体,针对某一主题进行材料筛选、整体构思、信息整合、页面编辑等,这样才能打造出一篇动人心魄的网络专题新闻。

网络新闻专题具有如下特点。

1. 内容丰富全面

网络新闻专题往往不是就某一主题进行某一方面的报道,而是将与主题相关的种种材料,以网络连接的方式整合起来,使专题新闻内容丰富而又全面。这样也有效防止了网络新闻信息的碎片化。

2. 内涵深刻

网络新闻专题尽管内容庞大,但并不是简单新闻材料的堆砌,而是经过专业新闻人员精挑细选、认真编辑完成的。因此新闻专题往往是对某个事件的深入解读,具有极其深刻的内涵,发人深省。

3. 形式新颖多样

网络新闻专题改变了以往新闻单一式的阅读体验,将图片、声音、文字、视频结合起来,给读者呈现出多样化的感官体验,更有利于新闻信息的有效传播。

互联网让现代信息的及时传播成为可能,人们可以在事情发生的一瞬间就把它记录下来,呈现在大众眼前。但是随着各种各样、令人眼花缭乱的新闻信息不断呈现在人们眼前,人们的求知欲望也在不断膨胀,广大受众不再仅仅满足于知道发生了什么,他们更想要清楚地了解事件发生的前因后果、来龙去脉。基于大众的这一需求,网络新闻专题的报道形式应运而生,它以一种深度报道的形式,集合多种与主题相关的材料,给大众带来既及时方便又全面深刻的新闻信息,使人们通过阅读网络新闻专题,能更好地了解和认知世界。

---

① 蒋晓丽.网络新闻编辑学[M].2版.北京:高等教育出版社,2012.
② 陈彤,曾祥雪.新浪之道:门户网站新闻频道的运营[M].福州:福建人民出版社,2005.

作品赏析示例

扶贫日历——常坪村 2020 驻村蹲点报告

郑义风　田连锋　姜洋　樊思思　陈洋洋　解强民　刘琛

作品链接：　　　http://www.dzwww.com/2020/cpctprl/

（第 31 届中国新闻奖三等奖，大众网 2020 年 12 月 25 日）

【简析】

这是一篇选自山东大众网的网络新闻专题，该专题以小见大，从常坪村脱贫攻坚战的报道,深入反映山东省拿真招、实招、硬招,攻坚克难、下绣花功夫推动脱贫攻坚战的决心。

2020年是脱贫攻坚决胜之年,为深入贯彻落实习近平总书记关于决战决胜脱贫攻坚的重要讲话和指示批示精神,自2020年1月开始,大众网·海报新闻记者来到山东省临沂市蒙阴县旧寨乡常坪村,全程记录第一书记扎根基层助力脱贫攻坚的故事,零距离感受村民脱贫摘帽后的生活变化。在经历了近一年的蹲点后,2020年12月,大众网·海报新闻隆重推出大型融媒体专题报道《扶贫日历——常坪村2020驻村蹲点报告》专题。

该专题界面设计成日历的表现形式,寓意脱贫攻坚战好比大考,有时间要求;专题注重做好"融媒"内容呈现,统共推出重磅级稿件20余篇,音视频作品60余条;通过文字、图片、视频、音频、VR、GoPro视频、航拍等多种报道形式,配以沧桑昂扬的沂蒙山小调作为背景音乐,绘就出一幅层面丰富、立体的脱贫攻坚长卷。

从新闻作品具体的立意与构思分析,记者从一个个具体人物出发,通过讲述真实可感的故事,以小角度展现大主题,立意高远;该专题擅长采用近景镜头表达小人物采访中的内心感触,多用质朴的新闻语言讲述乡村巨变,整个专题呈现出原汁原味的乡村风土人情与人物砥砺奋进的风采。这一拍摄手法也拉近了这篇报道与读者的距离,使读者在阅读、观看时有身临其境之感。

作品赏析示例

不朽的赞歌——纪念中国人民志愿解放军抗美援朝出国作战70周年

曹智　李俊　牛纪伟　徐扬　史先振　赵嘉麟

作品链接:http://special.chinaso.com/kangmeiyuanchang/index.html

（第 31 届中国新闻奖三等奖，中国搜索 2020 年 10 月 20 日）

【简析】

　　网络新闻专题"不朽的赞歌"，选自中国搜索。该专题是为纪念中国人民志愿军抗美援朝出国作战 70 周年所进行的特别策划，目的是弘扬伟大抗美援朝精神，引导人民铭记历史、珍爱和平。

　　首先，专题内容创新。专题将志愿军老战士化身为"歌唱者"，以视频的形式，动情歌唱电影《上甘岭》主题曲《我的祖国》；又将志愿者老战士化身"讲述者"，真情讲述抗美援朝的英雄故事；还将志愿军老战士化身"朗读者"，激情朗读魏巍名篇《谁是最可爱的人》选段，给受众带来全新的视听体验与阅读感知。

　　其次，专题社会影响力显著。该专题统筹国内、国际两个舆论场，兼顾对内报道、国际传播。专题短视频除了中文简体版外，还有中文繁体、英文和俄文等版本，并通过海外华文媒体、优兔、推特、脸书、俄文 VK 平台同步传播，将志愿者老战士的英勇形象传播到全世界范围，影响力显著。

　　最后，专题界面设计特色鲜明。专题界面在主色调选择上，主要采用"黑白灰"色系，这与主题内容相契合，有历史感，使受众产生共鸣，更好地追忆到历史事件中，融入感情。

第五节　网络访谈的赏析

网络访谈是一种网络视频类节目。目前，我国视频网站已初具规模，但多数网站都以综艺影视为主打内容，同质化现象严重。以新闻资讯为主的网络访谈节目，独树一帜地屹立于当前这个互联网信息泛滥的时代。

网络访谈类新闻作品开始引起社会各界的关注，最早要追溯到第19届中国新闻奖获奖名单，人民网的《胡锦涛总书记同人民网强国论坛网友在线交流》作为网络访谈类新闻作品首次获奖。截至2021年第31届中国新闻奖，获奖名单中网络访谈类新闻作品有28件。可见，网络访谈类新闻现今已经成为网络新闻作品中不可忽视的一种。

自网络访谈类新闻诞生之日起，就备受广大受众的欢迎，众多网站纷纷效仿，但是就目前的网络形式而言，真正制作精良、内容考究的网络访谈类新闻作品还是少之又少。就第29届至第32届中国新闻奖获奖情况来看，也就仅有《40人对话40年——庆祝改革开放40周年系列高端访谈》获得一等奖。可见，目前网络访谈类新闻作品进步的空间还很大。

网络访谈类新闻作品的特点如下。

1. 主题鲜明，内涵深刻

网络访谈类新闻作品不同于即时新闻报道，网络访谈更侧重于对某一新闻事件的深入剖析，通过主持人与嘉宾的对话，将新闻事件引入到更深层次，也使受众更容易理解和接受访谈所要传达的新闻信息。

2. 正确的新闻舆论引导

网络访谈类新闻作品中所邀请的嘉宾往往是某一领域内的专业人士，或事件的亲身经历者，或名人、明星。他们相对于普通人而言，更具备新闻话语权，他们所说的话更容易引领舆论风向。

3. 注重与网友互动

网络新闻访谈页面中往往设有供网友参与互动的栏目，以便读者在观看访谈节目后，对访谈提出自己的看法和见解，这样做很好地解决了用户与网站之间的信息交互问题，不断提升网络访谈类新闻的质量。

网络访谈类新闻节目如今已经成为网络新闻作品中一个重要的类别，众多网络访谈节目层出不穷。因此想要做出高质量的网络新闻类访谈节目，就需要从内容本身、网页包装、嘉宾选择等多个方面下功夫，这样制作出来的作品才能在众多节目中脱颖而出。

作品赏析示例

十九大代表说｜王民：要把自己放在既重要又平常的位置

高艺宁　李雪南　韩靖　潘剑　陈兆国　范斯腾

作品链接：

http://news.cnr.cn/dj/20170921/t20170921_523959362.shtml

2017年，已有42年党龄的王民，成为党的十九大代表中的一员，这也是他第四次当选党代表。

"在一个工作岗位上能够当选四届党代表的，我相信全国可能有，但肯定不多，对于我来说，这是极大的荣耀与鼓励。"再一次当选党代表，王民依旧难掩激动。

18岁进入徐工、18年担任徐工一把手、45年矢志打造世界级工程机械企业……专访时，记者从这位徐工集团的掌舵人身上，了解到了他"登上工程机械行业之巅"的宏伟梦想，看到了他带领徐工冲锋登顶的决心与底气。

跻身世界豪华俱乐部的底气

王民很早就给徐工定了一个目标："到《中国制造2025》战略收官之时，登上世界工程机械行业前三强，进入世界工程机械豪华俱乐部，这也是全体中国装备制造者的追求。"

作为中国装备工业的标志性品牌，徐工源起1943年的八路军鲁南第八兵工厂。上世纪60年代，新中国第一台汽车起重机、第一台压路机都诞生于此。

"自1957年徐工为中国工程机械产业奠基创业,至今已有60年历史,经历抗战炮火的洗礼,经过改革开放的蓬勃发展,中国的徐工完全有能力进入世界豪华俱乐部!"

攀上工程机械行业的珠峰之巅是王民心中由来已久的一个梦,这一梦想绝不是心血来潮。1989年至今,徐工集团实现了年营业收入从3.5亿到1000亿元的历史性突破,海外出口突破23亿美元,世界工程机械行业第7位,是唯一进入前十强的中国企业。

"徐工的60年是积累和创造的过程,到了这个时候,我们需要一个爆发!"

决战在市场,决胜在工厂

在徐工重型机械厂房,一望无际的起重机械车阵巨臂擎天,一排排闪耀的"徐工金"与蓝天交相辉映,蔚为壮观。

这片土地上,诞生了一批代表中国乃至全球先进水平的产品:两千吨级全地面起重机,四千吨级履带式起重机,12吨级中国最大的大型装载机,百米级亚洲最高的高空消防车等,在全球工程机械行业产生了颠覆式影响,打破了外国企业的垄断。其中,汽车起重机、大吨位压路机销量全球第1位,成为装备制造不负重托的国之重器。

"像徐工这么宽的产品线,在全球是不多的,在中国的企业更是绝无仅有的。"徐工的产品线有16大类、300多种产品,拥有有效授权专利5669项,其中授权发明专利1088项、实用新型专利4200项,100多项产品为国产首台套产品,这些成就王民如数家珍,引以为傲。

"中国企业做到这个份上,稍微迟疑、稍微动摇了就可能半途而废,前功尽弃,必须坚定不移地走下去。"王民告诉记者,在技术创新方面,徐工始终不渝地持续投入,持续瞄准最高目标。

"凡是能用到人力的地方,将来都可以用工程机械来代替。人类可以更轻松地去改天换地,改造环境。"近年来,徐工在过去起重机、压路机、装载机三大核心产品的基础上,增添了挖掘机械、混凝土机械、桩工机械、重卡与环境产业"新五样"等新鲜血液,这些都是徐工在产品创新上的作为与表现。

"最近我们又增添了新成员:大型成套性的露天矿山设备,这个产品在全球工程机械厂家里没有几个可以做到,被誉为'皇冠上的明珠',中国只有徐工是唯一能够成套性提供这些装备的企业。"王民告诉记者,中高端市场对设备和质量要求很高,尖端领域的开拓创新,是徐工向中高端升级、占领更广阔市场的利器。

智能制造是冲锋登顶的突破口

徐工的挖掘机制造车间里,机器的轰鸣声在记者耳中回响,与记者预想的繁忙生产景象不同,举目四周却看不到多少工人,这里代表着徐工极高的自动化生产水平。

"决战在市场,决胜在工厂。在市场上能不能打赢,实际上在工厂里就已经决定了。从研发到制造的整套体系是优是劣,决定了在市场的成败。"

"《中国制造2025》把智能制造列为突破口。"在王民看来,企业能否抓住这一机遇,围绕自身产业特点,集中一批人才与资源,把整个工厂的产业链、制造链打通,使其高效协同,决定着企业的未来。

"工程机械方面90%的技术难题我们已经解决了,还有10%的技术难题要在10年内攻克,这是攀登珠穆朗玛峰顶峰的'最后几百米',也是最艰难的。"王民认为,为实现冲锋登顶的目标,解决剩下的技术难题,需要在智能制造方面"狠下功夫"。

"智能制造我们正在实施,这几年从未止步,未来将会更加深化、更为深入,也将越来越出效果。"据王民介绍,徐工目前在做无人操控的工程机械,可以节省人力,也是用户较为喜欢的操作方式。"我们的目标是用三年左右时间,把整个徐工打造成一个智能化企业。"王民告诉记者。

改革是"爬坡过坎"的内生动力

2000年,王民接任徐工集团董事长时,徐工正面临资产不良、管理混乱的困境。王民带领徐工进行了大刀阔斧的改革,徐工经营状况得到迅速改善,走出了连续多年经营规模徘徊在20多亿元的局面。

"徐工发展到今天,再一次来到了'爬坡过坎'的关键阶段,要想走向光明的未来,实现冲锋登顶,必须在动力上,尤其是在内生动力上下点工夫,而改革就是动力。"

如果形容十八大以来发生的巨变,"供给侧结构性改革"是王民心中最为重要的关键词。

王民说,他所理解的"供给侧结构性改革"很简单:"做企业的就是要和自己过不去,要眼睛向内,找自己毛病;眼睛向外,对照高标准,看看客户还有什么需求,看看世界最高水平在哪里,再好好在内部下功夫。"

王民告诉记者,企业能否站在行业竞争的制高点、能否立于不败之地,以前那些成套的、习惯性的做法都要改变,要用全新的眼光去看世界。"产品做好了、工厂的问题解决了,市场就占领了,反之产品不创新、机制不灵活,竞争和转型都是空话。"

王民说,对于徐工来讲,"供给侧结构性改革"的工程远没有结束。"中国经济已经从高速到中高速转变,进入了经济新常态,'供给侧结构性改革'便是企业适应、引领经济新常态的重要武器。"

未来的市场,在全球

"世界舞台很大,我们不能缺席。"谈起中国品牌,在国外可以"叫得响"、有美誉度的寥寥无几。

作为中国制造的典型代表,徐工是世界范围内少数享誉全球的品牌之一。目前徐工产品销售网络覆盖178个国家及地区,在全球建立了280多个徐工海外代理商为用户提供全方位营销服务,年出口突破23亿美元,连续25年保持行业出口额首位。

然而,在王民眼中,徐工的国际化指数并不算高。"世界最大的工程机械制造商在美国,全球市场占有量是15%,而我们只是5%。目前徐工在海外收入占徐工总收入30%,未来五年,这一比例要达到50%以上。也就是说,未来要有一半市场收入来自海外。"

徐工未来的市场,在全球。王民说,布局全球,应先从"一带一路"沿线国家入手,符合中国装备制造产业发展的规律,也是迈向中高端的台阶和跳板。

"'一带一路'沿线国家是最需要快速建设基础设施的国家,也是对中国产品最为欢迎的国家,是徐工最有市场基础的区域。因此,响应国家'一带一路'倡议,抓住这一历史机遇,快速布局,是有利于徐工进一步扩大国际市场的重要抓手。"

事实上,王民的眼光不止于此。

"'一带一路'是重要的,但不能就此满足。"王民指出,未来徐工的目标是攻占中高端市场,向发达国家更进一步。

"今年我们已有100多台大型挖掘机、几十台的压路机进入美国市场,并得到了美国用户的认可。"问其秘诀,王民表示,国际比拼质量第一,关键是落地徐工"技术领先、用不毁"的金标准。按照这一标准,徐工的产品质量、性能和可靠性大幅提升,徐工的产品也因此赢得了越来越多的全球赞誉。

"进入发达国家、进入中高端市场,我们势在必行,也是水到渠成。"王民说。

履职感悟:始终把自己放在既重要又平常的位置

"对于我来说,对祖国、对党最大的回报,便是用我毕生的经历打造一个真正优秀的世界级企业,受国外尊重,让国人为之骄傲。"在王民看来,作为党代表,首先要把本职工作做好,作为一个企业的带头人,要有强烈的责任心和担当精神,要始终把自己放在一个既重要、又平常的位置。

"代表同样是一名普通党员,要用党员的标准时刻要求自己。"王民同时表示,作为老党员,要保持好自己的晚节,要再立新功,要不断学习,保持清醒的头脑,坚定自己的政治立场,坚定不移地按照党中央的要求去做。

"未来的五年,是中国真正从大到强的关键阶段。正如习总书记所说,实现以'两个一百年'为目标的伟大中国梦、实现中华民族的伟大复兴,比历史上任何时候都要接近,徐工也是这样,我们有实现梦想的底气!"

在王民的畅想中,五年后,中国人在哪里讲话都会有人聆听,中国人将以一个更自信、更强大的形象站在这个地球上;五年后,中国工程机械行业将拥有更多的人才、更宽的产品线和更强大的基础零部件研发和制造能力;五年后,中国的大型工程机械企业集团,在世界上的竞争实力将会更强;五年后,徐工一定会实现登上世界工程机械顶峰的梦想。

(第28届中国新闻奖三等奖,央广网2017年9月21日)

【简析】

该新闻作品来自央视网,文字、摄影和摄像三路记者齐发,通过实地探访徐工集团董事长王民,以点代面,以小见大,展示中国制造不懈奋斗、与时俱进、实干创新的精神,也展现改革开放40年来,民族品牌伴随中国改革开放脚步拔节生长的蓬勃气象。

该作品文字内容主要以呈现访谈对象的对话为主,访谈话题层层递进,中间穿插记者的所见所感,通过大量引用徐工集团董事长王民的个人阐述,反映出一个行业的发展变迁。因此,该作品切入视角既有个人特色,又具行业典型代表性。

该专题主题提炼明确,结构完整,不仅有访谈文字,还有现场访谈及相关新闻视频。创作团队出动了无人机,从航拍视角展现国之重器巨臂擎天的壮观风采,画面制作精良,为整部作品增色不少。

另外,央广网充分发挥台网融合力量,与中国之声联动,充分利用央广网的海外社交账号,包括英文账号和少数民族语言账号,展开社交媒体矩阵式传播,向世界展现大国风采。

第六节 网络新闻评论的赏析

目前,随着互联网技术的不断发展,特别是智能手机上网终端的出现,人们获取信息、表达观点的方式也越来越方便快捷。一般而言,网络新闻评论借助其平台优势、专业团队及强大的资源整合能力,针对某一重大事件或社会现象,面向广大受众发布网络评论,在一定程度上影响着人们社会生活的方方面面。

网络新闻评论绝不是一个简单狭隘的概念,网络新闻评论可以分为专家评论、编辑评论和网民评论。这三个方面的评论都在一定程度上影响着社会舆论的发展,特别是网民评论最能体现互联网交互性的特征,是广大受众通过网络发表观点和意见的重要途径,因此在学习中都应该引起我们的重视。学者王振业等认为:网络新闻评论从本质上说是一种意见信息,只要其"新闻性""政论性"的特征还在,"不成文"的讨论应当和"成文"的文章一样,纳入网络新闻评论的范畴。①

相对于传统新闻评论,网络新闻评论具有强大的自身优势。首先,传统新闻评论包括报刊评论、广播评论、电视评估等,这些评论形式虽然具有专业性、权威性等优势,但是相对于网络新闻评论,却缺乏互动性与参与感。其次,传统新闻评论受到时间、地域甚至版面的限制,影响范围有限。而网络评论完全避免了传统新闻评论的这种缺憾,任何一个网民,不管是普通人、编辑还是专家,都可以随时随地地针对某一事件发表自己的观点和意见,并且其言论能够迅速进入到公众的视野,不会受到地域的限制。在这种情况下,网络上涌现出大量的言论,汇集成强大的社会舆论,从而影响到整个社会生活的发展,这种变化无疑是具有革命性的。

由于网民评论存在松散型、碎片化、非专业、不成文等缺点,因此在本节的网络评论赏析中,主要以专家评论和编辑评论为例,从而展现出网络评论的强大力量。

于欢案直播,让公众在身临其境中感受到公平正义

朱德泉

备受公众瞩目的于欢案今天在山东省高级人民法院进行公开二审。这是全国省级高院首次在微博上对敏感刑事案件的终审环节进行"图文+视频"直播,可谓开先河的大胆之举。

毋庸讳言,于欢故意伤害一案一审后,由于派生出处警不力、高利贷、涉黑等高度敏感议题,围绕着人伦亲情与定罪量刑的德法之辩,引发舆论场各种观点激烈碰撞。在这种情

---

① 王振业,李舒.新闻评论与电子媒介[M].北京:中国广播电视出版社,2004.

况下,是"两耳不闻窗外事",还是"弄潮儿向涛头立",山东高院选择了在仅月活用户就达3.4亿之多的全球用户规模最大的社交媒体上进行庭审公开,采用了最热门、最吸睛的视频直播等"可视化、即时性"方式进行。这种努力让公众在身临其境中感受到公平正义的初心,不能不说是一次切实提高司法工作透明度的自觉创新和自我驱动。它传递的,是积极回应人民群众对人民法院工作关切的善意和勇于直面社会舆论监督的诚意。

应该说,近年来人民法院在深化司法公开上下了不少功夫。审判流程公开、裁判文书公开、执行信息公开三大平台建设正不断深化完善。就拿视频直播来说,中国庭审公开网上每天都有海量直播。该网公开呈现的数据显示,山东各级法院已经累计直播了355场,已接入庭审公开的法庭达到35家。但在分众化、差异化特征愈发明显的移动互联网时代,司法公开需要与时俱进。民意在哪里聚集,公平正义的法制之光就要尽力照射到哪里;老百姓在哪里上网,透明司法的法治公开课就要努力覆盖到哪里,老百姓愿意用哪种方式获取信息,就全力采取哪种传播方式满足他们的知情权。我们应该乐见依法治国进程中的这每一次进步。

"政者,正也。"司法公正需要以堂堂正正的阳光姿态呈现。法律是治国之重器,法律的权威源自人民的内心拥护和真诚信仰。我们相信,只要把握住"司法为民"的本质要求,就完全可以用"看得见的正义"去抚平争议判决激起的舆论怨怼,去对接社会对正义的期许。因为坚持依法独立办案和坚持司法的民主性是依法治国进程的历史大逻辑,德治和法治是完全可以相得益彰的。正如习近平总书记要求的那样,要努力让人民群众在每一个司法案件中都感受到公平正义,所有司法机关都要紧紧围绕这个目标来改进工作,重点解决影响司法公正和制约司法能力的深层次问题。

司法公开体现着人民司法的政治属性。随着新媒体的快速发展,越来越复杂的大舆论场已经形成,在自发性、突发性、公开性、多元性、冲突性、匿名性、无界性、难控性等新特征纵横交错的同时,新技术、新应用、新平台也为人民法院坚持群众路线提供了诸多新路径。只有敢走新路,不断实施司法公开的新举措,积极寻找司法公开的新办法,充分利用司法公开的新工具,才能在更加积极主动中亲近民众、亲近民意,才能让人民群众在司法改革的更多获得感中真切感受依法治国的公正无偏,才能更大力度树立和彰显司法的权威和公信力。

希望把于欢案办成经得起人民和历史检验的铁案是社会各界的最大共识。

在这种大舆论场里,司法机关在用透明公开的庭审直播积极回应网上舆情,新媒体和广大网友也应该尊重事实,尊重法律,理解、支持法院的依法独立审判。

在身临其境的庭审和触手可及的正义感知中,司法与媒体、与公众,唯有形成更加良性的互动,才能更好促进多元声音的理性回归。

在众声喧哗的新媒体环境下奏响公正司法的时代强音,同样需要我们每一个人的"金声玉振"。

(第28届中国新闻奖二等奖,大众网2017年5月27日)

【简析】

这篇网络新闻评论是作者在收看"于欢案二审"直播过程中快速成稿的。作品在庭审结束后就在大众网首页、官微、客户端迅速发布,抢占了报道时机,牢牢把握了舆论主动权,得到了政法系统相关领导批示,也收到大量网民的称赞,在关键时刻起到了凝聚人心、安定社会的作用。

该网络新闻评论的最大亮点就在于发布时间的"快",说明作者捕捉社会热点的敏锐性很强,能在第一时间将广大群众关切、社会关注的重要信息报道出来。文章通过对"于欢案二审"直播的追踪和剖析,展示了司法公开对提升全社会法治意识、推动依法治国进程的重要意义,同时有效论证了庭审透明公开与依法独立审判、网络民意表达与舆论传播之间的辩证关系,不仅反映出作者的新闻职业素养,同时折射出作者对学理问题的洞察力和思考深度。

文章标题"身临其境"一词,既能吸引读者的阅读兴趣,也与"庭审直播"相呼应,采取直播形式让公众参与到庭审中,让公众的参与感更强,对于"公平正义"的理解和感受也会更加深刻。

一篇好的网络新闻评论,要从标题、导语、主题、观点等各个方面入手。首先要做到真实客观,其次要做到吸引读者,这样才能真正起到引导社会正面舆论、产生积极社会效益的功效。

"一口水也没喝上"的扶贫问题出在哪儿?

刘冰

前些天,微信上的一位好友在朋友圈颇为感慨地写道:"扶贫一天,饿得前胸贴后背,真不知该如何描述心情。算来扶贫也两年了,到目前为止,入户无数次,资助也不少,但是连扶贫对子家的一口水也没有喝上,真不知是哪里出问题了。"

此话一出,立刻引来了很多朋友的回复。笔者看过之后也不由陷入了深思,问题究竟出在了哪里?

按照常人的想法,我去你家扶贫,给你带去了礼物,资助了钱物,还为你家干了农活,每次去给口水喝应该不是个问题,可以说是最低要求了。但现实情况是,有一些人尽管去了十多次,却连一口水都没有喝上。贫困户不近人情的做法,难免会让帮扶干部忍不住发牢骚抱怨一番,从这个层面上讲,他们的心情可以理解。

然而,如果再进一步思考,原因还是要从帮扶干部身上查找,正所谓解铃还须系铃人。

笔者也有扶贫对子,因为各种原因,每次去待的时间都不是很长,当天去当天返回。这种扶贫效果,自己现在想想都感觉有点愧疚。在很多地方,帮扶脱贫工作似乎形成了一种模式,一些干部按照要求来到贫困户家中后,没说上几句话,就迫不及待地掏出手机或照相机,摆出漂亮的姿势和贫困户家人一起合影,有双手紧握在一起的,有递上礼物的,有和贫困户边聊天边在本子上记录的,还有在院子里干农活的……合影完毕,寒暄两句，这次帮扶工作也就差不多结束了。每次扶贫来也匆匆，去也匆匆。曾经有媒体报道称，帮扶脱贫给一些贫困户留下的最深印象竟然是干部来一次照了好多相。有人说单位有规定必须拍照，拍了照能证明自己来过了，他们这样做是在完成任务。

完成任务本没有错，只不过帮扶干部如果把扶贫当成例行公事，就会变得敷衍塞责、应付了事，干部下去后不是真心实意地帮助贫困户寻找致富门路，送去贫困户急需的致富信息，想方设法帮助贫困户脱贫致富，而是变成了作秀，喜欢做表面文章，这是典型的形式主义扶贫。群众看在眼里，记在了心里，这样做不仅不能密切干群关系，反而引起群众的反感。对贫困户来说，送钱送物都不是主要的，每户贫困家庭的致贫原因都不相同，找准致贫根源很关键，只有找准了"病根"才能对症下药，从根本上摆脱贫困。

群众在我们心里的分量有多重，我们在群众心里的分量就有多重，这话谁都会说，但做起来得要下一番苦功夫，需要我们根据贫困户家庭的实际状况，想办法、出点子，有针对性地制定低保兜底、教育帮扶、生活慰问、医疗救助、转移就业、庭院经济等帮扶措施，帮助贫困群众真正走上致富之路。

当前，脱贫攻坚进入关键时期，需要我们付出更多的艰苦努力，帮扶干部只有带着感情真心帮扶，才能把贫困户的心焐热，进而把他们的内生动力激发出来。从这个意义上说，精准扶贫不是一句口号，而是实实在在的行动，帮扶干部要以行动而不是作秀来赢得贫困户的信任。

难怪当"一口水也没有喝上，真不知是哪里出问题了"的感慨发出后，马上有人回复说是去得太少了，还有人说工作不到位，更有人说你把人家当亲戚，亲戚把你当人家，话语不留情面，一针见血，句句戳中要害。

曾经有一位领导说起他鉴别乡镇干部工作作风的好方法，除了听干部怎么说，还有一个直观的指标，就是看这名干部入户时"农民的狗咬不咬"。有的干部汇报工作头头是道，入户时狗吠不止，对这样的干部就要打个问号。

习近平总书记曾多次强调，脱贫攻坚工作要实打实干，一切工作都要落实到为贫困群众解决实际问题上，切实防止形式主义，不能搞花拳绣腿，不能搞繁文缛节，不能做表面文章。近日，习近平总书记作出重要指示强调，纠正"四风"不能止步，作风建设永远在路上。扶贫中的形式主义必须引起我们的高度重视，已经到了非刹不可的地步了。

无论时代怎么变，为人民服务的宗旨没有变，也不能变。干部能不能走到群众身边、走进群众心里，永远都是赢得群众信任的关键。群众就是一面镜子，镜子是不会说假话的，你怎么对待镜子，镜子就怎么对待你。你离群众远远的，尽管时不时作秀一下，镜子也仍将远离你。干部只有真正成为群众的身边人，常见、常聊、常惦记，才能经得起"狗咬不咬"这个最朴素、最直观的检验，也才能成为贫困群众最需要的帮扶干部。

我们期望那些下去扶贫时一口水也没有喝上的干部能知耻而后勇、知不足而后进，努力做到进得了门、说得了话、交得了心，化解百姓心愁，打开百姓心结，敞亮百姓心灵，百姓自然就会把你当成自家人，这时候不会再有一口水也没有喝上的困惑了。

（第28届中国新闻奖三等奖，伊犁新闻网2017年12月27日）

【简析】

这是一篇选自伊犁新闻网的网络评论,文章以当前扶贫人员与群众之间的关系和感情为主题,阐述"一口水也没喝上"的扶贫问题究竟在哪里。发表后引起了社会的强烈反响。

作品开门见山,以微信朋友圈"参加了扶贫工作两年,却连扶贫对子家的一口水都没喝上"内容为引,提出一个要认真思考的问题,并就此话题展开了深入评论。评论观点明晰,立意深刻,紧密结合习近平总书记对"四风"问题做出的重要指示,指出扶贫工作中存在一些作风不实的问题,也提醒那些"一口水也没有喝上"的干部要知耻而后勇,努力为群众做实事。

作品一针见血地指出扶贫工作中存在的问题,聚焦于问题意识,有针对性,给整个社会带来了警示作用,也温暖了群众的内心,起到较好的舆论引导作用。

文章在严肃警示之余,也体现了一丝趣味性,例如,引用"狗咬不咬"实例,判断扶贫人员与群众之间的亲密度,使得文章阅读起来更具有亲和力。

第七节 网页设计作品的赏析

在互联网技术不断发展的今天,各种网络平台发布的新闻信息充斥着人们的视野。特别是以网页设计为代表的新闻作品,更是发展得多姿多彩。一般意义上而言,网页设计是根据企业希望向浏览者传递的信息(包括产品、服务、理念、文化),进行网站功能策划,然后进行的页面设计美化工作。目前,网页设计越来越接近于一门艺术而非技术。在网页编辑中,各种各样的图画样式、字体字形、色彩搭配都需要经过专业的挑选,以期达到让用户赏心悦目的效果,从而吸引用户的点击阅读。

网页设计作品具有以下特点。

1. 页面布局精良,操作方便快捷

网页整体布局首先要考虑网页所要表达的主题,确定整体风格。其次图片也有大小和横竖之别。图片和文字都需要同时展示给观众,不能简单地将其罗列在一个页面上,否则会显得杂乱无章。目前,网页多采用滚动导航技术和超链接技术,在为用户提供信息的同时,对相关信息进行整合,使用户在阅读新闻信息时一目了然。

2. 网页设计艺术性强

网页设计不同于传统新闻作品,往往讲求颜色搭配、色调对比、字体字形、图画样式等,使页面得到美化。色彩图画在整个网页中占据着较大的比重,漂亮的网页设计能够吸引更多用户前来观赏品评,因此也成为网页设计作品成功的重要因素。

3. 多媒体传播

网页设计往往不是单一途径的信息传播,而是采用声画图文相结合的方式,将媒介信息进行整合,多渠道、多媒体传播。这样,网页设计作品相对于报纸、广播、杂志作品而言更加具有表现力。

从此我们不难看出，好的网页设计作品除了内容上精良考究，更加需要形式上的感官体验。网页设计作品应根据新闻信息主体，展现出网页的独特风格，或清新典雅，或活泼自然，或沉郁顿挫，拥有浓厚的文化气息。网页设计作品通过不断设计创新，精心制作，一定能够为网络文化注入更多的新鲜血液。

作品赏析示例

家，告别悬崖

沈晓颖　阳博　彭坤

作品链接：

https://topic.scol.com.cn/2020/20xyc/

（第31届中国新闻奖二等奖，四川在线2020年5月21日）

【简析】

　　这是一篇选自四川在线的页面设计作品,主创团队大量使用高清图片、航拍视频和动态数据作为设计元素,整体运用5个页面,展示出精良的网页设计水平。

　　作品设计主题突出,为清晰呈现"悬崖村"从旧宅到新居的变迁历程,页面采取自适应设计,整体板块式动画设计可进行页面自如切换,全屏"悬崖村"航拍视频作为画面背景,凸显出宏大场景,可制造强烈的"一步跨千年"的视觉冲击效果;页面专题右侧还设计了时间轴,受众通过点击时间轴,参与交互体验,可以清晰地了解5年间"悬崖村"的蜕变过程。

　　页面设计得当,还可加深稿件的可读性。譬如,每个独立专题通过精心包装,页面展示宽度从常规的700px提升至1400px,内容可以得到最大限度的展示。各板块再突出动态节点,可在有限的空间汇聚新闻稿、高清图集、原创评论、微纪录片等丰富的内容表现形态。总之,通过各专题内容的页面切换,整个作品在视觉和内容丰上,都得到了很好的兼顾。

　　该作品选题十分有意义,主题鲜明,悬崖村彻底成为历史,充分体现了党和政府对为使人民"善居"所做出的努力。整幅作品体现了新闻性、艺术性与新媒体技术的完美统一。

传家宝里的新中国

崔维莉　翟术亮　刘岩　刘明晓

作品链接:

　　　　http://www.iqilu.com/html/zt/other/chuanjiabao/

（第 30 届中国新闻奖二等奖，齐鲁网 2019 年 10 月 12 日）

【简析】

这是山东重点新闻网站齐鲁网于 2019 年 10 月 12 日，为庆祝新中国成立七十周年推出的网页作品，作品主题鲜明，选题巧妙，立意深远，通过讲述和展示 8 个家庭"传家宝"的故事，将新中国取得的伟大成就娓娓道来。作品既是对伟大祖国重要历史节点的纪念，也是对中国人民艰苦奋斗精神的礼赞。

该作品页面设计风格简洁明快。在页面色调上，该作品打破常规，以墨蓝为主色调，红色为点缀色，这种用色，可将"传家宝"的历史感与"新中国"的现代感杂糅在一起；在编排设计上，开篇用视频铺陈，用经典历史视频、照片与代表性标识组合搭配，共同呈现新中国的七十年奋进历史。

页面横向分屏设计，辅以导航，导航栏链接清楚易用，可以作为便捷入口跳转到相应板块，用户浏览页面时，有"网络展厅"的视觉感受，交互动画体验流畅；二级专题页面也做了精心排版，既"重面子又重里子"，达到了内外视觉效果的统一。

该作品将传播内容、主题艺术、设计技术巧妙结合在一起，不仅页面形式设计上凸显简明大气的风格特色，内容也很有可读性，通过讲故事的报道手法来烘托宏大的时代主题。作品发布后，与之相关的"哇晒传家宝"等多个话题一度冲上新浪微博网络热搜，阅读量累计超 3.4 万亿次，社会影响力较大。

第八节 手机客户端新闻作品的赏析

随着科技的发展和智能手机的不断普及，各类传统报纸及各大门户网站纷纷进驻新闻客户端市场，新闻客户端用户不断增加，人们渐渐习惯了利用手机客户端浏览新闻的方式。这种新的新闻阅读方式也在潜移默化地影响着受众的阅读习惯,同时也在一定程度上满足了用户碎片化、个性化、差异化的阅读要求,增强了新闻的可读性。

另外,相对于传统新闻媒体,手机媒体拥有自身独特的优势,包括方便携带、不受地域限制、信息传播即时性强等。因此,手机媒体又被称为报纸、广播、电视、网络之后的"第五媒体"。

对于手机客户端的定义,目前学术界还无法给出统一的答案,艾媒咨询集团在《2013上半年中国手机新闻客户端调研报告》中将手机新闻客户端定义为:为手机用户提供持续、实时、全方位新闻资讯更新,内容涵盖国内、国际、军事、社会、财经、体育、娱乐等方面的新闻类应用软件。

手机客户端有以下特点。

1. 用户自主选择性强

在使用手机客户端阅读新闻时,用户可以根据个人喜好选择不同的阅读界面、新闻模块、字体、字号等。这些功能增加了用户的自主选择性,更加具有个性化特征,这些都是传统媒体所不能及的。

2. 可跨平台分享新闻

在社交媒体不断发展的今天,手机客户端实现了与社交媒体的互通。用户在使用手机客户端的同时,可以通过分享的方式,随时随地地把自己感兴趣的新闻信息推荐给身边的朋友,这样能够很好地引起朋友之间的实时讨论。

3. 随时随地获取信息

这种利用新闻客户端获取新闻信息的方式,与以往传统媒体相比具有强大的优势。首先,用户在使用客户端时,只需打开定位功能就可对周边信息进行自动筛选推送,这在很大程度上打破了传统媒体的地域限制。其次,客户端新闻信息传播24小时更新,这又在很大程度上打破了传统媒体的时间限制。

4. 新闻种类丰富齐全

以澎湃新闻为例,在其新闻客户端中,就包含时事、财经、思想、生活、问吧等栏目。其他客户端,如人民日报客户端、网易客户端等也都有相同或相似栏目分类。客户端中丰富多样的栏目分布,使用户在选择阅读时更加方便。

5. 张扬自主性,传播互动性

手机新闻客户端在每篇新闻最后都设有网友评论专栏,以便网友对该篇新闻畅所欲言。除此之外,网友还可以跟帖,对别人所说的话进行点赞或反驳,这样做能够使作者与读者、读者与读者之间的交流互动更方便。

在当前传统媒体转型的大环境下,传统媒体向手机新闻客户端的转型尤为成功。如在搜狐手机新闻客户端订阅平台上,《人民日报》订阅量超过900万,《南方周末》订阅量超过700万,《央视新闻》订阅量超过1000万。[①] 从这些数据我们不难看出,传统新闻

---

① 吕弘毅.传播学视阈下的移动新闻客户端研究[D].南宁:广西师范学院,2014.

媒体通过向手机客户端的转型,获得了巨大成功,其发行量和影响力远远超过了传统媒体。

作品赏析示例

打破巨头垄断!梅德维德夫成首位登顶世界第一"90后"球员

蒲垚磊

世界第一的宝座上,终于迎来了"巨头"以外的身影。

2月25日凌晨,随着德约科维奇无缘迪拜站四强,下周他将把自己的世界第一宝座拱手让给俄罗斯名将梅德维德夫,这也将是后者生涯首次登顶世界第一。

从2004年以来,"四巨头"对世界第一进行了长达18年的垄断统治,如今梅德维德夫的上位,成为了新时代的里程碑。

在美网击败德约,让梅德维德夫成为了迄今唯一一位通过决赛战胜"三巨头"而夺得大满贯的新一代球员

新王登顶,打破"巨头"垄断

从"四巨头"时代到"三巨头"时代,男子网坛早已习惯了被巨头所统治。

而梅德维德夫,成为了打破这一长久垄断的第一人。

在大满贯的赛场,梅德维德夫早早开始了对"巨头"的直接挑战。2019年美网他一路杀入决赛,最终和纳达尔在决赛中联手贡献了一场精彩的五盘大战,遗憾未能夺冠。

随后在2021年澳网,他又一次和"巨头"在决赛中对话,这一次是三盘不敌德约科维奇,目送对手加冕澳网九冠王。

但胜利终于在2021年的美网到来,在决赛中和梅德维德夫狭路相逢的,又是塞尔维亚天王德约科维奇。这一次梅德维德夫成功掌控了比赛,直落三盘拿下胜利,捧起了自己的首座大满贯奖杯,这也是"95后"球员的大满贯首冠。

值得一提的是,正是那次击败德约,让梅德维德夫成为了迄今唯一一位通过决赛战胜"三巨头"而夺得大满贯的新一代球员。

如今，梅德维德夫又是直接将世界排名第一的德约拉下马，成为了登基的男子网坛新王，这样的成就，含金量无可置疑。

作为首位登顶世界第一的"90后"球员，梅德维德夫成为年轻一代的领头羊

时代变换，"巨头"仍有实力

在今年的澳网，梅德维德夫差一点又在大满贯决赛中掀翻"巨头"。在和西班牙名将纳达尔的较量中，梅德维德夫先下两盘，但最终还是被五盘逆转，贡献了一场经典战役。

在最为顶尖水平的较量中，梅德维德夫已经一次次证明了自己的实力，今年26岁的他也已经逐渐走入自己职业生涯的巅峰期。

然而男子网坛距离一个"梅德维德夫时代"，无疑还是有着相当的距离。

虽然暂时让出了世界第一的宝座，但依旧保持着出色竞技状态的德约科维奇随时可能卷土重来。目前，塞尔维亚人保持着总共361周排名世界第一的历史纪录，他也有能力在生涯末期将纪录继续扩大。

作为首位登顶世界第一的"90后"球员，梅德维德夫除了要迎接兹维列夫等一众同代好手的冲击，同样也将不断面对老一代巨头们的考验。不过至少在北美硬地赛季前，梅德维德夫排名被反超的压力还不会太大——由于拒绝接种疫苗，德约科维奇有可能无法参加法网甚至是温网的比赛。

在上周末谈到球王位置的变化之时，德约科维奇曾正面回应称，自己不会太过于执着："梅德维德夫有资格成为世界第一，这是最终总会发生的事情，如果他这周登顶，我会第一个对他送上祝贺。"

而梅德维德夫则说自己如果能够登顶，"这对我将有很重要的意义"。如今他已经将这一目标实现，但想要开创一个属于自己的时代，他前方的挑战还有很多。

（澎湃新闻手机客户端2022年2月25日）

【简析】

这是澎湃新闻客户端发布的一篇关于梅德维德夫成为首位登顶世界第一的"90后"球员的新闻。

文章标题很灵动，其中"打破""首位""第一"，都在充分彰显新闻的重要价值，也体现出体育明星梅德维德夫登顶世界第一的重大意义。新媒体时代，一个好的标题，有利于稿件快速得以传播，手机客户端新闻更是如此，标题出亮点十分必要。

文章围绕首位登顶世界第一的"90后"球员——梅德维德夫展开报道，主要对新老一代球王位置变化进行解释说明，主题鲜明。全文简洁扼要，没有过多的语言累赘，符合手机客户端新闻的叙事要求。

手机新闻客户端因阅读体验流畅，新闻推送便捷快速，交互效果显著而受用户喜爱，因此，通过手机客户端浏览新闻，已经成为现代人获取新闻讯息主要方式之一。手机客户端新闻作品要想在众多的推送信息里脱颖而出，必须既注重内容输出，又要重视形式创新，要在叙事、设计风格、创意等多方面下功夫，全面立体地向读者呈现最佳主旨。

随着智能手机的迅速普及和移动互联网的快速发展，手机新闻客户端以其流畅的阅读体验、实时的新闻推送和方便的新闻互动成为移动互联网时代最吸引大众眼球的新闻媒体。一篇好的手机客户端新闻作品，就需要从标题、选题、风格、主题等多个方面入手，全面而深刻地展现文章的主旨内涵。

第九节 H5新闻作品的赏析

H5（HyperText Markup Language 5）即互联网超文本标记语言的新一代标准。自1994年万维网联盟成立，发布了200多项影响深远的Web技术标准与实施指南，其中就包括超文本标记语言HTML。2014年10月28日，万维网联盟发布HTML5的最终版。与此同时，移动客户端成为媒体战的新阵地。而更加适应移动端展现的HTML 5（H5）语言，其诞生和推广为媒体提供了前所未有的新闻展现方式。

H5新闻有以下特点。

1. 前所未有的视觉体验

新媒体技术不断发展的今天，受众可以通过手机随时随地获得和发布新闻信息。但与传统PC终端相比，手机终端尺寸较小，不方便受众阅读。为解决这一难题，各大新闻发布平台纷纷开始尝试H5新闻的制作。这种新的网页设计模式不仅能够很好地适应手机用户的需求，有效解决了手机阅读屏幕小的难题，而且形式新颖，音声画文合一，给受众带来前所未有的炫酷体验。基于H5，新闻不仅提供信息资讯，而且提供解读，提供互动体验，甚至提供游戏娱乐，读者在阅读新闻时有身临其境之感。

2. 降低用户成本，改善Web文档结构

运用H5技术编写的新闻页面更小，减少了用户不必要的支出。而且，性能更好，耗电量更低。H5的标签更适合由浏览器提供最适合设备或平台的展现，更便于搜索引擎理解文档。

3. 主要通过微信等社交平台传播

微信的转发分享功能使H5新闻的点击阅读量呈几何级数增长。因此，这种新型的以社交媒体为传播平台的新闻作品，其影响力不容小觑。

在技术不断进步、阅读日新月异的今天，H5作为一种新的新闻阅读模式进入人们的视野，进而被接受。相对于传统新闻阅读方式，H5新闻拥有自身得天独厚的优势。

但是目前 H5 技术发展还不完善,这也是我们不得不面对的问题。在新闻制作过程中,不管新闻的外观模式再怎么更新换代,炫酷至极,新闻的内容依然是至关重要的。

作品赏析示例

H5《铁血铸军魂》

杨继红　唐怡　郑弘　杜丹　王家乐　梁震　曹艳云　关美璐

作品链接：　　http://www.html5case.com.cn/case/cctv/5/

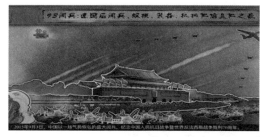
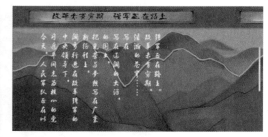

（第 28 届中国新闻奖二等奖，央视新闻移动网 2017 年 8 月 1 日）

【简析】

这是一篇在中国人民解放军建军 90 周年之际，由央视新闻移动网精心策划创作，于 2017 年 8 月 1 日发布的 H5 作品。产品包含《铸魂》《砺剑》《红色记忆》三大板块，与阅兵系列直播《沙场点兵》一起，形成了一组独家创意的 H5 产品。

在界面设计上，作品采取超链接技术，使用户在浏览时可自主切换板块，实现交互浏览。

《铸魂》页面采用屏幕横向滑动，打造出长轴画卷的视觉感官体验。页面当中设计多个触发点按钮，点击进去，就可看到具体记录人民军队 90 载光荣历程和强军兴军伟大梦想的内容。

《砺剑》采取"一镜到底"的技术，呈现出全景式无缝对接画面，给用户带来穿透式的场景融入感。用户可以跨越 90 年历史，"一镜"了解人民军队武器装备演进史。

《红色记忆》板块则更强调用户交互体验，通过视频与答题相结合的形式，加深读者对历史事件的印象。

作品以"土黄"为主色调，这与军衣色调接近，契合主题。页面每一帧关于历史事件的配图，均与文字内容搭配得宜，能给读者留下深刻的印象。

作品赏析示例

"军装照"H5

丁伟　余荣华　倪光辉　赵明琪　喻晓雪

作品链接：

https://www.html5case.com.cn/case/people-cn/81/index2.html

（第28届中国新闻奖一等奖，人民日报客户端2017年7月29日）

【简析】

　　这是人民日报客户端为纪念建军90周年,通过人脸识别、融合成像等技术制作的H5产品。"军装照"产品于2017年7月29日晚发布,能帮助用户生成自己的虚拟"军装照",感受自己穿上军装的样子,产品推出以后,深受广大网民好评。

　　该产品最大的亮色,在于为网民提供了一个情感诉求平台。广大网民可以借助建军节契机,通过交互技术,换上虚拟"军装照",一面美美地分享、晒照,一面表达对党和国家、人民军队的拥护和热爱之情。用"军装"这一具有特殊符号意义的着装与网民产生互动,既能拉近网民与我国军人之间的距离,又能让网民感受到穿上军装的光荣自豪感。

　　产品在技术制作上,很是严谨细致,既保证了页面素材和"军装照"模版的正确性,又满足了用户对艺术照美的追求,实现了技术与创意的最佳结合。在使用上,页面交互流程简易方便,只需要上传一张用户"正面头像"照片,选择性别后即刻生成用户照片,立刻就可在微信朋友圈传播,还可以留存。因此,通过微信裂变式传播,该产品受到大量用户关注,2017年8月1日建军节当天,人民日报客户端的浏览次数达到3.94亿。产品最终在微信圈中激起一波爱国热潮,起到了正向积极的作用。

　　应当说,这是一次把爱国主义植入现象级媒体产品的创新力作,也是H5报道的经典案例。

思考与练习

1. 与传统媒体的新闻作品相比,新媒体新闻作品应该呈现什么样的风格?
2. 最近有哪些新媒体新闻作品令你印象深刻?请赏析其中的优秀作品。

第六章 新闻摄影与新闻漫画作品赏析

第一节 新闻摄影作品概述

人类阅读已经进入图文并茂的时代,摄影图像已成为现代文明的新语言、新符号。学会鉴赏摄影,是时代发展的需要。学习新闻摄影作品的赏析,是为了在进一步理解新闻基本理论的基础上,结合具体新闻作品加以验证,考察作品的成败得失,从而感悟新闻摄影的基本方法,在学习中掌握新闻摄影的精髓和技巧。

当今人们所说的新闻摄影一般包括广义的新闻摄影和狭义的新闻摄影两个方面的含义。

从广义上来说,新闻摄影是指一切用摄影手段报道新闻的活动,主要是用照相机拍摄图片、用摄像机拍摄新闻电视片、用摄像机拍摄新闻电影片三大类。狭义的新闻摄影则是专指以照相机为工具,以摄影图片为手段,以报纸、杂志和网络为载体的新闻摄影报道活动。1999年,中国新闻摄影协会在组织编写《新闻摄影学概论》一书时,也曾给新闻摄影下了一个定义:新闻摄影,是对正在发生的新闻事实进行瞬间形象摄取并辅以文字说明予以报道的传播形式。

在本章中我们要讨论的"新闻摄影"均是狭义上的,即指图片与文字相结合,以摄影图片为主、文字说明为辅的传播新闻信息的摄影报道。

一、新闻摄影作品的特点

新闻摄影主要有三大特点,即新闻性、真实性、形象性。新闻性是新闻摄影的本质,真实性是新闻摄影的生命,形象性是新闻摄影的外貌。

1. 新闻性

新闻摄影是新闻、宣传工作中一个不可或缺的手段,是新闻报道的一种形式。那么何为新闻摄影的新闻性呢?所谓新闻摄影的新闻性,是指新闻摄影必须有新闻价值。这就要求新闻摄影记者必须按照新闻价值规律来选择题材。

事实上,很多新闻摄影是从重大题材这个方面来选取报道对象的。例如第31届中国新闻奖一等奖新闻摄影作品《习近平在陕西省平利县考察脱贫攻坚情况》和二等奖作品《空地联运　军队又一批1200名医护人员抵达武汉》，这些作品都是重大题材。重大题材是党和政府关注的、人民关心的重大事件与社会焦点，其主题深远、影响重大，同时群众关注度高，关注时间长，并且乐于参与讨论，这也说明重大题材具备很高的新闻价值，所以报道重大事件的照片的新闻价值也相应更大。

同时，新闻摄影图片所表现的重点应是新闻信息量。新闻摄影图片的文字说明用于交代图片本身无法交代的新闻要素，增加图片传递的信息量，增强图片传递信息的效果。

第31届中国新闻奖新闻摄影类二等奖作品《一起看夕阳》（见图6-1），拍摄于武汉大学人民医院东院，作品传递的信息是身穿防护服和躺在病床上的人一起望向远方夕阳处，这两人分别是上海复旦大学附属中山医院援鄂医疗队队员刘凯医生和87岁的新冠患者。两人在去做CT的途中停下来，已经住院近一个月的老先生得以欣赏久违的日落。作品成为具有历史意义的标志性影像，让人们在疫情期间感受久违的人间温情。

图6-1　一起看夕阳（甘俊超摄）

该作品被《致敬英雄》在2020年9月8日影像专版刊发后，湖北日报客户端同步刊发，作品链接：http://www.zgjx.cn/2021-10/29/c_1110277556_2.htm
在社会上引起广泛共鸣。刊发当日，湖北日报客户端点击量接近11万，网易、搜狐、长江云、中工网、云南网等多家主流媒体进行转发。作品还受到湖北省委宣传部点名表扬，并在《人民至上　生命至上》抗疫展中展出。

2. 真实性

2010年8月18日，备受关注的中国新闻摄影奖最高荣誉"金镜头"奖一经颁出，获奖作品《挟尸要价》立即遭到多方指责其为假照片。一时间，学者、媒体、网民及事件相关人员就照片标题、文字说明、画面细节、照片是否反映了事件的总体真实等问题展开了激烈的争辩。23日，"金镜头"组委会宣布《挟尸要价》是真实的。此后，新闻照片摄影照片真假成为公众讨论的话题。

真实性，是新闻的生命，也是新闻摄影的生命。新闻摄影的真实性原则内涵要求所揭示的是真实的主题，而不是虚构、主观臆造的和脱离实际的，这就要求拍摄的对象必须真实。新闻摄影的真实性主要有两个层面：一是事实真实，二是总体真实。

事实真实，就是要求新闻摄影必须坚持时间、空间和对象三位一体的真实原则，拍摄记录的是存在于同一时空中的新闻对象。但是，随着数字影像技术和数字化图像处理软件的普及，一些传播者为了取得好的效果，私自篡改新闻图片，使原本真实的图片具备了不真实的部分。摆布或捏造现场，任意还原已逝的新闻，用鱼眼镜头等特技镜头夸张变形所摄物体，利用Photoshop技术复制粘贴以造成人山人海的视觉效果，是一些传播者惯用的手段。

总体真实,就是要求新闻摄影记者不能仅仅满足于捕捉记录呈现在眼前的典型瞬间,新闻照片反映的事实,应该符合事物的全貌和本质,要求新闻摄影从业人员以事实为基础和依据来报道新闻,避免出现"只见树木,不见森林"的现象。把真实作为新闻的生命,努力到一线、到现场采访核实,坚持深入调查研究,报道做到真实、准确、全面、客观,是 2019 年最新修订的《中国新闻工作者职业道德准则》对新闻真实提出的具体要求。

2022 年 2 月,俄罗斯对乌克兰开展军事行动期间,2 月 27 日,英国广播公司(BBC)使用了一张被轰炸的居民楼图片(见图 6-2),作为直播封面,并用标题描述"俄罗斯炮击哈尔科夫居民楼",俄罗斯记者迅速在社交媒体上纠正,这是"乌克兰炮击顿涅茨克民坊"的图片,并在配文里宣称"以前从来没有过"。巧合的是,央视频驻顿涅茨克报道员拍摄的画面中,正好也拍到了这栋处于顿涅茨克的楼房,显然,这张新闻照片地理位置与实际不符,且被 BBC 错误地"安在"俄罗斯士兵身上。

图 6-2 央视频驻顿涅茨克拍摄视频截图
作品链接:https://yspapp.cn/xjF

BBC 虽然是世界上最大的新闻媒体,但是 BBC 出现造假新闻已屡见不鲜。在这次俄乌军事冲突中,部分西方媒体为了混淆视听,误导舆论,新闻报道中出现非军事冲突中的画面与虚假新闻,这则消息造谣俄罗斯炮击哈尔科夫居民楼,企图将俄罗斯引入舆论中心,但很快被证明是造假新闻。

2019 年 8 月 24 日,人民日报官方微博刊发一张照片,引发网友高度关注与热议。照片中,数十名记者将镜头对准正执行任务的香港警察,使得现场十分拥挤。微博配文:香港街头,只有他的"镜头"对准暴徒(见图 6-3)。

2019 年 6 月开始,香港陷入"修例风波",社会上不断出现暴力冲突,激进分子袭击警察事件也屡有发生。为此,国务院港澳办、香港中联办、香港特区政府与社会各界,坚持努力维护香港社会治安,普通香港市民也愈来愈坚定"香港不能再乱下去"的信念。然而,本该积极配合社会治安工作的媒体,本该向市民及时传递暴徒信息的媒体记者,不将镜头对准暴徒,却将镜头转向暴力冲突现场正在执行任务的香港警察,这些媒体与记者站在了正义的对立面,无端指责警方,不仅丧失了新闻职业道德,也违背了新闻报道全面、客观、真实的原则。

图 6-3 《人民日报》2019 年 8 月 24 日微博照片
作品链接:https://weibo.com/2803301701/I3L54gTXG

耳听为虚,眼见为实,摄影作品表现的都应该是一个真实存在的事物、空间和现场,是"真人、真事、真场景"的再现和还原。新闻摄影作品要想有长久不衰的生命力,就必须真实客观地记录和传播事实,要以事实为依据、忠实基本事实。

3. 形象性

新闻摄影的形象性就是能把事物的轮廓形式和外貌特征具体地再现出来,给人以直观的感觉。新闻摄影以形象为传播工具,通过摄影技术将新闻事实的可视外部影像转化为照片形象加以传播,它是以表现客观事物的某一瞬间形象为特征的,这是新闻摄影区别于其他新闻手段的一种基本的、也是最突出的特征。新闻摄影的特殊性就在于它要求所报道的事件既有新闻价值,又有形象价值,而且新闻摄影的新闻价值是通过形象价值来实现的。

新闻摄影的形象性可以概括为两点:一是它的纪实性,二是它的瞬间性。纪实性是摄影技术被引入新闻新闻传播领域的基础。新闻摄影就是利用了摄影技术能逼真记录事物外形的能力,对具有报道价值的事实进行客观忠实的反映。瞬间性则是新闻摄影形象的基本特征,是研究新闻摄影规律的最主要内容。

瞬间,指的是事物运动过程当中极其短促的瞬时状态。新闻摄影的瞬间性形象,是指新闻照片的画面形象记录的只是新闻事实发生发展过程中的一刹那情景。它不能反映事物的连续过程,不能完整地传达新闻事实的全貌及背景,而只通过瞬间状态的记录来揭示新闻事实的某个状态及意义,并以此来传播新闻信息。

因此,新闻摄影形象性创作的实质是从生活实际中挖掘和发现最有意义的新闻,并把这个新闻形象化,使形象在造型上具体、真实、生动而感人。

二、新闻摄影作品的分类

新闻摄影作品根据分类标准的不同而有所不同。从大的方面，根据新闻事物发生、发展的性质，可以分为事件性新闻和非事件性新闻。事件性新闻又可以分为突发性事件和非突发性事件两类。目前国内外新闻摄影比赛题材分类主要有以下几种。

1. 中国新闻奖新闻摄影作品题材分类

突发新闻——展现突然发生的新闻事件的照片；

非突发新闻——经过思考和准备，采访到的新闻照片；

新闻人物——以正在新闻现场活动的新闻人物为主体形象的新闻照片；

经济及科技新闻——有关经济、科技领域发展变化的新闻照片；

文化及艺术新闻——展现文化艺术领域发展变化的新闻图片；

日常生活新闻——反映日常生活发展变化的新闻照片；

体育新闻——与体育活动有关的新闻照片；

自然及环保新闻——以人与自然生态的关系为主题的照片；

传媒创意摄影——包含摄影元素，为信息传达而采用各种手法将概念视觉化的图片，允许对各种视觉元素进行处理和再创作的照片。

2. 中国国际新闻摄影比赛（"华赛"）题材分类

中国国际新闻摄影比赛（"华赛"）的题材分为日常生活类新闻，战争、灾难类新闻，非战争灾难类重大新闻，经济及科技类新闻，自然及环保类新闻，文化及艺术类新闻，体育类新闻，新闻人物。

3. 世界新闻摄影比赛（"荷赛"）题材分类

世界新闻摄影比赛（"荷赛"）的题材分为一般新闻类、当代热点类、人物类、自然类、日常生活类、体育类、长期项目类、突发新闻类。

4. 普利策新闻摄影奖题材分类

普利策新闻摄影奖题材分为现场类和特写类。

三、新闻摄影作品的评价标准

读图时代的到来，使得大众媒体对新闻摄影作品的使用日益增多，对其选择评判的标准也随时代的发展不断发生着变化。近年来出现的"一个前提，三个方面"的新闻摄影作品的评价标准值得研究。"一个前提"，指画面内容在本质上必须绝对真实。"三个方面"分别是题材方面的评价、反映难度方面的评价和反映程度方面的评价。

（一）题材方面的评价

关于新闻摄影的作品题材方面的评价，主要看作品题材是否为评价范围内的重大题材，是否具有较大的社会影响力。而所谓评价范围，是指与评价规格相对应的级别范围。比如，如果是国家级评价，该作品的题材就应该在该国范围属于重大题材或具有较大社会影响力;如果是媒体的评价,那么该作品题材就应该符合媒体的编辑方针和专业特点,对媒体的目标受众具有较大的影响力。

在评价范围内,新闻摄影作品的题材越重大,其影响力也就越大,评价就越高。

若作品评价是世界范围的,对于新闻摄影作品的题材评价,将因主持评价的机构所属(或所处)国家、地域的不同,而有所不同;此外,还将随着时间的变化而有所变化。

尽管如此,更多的重大题材,评委们还是很容易找到共识的。例如,第12届华赛获奖作品《珠峰雪崩》(见图6-4),获得灾难与疾病类组照金奖。这幅作品描述2015年4月26日,志愿者们帮助运送医疗帐篷里的伤员到珠穆朗玛峰基地屋脊处。第二天,突发雪崩,岩石、雪和残物突然滚下,当场造成至少22人死亡。这场雪崩由7.8级强震导致,当地超过8000人因此丧生。这幅作品真实地再现了恶劣天气下,5364米高度珠峰大本营的登山者们正冒着生命危险在前进,展示出攀登者巨大的勇气和魄力,也描绘出攀登者对梦想的坚持。这样重大的照片题材,很容易打动评委。

图6-4 珠峰雪崩(罗伯特·斯科米德摄)

作品链接:https://www.chinanews.com.cn/tp/hd2011/2016/03-25/622256.shtml

(二)反映难度方面的评价

在新闻摄影作品的诸项评价标准中,反映难度方面的评价,甚至可能超越其他所有评价而位列第一。这是因为越是难以拍到的画面,就越能吸引受众,获得好评。那些战争中的死亡场面,那些刺杀总统或自杀的场面,那些飞机爆炸或轮船沉没以及自然灾难突然降临的各种瞬间画面,无不是极难拍到的。这些极难拍到的新闻摄影作品尽管多数画面不够清晰,构图或用光等技艺不太完美,甚至题材也不够重大(例如一些反映自杀场面的新闻摄影作品),却几乎瓜分了世界性新闻摄影比赛的各项大奖。例如,2013年第9届"华赛"奖战争与灾难新闻类金奖,Bernat Armangue拍摄的反映战争的摄影作品《在加沙告别》;2018年"荷赛"新闻类单幅一等奖作品、法新社摄影师Ronaldo Schemidt拍摄的《委内瑞拉危机》,记录了28岁的José Víctor Salazar Balza在反对委内瑞拉总统马杜罗抗议活动中被火烧伤的瞬间;2018年"荷赛"获奖作品《垃圾箱的"淘食者"》，由 Corey Arnold 拍摄，记录在美国阿拉斯加州荷兰港，一只秃鹫在超市的垃圾箱吃肉碎的瞬间。这些照片均需历经危险才能拍摄成功，有着相当的难度和挑战性。由此可见，拍摄难度是衡量新闻摄影作品最重要的标准之一。

需要明确的是，拍摄难度不仅指摄影作品拍摄的艰难程度，还指难以获得拍摄机会，以及虽获得拍摄机会却难以拍好的程度。拍摄难度越大，新闻价值越高；越是难以获得的拍摄机会拍摄的作品，越具有被阅读的价值。

（三）反映程度方面的评价

关于新闻摄影作品反映程度方面的评价，主要有以下五个方面。

1. 反映的完整性评价

反映的完整性评价，首先要求作品相对完整地拍到被摄主体。这里的拍到，要求被摄主体相对完整，比较清晰地在画面里得到再现。此外，反映的完整性还要求摄影作品在结合标题或者文字说明后，能基本反映出记录目标的"5 个 W"（when、where、who、what、why）。

《中国摄影》资深编辑说："摄影画面要有信息量。"这是对"反映的完整性"的另一种表述。所谓信息量，一般可以理解为通过画面里的图像，使受众对画面所反映的新闻对象有更多了解。

2. 反映的感人程度评价

形象感人，或者形象具有感染性，是新闻摄影作品反映程度获得肯定的一项重要标准。形象越感人，或者说形象越具有感染性，对新闻摄影作品的评价就越高。

法国摄影家富兰克·福尼尔拍摄的《奥玛伊拉的痛苦》，反映的是一位被死神召唤的、浸泡于火山废墟液体里的女孩。这幅作品令人难以忘怀的，是画面中女孩那双能刺入读者灵魂深处的大眼睛，这双夹杂着哀求、呼救、绝望的大眼睛使受众震撼。

3. 反映的美观性评价

反映的美观性评价是对新闻摄影作品美感方面的评价。虽然新闻摄影作品有时候可以忽略美感的重要性，但是，把画面拍得美观一点，在构图、用光、对比设计、幽默感等方面，尽可能有所追求，同样是使新闻摄影作品获得肯定的一项标准。

吴印咸先生拍摄的《白求恩大夫》则是典型的案例。《白求恩大夫》是一幅用光、构图都十分讲究的作品。同时，这幅作品对被摄主体和陪体的动作抓得也恰到好处，环境交代简洁、明了，反差和影调十分到位。

4. 反映的技巧性评价

反映的技巧性评价，虽然不是特别重要，有时候却是不可忽视的。特别是在一些镜头密集、竞争非常激烈的重大题材现场，如何显示出拍摄对象的与众不同，技巧的发挥，就显得十分重要。

例如，在大型运动会上拍摄各种运动场面，要表现出运动员的精彩瞬间，除了要瞬间抓拍，还要有诸如追随、爆炸、慢门等不同技巧的合理应用。当技巧用得恰到好处时，反映运动的新闻摄影作品在动感方面就会比较完美、动人。

5. 反映的及时性评价

及时性评价要求摄影作品应在受众有普遍兴趣接受的时间范围内发表。在绝大多数情况下,新闻摄影作品的发表,都是越快越好,越快越有价值。但是,在一些特殊情况下,发表的时机选择有意识地滞后,也会为新闻摄影作品赢得更高的评价。

著名摄影家李振盛在"十年一瞬间"摄影大赛中获得大奖的组照作品,就是一个例子。这组照片拍摄于"文革"期间,但却在"文革"的十年以后发表。那时,人们对"文革"的反思日益成熟,上层建筑各个领域正进一步清算"文革"带来的灾害。这个时候发表确实是最佳时机。

四、新闻摄影作品的赏析要点

1. 客观真实

照相机具有很好地再现客观现实的功能,能通过化学变化或者光电转化十分逼真地再现客观事物。然而照相机并不是单纯的记录工具,从摄影者通过取景器观察、开始构图的那一刻起,照片就有了主观色彩。即使是无意识或随意地按下快门,照片也会在某种程度上带有某种感情和倾向性,因为画面语言有着自己独特的语法。

同时,摄影的创作过程是一个取舍过程,因为它不能完整地再现或记录现实。所谓的"取舍"已经在摄影者的意识所控制的范围之内了。因此,我们在赏析一幅新闻摄影作品时,首先要判断其是否客观真实地呈现了现实。

2. 决定性瞬间

摄影家布列松曾提出"决定性瞬间"理论,他认为"天下事莫不有决定性瞬间",即每一个情景都有最适合自身形式的一刻,也有最适合自身内容的一刻,把这两个时刻尽量拉近,使它们几乎变成一个时刻,然后用照相机的快门把它固定下来,这就是所谓的决定性瞬间。也就是说,一幅优秀的摄影作品,要能够抓取最能够体现事物本质特征的瞬间。

新闻记者对新闻事件的采访报道过程中,要对眼前的事件有一定的判断能力,对事件的发展有大致的预计,提前做好抓取拍摄的准备。同样,我们在欣赏新闻摄影图片时,要注意看此图是否抓住了决定性瞬间。

3. 有意蕴

所谓有意蕴就是指画面"言"有尽而意无穷,让读者从有限的视觉元素和形象中体味到更为深远的思想内容和境界。

描绘抽象概念是画面语言的优势,在新闻报道中,新闻摄影作品更可以传达某种可意会而不可言说的含义。如曾获 1962 年普利策新闻摄影奖的《美国总统的诞生》,表现当时新上任的美国总统肯尼迪面临国内外的困难形势,去向已卸任的总统艾森豪威尔寻求帮助,开完记者招待会后,两个人步履沉重并肩走在小路上。从两个人的背影的姿态轮廓可以看到两个人心情沉重,正在考虑重大的决策问题。肯尼迪同艾森豪威尔会谈之后,制定了当时一系列美国的对内、对外政策,影响到 20 世纪 60 年代世界格局的变化。

4. 有震撼力

有震撼力是指新闻摄影作品所反映的内容足以从视觉上冲击人的灵魂,让人们因之而对某个事件或者某种事物产生强烈的情感,例如,对战争的控诉,对贫困的关注乃至对人自身灵魂的反思。

埃迪·亚当斯的《街头死刑》拍摄于 1968 年,越南警察局上尉阮隆开枪击毙一名嫌疑犯,这幅照片摄下了上尉警官手枪中的子弹打入犯人头部的那一瞬间。这张新闻照片比其他新闻照片有着严肃得多的思想性,它涉及对于法律思想的严肃反思:警官有无权利在未确认(未审判)的情况下击毙嫌疑犯?

第二节 单幅类新闻摄影作品的赏析

单幅类新闻摄影是指选取事物的某一个典型的、具有代表性的,且能传达事物的内涵和意义的角度,进行拍摄、报道的摄影。

作品赏析示例

图 6-5 森林火灾(Nuno Andre Ferreira 摄)
作品链接:https://mp.weixin.qq.com/s/TX2OCUeaXGGfS18YWKj4sA

【简析】

"荷赛"是国际专业新闻摄影比赛中最具权威性的赛事。《森林火灾》(见图 6-5)是第 64 届荷赛奖的入围作品,作品展现的是 2020 年 9 月 7 日,在葡萄牙奥利维拉德弗拉德斯,远方的山上正燃烧着熊熊大火,而近处的汽车内一个幼小的孩童对此一无所知。

远处的山火照亮了天空,而近处车内年幼的孩子对此一无所知,也察觉不到危险。照片巧妙地使用了对比的方式,远处的森林被山火破坏了,近处焦点集中在车内这个新生命的身上,远方是毁灭,近处是新生。作品将这两者融于一个场景当中,引发的是对当下环境破坏与未来人类如何生存的思考。

作品赏析示例

图 6-6　悬崖栈道工人(郭立亮摄)

作品链接:https://www.chinanews.com.cn/tp/hd2011/2016/03-25/622238.shtml

【简析】

《悬崖栈道工人》(见图 6-6)作品获得了第 12 届"华赛"经济类单幅银奖。画面拍摄于 2015 年 4 月 10 日,在中国湖南平江,一名没有做任何防护措施的工人,扛着施工材料在位于悬崖绝壁上的栈道上行走。栈道上空荡荡的,没有护栏,工人脚下只见远处的山川与河流,作品呈现了这群工人令人惊险的工作环境。

在中国旅游风景区,就是这样一群工人,冒着生命危险在悬崖绝壁上修建栈道,便于游客们观光旅游。它呈现了目前中国旅游经济的一种普遍现状:为了开发旅游项目,提高经济收入,在悬崖峭壁上建造一些人为景观和游道供游客游览。作品发人深省。

第三节　专题类新闻摄影作品的赏析

专题类新闻摄影是通过拍摄事物的各个侧面,以多幅、成组的照片来集中表现同一个主题,以便全面深入地反映事物的发展过程、揭示事件的思想内涵和社会意义,并能够深入地刻画人物的精神面貌,是报纸、杂志常常采用的一种新闻报道形式。

作品赏析示例

贵州山区"带货慢火车"重新繁忙

瞿宏伦

作品链接：

http://www.zgjx.cn/2021-10/28/c_1310259054_2.htm

往返于贵州省遵义市与重庆市的 5630/5629 次普速列车,全程 312 公里,行驶 10 多个小时,是人们常说的"绿皮火车"。列车穿行于山区,最高票价 23.5 元,区间内最低票价 2 元。沿线 25 个站连通很多村寨,目前仍是沿线民众赶集买卖、走亲探友、上学的重要交通工具。随着国内疫情防控形势持续向好,列车逐渐恢复了往日的繁忙(见图 6-7 至图 6-14)。

图 6-7　遵义市的农户背着蔬菜在月台排队上车,准备去贵州桐梓县销售

图 6-8　民众乘坐开往重庆的 5630 次列车道贵州桐梓县售卖蔬菜

图 6-9　乘客在贵州省遵义市开完重庆市的 5630 次列车上向外张望

图 6-10　在开往重庆的 5630 次列车上，乘客展示客票

图 6-11　在开往重庆的 5630 次列车上，菜农在整理蔬菜

图 6-12　在开往重庆的 5630 次列车上，农户在列车上打电话询问蔬菜售卖情况

图 6-13　贵州桐梓火车站，列车员帮助到站菜农下车

图 6-14　贵州桐梓火车站，民众排队等待查验"贵州健康码"出站

（中国新闻社 2021 年 4 月 16 日）

【简析】

该组照片获得了第31届中国新闻奖新闻摄影组的三等奖,整组照片记录了菜农上下车以及在列车上进行交易的全过程及场景。

该作品以新冠疫情为时代背景,反映突如其来的疫情不仅阻碍了人们的出行,对经济也造成了巨大影响,往返于贵州省遵义市与重庆市的5630/5629次普速列车,是承载着无数菜农生计的一辆火车。在疫情得到有效控制之后,这趟列车终于恢复了以往的繁忙。

摄影作品呈现贵州遵义开往重庆的"绿皮火车"上发生的点点滴滴故事,镜头记录的是"带货慢火车"的缩影以及菜农忙碌的身影;阐释的深层含义,是疫情防控形势持续向好的情况下,遵义百姓美好生活重启的希望。

作品对"带货慢火车"以及菜农的观察非常细腻,镜头捕捉能力强。背菜上车,菜农在车上整理蔬菜,询问蔬菜的售卖情况,列车员帮助到站菜农下车的瞬间,一举一动中,让人感受到了扑面而来的生活气息和新的希望。这更加强调在国家对疫情及时有效的管控下,我国全面扶贫工作正有序进行,重新燃起了人们对美好生活的渴望。

作品赏析示例

庆祝中华人民共和国成立70周年大会在京隆重举行

谢环驰 岳月伟 任珑 万象 李尕 刘彬 肖艺九 殷博古

作品链接:

http://www.zgjx.cn/2020-10/14/c_139436332_3.htm

图6-15 中共中央总书记 国家主席、中央军委主席习近平发表重要讲话并检阅受阅部队

图 6-16　庆祝中华人民共和国成立 70 周年大会在北京天安门广场隆重举行

图 6-17　行进中的仪仗方队

图 6-18　礼炮鸣响

图 6-19 "致敬"方阵

图 6-20 东风-41 核导弹方队接受检阅

图 6-21 空中护旗梯队

图 6-22 气球腾空而起

(新华社 2019 年 10 月 1 日)

【简析】

本组照片(见图 6-15 至图 6-22)获得了第 30 届中国新闻奖新闻摄影类一等奖。作品记录了中华人民共和国成立 70 周年大会升旗仪式、礼炮鸣响、空中护旗梯队行进等精彩瞬间,全景式展示国庆盛典的宏大场景与无限魅力,起到了鼓舞士气、威慑敌人、扬我国威的传播效果。

这组照片题材重大,"庆祝中华人民共和国成立 70 周年大会"乃国之大典,举世瞩目。在这组照片中,人物刻画鲜明,有身姿伟岸的人民领袖、激情澎湃的观礼群众、威武阔步的受阅方队、动情拭泪的革命老兵;内容层次丰富,有礼炮齐鸣、导弹行进、红旗招展、气球腾空等写照;镜头运用熟练,有特写、中景、全景、航拍。整组照片点面俱到,在摄影技术与艺术之间,书写了中国共产党带领中国人民创造发展奇迹的恢宏史诗,描绘了全体中华儿女共筑中国梦的壮丽画卷,宣示了"没有任何力量能够撼动我们伟大祖国的地位,没有任何力量能够阻挡中国人民和中华民族的前进步伐"的坚定信仰,起到了提振士气、鼓舞人心的导向效果。

第四节 新闻漫画作品的赏析

一、新闻漫画作品概述

1. 定义及其特点

所谓新闻漫画,即用漫画的手法来表现社会生活,兼具传播新闻信息与表达思想观点两大功能。它集新闻性、艺术性和评议性于一体。其中新闻性是根本,艺术性是手段,评议性是目的。好的新闻漫画应三者兼备,缺一不可。

新闻漫画的新闻性,主要是指构成新闻漫画的新闻事件,或者说素材。尽管它的时间概念的跨度较大,但是不容忽视。新近发生的事实和某一时期没解决的问题都具有新闻性。不可否认,时间越近,其新闻性也越强。

新闻漫画的艺术性,是指借助于形象,运用漫画艺术夸张、变形和含蓄等方法对新闻事实进行评议报道。在实际操作中,怎样来加强新闻漫画的艺术性呢?首先,寻求最佳表现形式,着力选择能反映事物本质特征的最佳表现形式。其次,要标新立异,进行形象刻画。在刻画漫画中人物时,要使其看上去有趣,给人以美的享受。

新闻漫画的评议性,是作者基于新闻事实,在作品中以简洁的艺术语言表达深刻的思想观点,对现实生活中发生的问题或讽刺或歌颂,达到引起读者共鸣的目的。新闻漫画在评议新近发生的事实时,常以当前人们普遍关心的热点问题为对象,宣扬新生的、先进的事物,鞭挞揶揄腐朽的、落后的、错误的思想行为,帮助人们认识真善美,分清假恶丑。

2. 新闻漫画的种类

漫画的种类有多种,新闻漫画作为漫画中的一个类型,也可以分为以下三种:评议性新闻漫画、报道性新闻漫画、插图性新闻漫画。

评议性新闻漫画,就是针对现实生活中新近发生的具有普遍意义的新闻事实,以及迫切需要解决的问题,以漫画的形式进行议论、讲道理和直接发表意见的新闻漫画。近年来,在新华社发的通稿中常见这种新闻漫画。这种漫画主要是为一些"视点""深度报道""新闻调查"等大块文章配发的,漫画本身就带有对新闻事件的评议性,配发这样的漫画,能让读者更直观、更形象、更迅速地读懂文章的道理、观点、主张等。

评议性新闻漫画可以针对一件新闻事实,或是针对一个事件、一种倾向、一个问题进行漫画评议。它评议的对象,必须是广大群众最关心、最感兴趣的热点话题。

报道性新闻漫画就是在报刊、电视、网络等媒体上,迅速报道和传播新近发生的具体事实的漫画。其中,"具体"是指报道性新闻漫画必须遵循新闻要素的要求。

很多报道性新闻漫画,从图中造型及文字、标题里可能看不出时间的表述。实际上,时间元素隐藏在报刊发表该报道性新闻漫画的日子里。有时,报道性新闻漫画在其漫画中无法全面表述新闻要素,则需要通过简洁的文字予以补充,或在新闻漫画标题中加以体现。从完整的意义上说,简洁的文字说明和标题同为一幅报道性新闻漫画不可缺少的组成部分,它们就是一个整体。

插图性新闻漫画是新闻宣传的延伸和补充,在具体的文字新闻报道或评论中起到辅助性的作用。

插图性新闻漫画同评议性新闻漫画、报道性新闻漫画的显著区别就是它依附于一篇具体文字新闻,而且大多没有独立的标题。在需要宣传而又必须隐去当事人具体形象时,采用插图性新闻漫画是一种很好的选择。

二、新闻漫画作品案例分析

作品赏析示例

重拳出击
李旻

作品链接：
http://www.zgjx.cn/2021-10/26/c_1310267280_2.htm

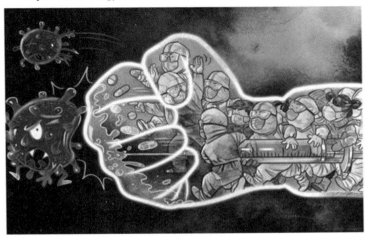

图 6-23 重拳出击

（第 31 届中国新闻奖一等奖，《中国日报》2020 年 1 月 31 日）

【简析】

这幅漫画作品（见图 6-23）刊载于《中国日报》2020 年 1 月 31 日，学习强国 App 在 2020 年 2 月 4 日"插画故事专栏"进行推介。作品获得第 31 届中国新闻奖新闻漫画类一等奖。

漫画中展示一个大大的拳头，拳头内部由全国医护人员合力形成，正向病毒出击，病毒害怕亡命而去。作品构图富有创意，趣味性很强，很好地体现了中国人民齐心协力抗疫的精神面貌。

2020 年以来，中国经历百年未遇的新型冠状病毒的侵害。在疫情面前，中国政府带领全国人民，万众一心抗击新冠，最终取得了决定性的胜利，为世界抗疫树立了成功的典范。《中国日报》及学习强国 App 通过这幅漫画作品，生动地再现了这一波澜壮阔的抗疫历程，形象地展现出中国民众众志成城、共克时艰、抗击疫情的决心和斗志。作品向我们传播了满满的正能量，起到了鼓舞人心的积极作用。

作品赏析示例

孔夫子"失业"

刘克军

作品链接：

http://www.zgjx.cn/2021-10/29/c_1310277529_2.htm

图 6-24 孔夫子"失业"

（第 31 届中国新闻奖二等奖，《沈阳日报》2020 年 12 月 31 日）

【简析】

《孔夫子"失业"》（见图 6-24）刊载于《沈阳日报》2020 年 12 月 31 日，是第 31 届中国新闻奖新闻漫画类二等奖作品。漫画用孔庙杏坛招生打比方，用生动的比较手法，展现出培训机构下岗的现状。

近年来，我国校外培训机构乱象成为全社会的关注焦点，在学校这一国民教育体系之外，培训机构正在构建另一个"教育体系"。学校、教师、家长、学生在很大程度上被校外培训机构绑架，大多数家长不能理性选择，产生焦虑情绪、跟风心理，带着孩子涌入培训机构加入"提分"锦标赛，这让不少孩子失去童年、失去自主、失去生成志向，背上超重负担。培训机构乱象不仅影响孩子的成长、家庭的长远幸福，甚至可能动摇国本，影响国家发展、民族前途。

该漫画作品切中时弊，刊发后，引发了强烈的社会反响。很多读者给沈阳日报社打来电话，对漫画所呈现的社会现象给予反馈，教育界人士也给报社投稿，对漫画反映的现象做出深刻剖析。在漫画发表的同时，《沈阳日报》还配发言论《让教育回归课堂》，这又大大加深了作品的影响力。2021年3月23日,国务院教育督导委员会办公室发布校外培训风险提示;之后,北京等地开始整顿校外培训,这再一次证明了该作品的社会价值。

作品构图简洁明快,主体突出,表现手法幽默活泼,给人以视觉上的审美享受。

思考与练习

1. 优秀的新闻摄影作品、优秀的新闻漫画,分别是怎样的?
2. 赏析中国新闻奖、世界新闻摄影大赛的最新获奖作品。

参考文献

[1] 程道才.中外新闻作品赏析[M].北京:中国广播电视出版社,1996.
[2] 程道才,汪苏华.中外电视新闻佳作赏析(修订版)[M].北京:中国广播电视出版社,2008.
[3] 刘保全,彭朝丞.消息范文评析[M].北京:新华出版社,2001.
[4] 刘保全.获奖评论赏析——兼谈评论的写作技巧[M].北京:人民日报出版社,2010.
[5] 刘保全.获奖通讯赏析——兼论通讯的写作技巧[M].北京:人民日报出版社,2013.
[6] 刘保全.中国新闻奖精品赏析[M].北京:新华出版社,2006.
[7] 刘保全.中国新闻奖精品赏析(二)[M].北京:新华出版社,2013.
[8] 刘保全.新闻精品是这样采写成的[M].北京:新华出版社,2009.
[9] 陈信凌.新闻作品评析[M].北京:北京师范大学出版社,2011.
[10] 王灿发.新闻作品评析教程[M].北京:中国传媒大学出版社,2007.
[11] 夏琼.新闻评析[M].北京:高等教育出版社,2002.
[12] 钟瑛.网络新闻评析[M].武汉:武汉大学出版社,2010.
[13] 陈龙.新闻作品评析概论[M].2版.长沙:中南大学出版社,2009.
[14] 姚里军.中西新闻写作比较[M].北京:中国广播电视出版社,2002.
[15] 蓝鸿文,马向伍.新闻语言分析[M].北京:中国物资出版社,1989.
[16] 盛希贵.新闻摄影教程[M].3版.北京:中国人民大学出版社,2009.
[17] 王蕾.外国优秀新闻作品评析[M].北京:中国广播电视出版社,2000.
[18] 夏勋南.历史的瞬间——世界新闻摄影解读[M].长沙:湖南美术出版社,2011.
[19] 王卫明,倪洪江.通讯员新闻采写一本通[M].2版.北京:人民日报出版社,2018.
[20] 王卫明.中外新闻事业史[M].3版.北京:北京师范大学出版社,2021.
[21] 王卫明,倪洪江,蔡招娣.校园新闻实战手册[M].南昌:江西人民出版社,2011.
[22] 王卫明.慈善传播:历史、理论与实务[M].北京:社会科学文献出版社,2014.
[23] 王卫明.高级新闻采编实务[M].合肥:合肥工业大学出版社,2017.
[24] 王卫明.新闻传播学论文写作:理论、方法与案例[M].武汉:华中科技大学出版社,2020.
[25] 王卫明,万莉,蔡军剑.新闻标题制作一点通[M].北京:人民日报出版社,2020.
[26] 王卫明,等.使命与担当:党报角色新论[M].北京:中国传媒大学出版社,2021.

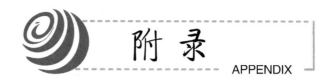

音视频资源

第三章　广播新闻作品赏析

《广播消息:5G 技术助力国产机器人完成全球首场骨科实时远程手术》
位置:第三章第二节　广播消息的赏析
作品链接:http://www.zgjx.cn/2020-10/14/c_139436330_2.htm

《新闻专题:复苏之路》
位置:第三章第三节　广播新闻专题的赏析
作品链接:http://www.zgjx.cn/2021-10/25/c_1310259832_2.htm

《新闻专题:瀚海追梦　留住绿洲》
位置:第三章第三节　广播新闻专题的赏析
作品链接:http://www.zgjx.cn/2021-10/25/c_1310259838_2.htm

《新闻特写:延期的高考,不延期的梦想》
位置:第三章第三节　广播新闻专题的赏析
作品链接:http://www.zgjx.cn/2021-10/29/c_1310275452_2.htm
　　　　http://www.zgjx.cn/2021-10/29/c_1310275452_3.htm

《广播评论:实现 500 亿目标　柳州螺蛳粉还需破解潜在危机》
位置:第三章第四节　广播评论的赏析
作品链接:http://www.zgjx.cn/2021-10/28/c_1310269365_2.htm

《广播评论:智能时代,如何让老年人跨越"数字鸿沟"?》
位置:第三章第四节　广播评论的赏析
作品链接:http://www.zgjx.cn/2021-10/29/c_1310275494_2.htm
　　　　http://www.zgjx.cn/2021-10/29/c_1310275494_3.htm

《系列报道:他们等不起,我怕来不及——发声者》
位置:第三章第五节　广播系列报道的赏析
作品链接:http://www.zgjx.cn/2020-10/16/c_139444762_3.htm
　　　　　http://www.zgjx.cn/2020-10/16/c_139444762_4.htm
　　　　　http://www.zgjx.cn/2020-10/16/c_139444762_5.htm

《系列报道:城市大脑的杭州实践》
位置:第三章第五节　广播系列报道的赏析
作品链接:http://www.zgjx.cn/2020-10/26/c_139467592_2.htm
　　　　　http://www.zgjx.cn/2020-10/26/c_139467592_3.htm
　　　　　http://www.zgjx.cn/2020-10/26/c_139467592_4.htm

《连续报道:水漫河堤、防汛一级应急响应,秦淮河大堤却被挖空建高档餐厅!》
位置:第三章第六节　广播连续报道的赏析
作品链接:http://www.zgjx.cn/2021-10/25/c_1310259846_2.htm
　　　　　http://www.zgjx.cn/2021-10/25/c_1310259846_3.htm
　　　　　http://www.zgjx.cn/2021-10/25/c_1310259846_4.htm

《连续报道:神秘"曹园"》
位置:第三章第六节　广播连续报道的赏析
作品链接:http://www.zgjx.cn/2020-10/14/c_139434385_2.htm
　　　　　http://www.zgjx.cn/2020-10/14/c_139434385_3.htm
　　　　　http://www.zgjx.cn/2020-10/14/c_139434385_4.htm

《广播新闻访谈:背着国徽去开庭　打通司法为民最后一公里》
位置:第三章第七节　广播新闻访谈的赏析
作品链接:http://www.zgjx.cn/2021-10/29/c_1310275380_2.htm
　　　　　http://www.zgjx.cn/2021-10/29/c_1310275380_3.htm

《现场直播:我们在一起——直击武汉紧急关闭离汉通道》
位置:第三章第八节　广播新闻现场直播的赏析
作品链接:http://www.zgjx.cn/2021-10/25/c_1310259806_2.htm

《广播新闻现场直播:中国之声嫦娥五号探测任务特别直播＜嫦娥再探月＞》
位置:第三章第八节　广播新闻现场直播的赏析
作品链接:http://www.zgjx.cn/2021-10/29/c_1310275358_2.htm
　　　　　http://www.zgjx.cn/2021-10/29/c_1310275358_3.htm

《广播新闻现场直播:泉州欣佳酒店突发楼体坍塌事故紧急救援现场直播》
位置:第三章第八节　广播新闻现场直播的赏析
作品链接:http://www.zgjx.cn/2021-10/28/c_1310269820_2.htm

《广播新闻节目编排:"战疫情"特别报道》
位置:第三章第九节　广播新闻节目编排的赏析
作品链接:http://www.zgjx.cn/2021-10/25/c_1310259685_2.htm
　　　　　http://www.zgjx.cn/2021-10/25/c_1310259685_3.htm

《广播新闻节目编排:声动福建》
位置:第三章第九节　广播新闻节目编排的赏析
作品链接:http://www.zgjx.cn/2021-10/29/c_1310275341_2.htm
　　　　　http://www.zgjx.cn/2021-10/29/c_1310275341_3.htm

第四章　电视新闻作品赏析

《贺兰山生态环境整治后　大批野生动物重回家园》
位置:第四章第二节　电视消息的赏析
作品链接:http://www.zgjx.cn/2020-10/14/c_139436533_2.htm

《习近平出席庆祝人民海军成立70周年海上阅兵活动》
位置:第四章第二节　电视消息的赏析
作品链接:http://www.zgjx.cn/2020-10/14/c_139436534_2.htm

《心守这方土——农民刘子青的舞蹈梦》
位置:第四章第三节　电视新闻专题的赏析
作品链接:http://www.zgjx.cn/2020-10/21/c_139451070_2.htm

《不要让群众在危房里奔小康》
位置:第四章第四节　电视新闻评论的赏析
作品链接:http://www.zgjx.cn/2020-10/21/c_139450808_2.htm

《大国工匠》
位置:第四章第五节　电视系列报道与连续报道的赏析
作品链接:http://www.xinhuanet.com//zgjx/2016-08/28/c_135640003.htm

《任正非:时下的华为》
位置:第四章第六节　电视新闻访谈的赏析
作品链接:http://www.zgjx.cn/2020-10/14/c_139436989_2.htm

《守卫蓝天 我是行动者——2019·共筑美丽家园》
位置:第四章第七节 电视新闻现场直播的赏析
作品链接:http://www.zgjx.cn/2020-10/21/c_139451444_3.htm
　　　　　http://www.zgjx.cn/2020-10/21/c_139451444_4.htm

《3·15特别报道》
位置:第四章第八节 电视新闻节目编排的赏析
作品链接:http://www.zgjx.cn/2020-10/14/c_139436987_2.htm
　　　　　http://www.zgjx.cn/2020-10/14/c_139436987_3.htm

第五章　新媒体新闻作品赏析

《扶贫日历——常坪村2020驻村蹲点报告》
位置:第五章第四节 网络新闻专题的赏析
作品链接:http://www.dzwww.com/2020/cpctprl/

《不朽的赞歌——纪念中国人民志愿解放军抗美援朝出国作战70周年》
位置:第五章第四节 网络新闻专题的赏析
作品链接:http://special.chinaso.com/kangmeiyuanchang/index.html

《十九大代表说|王民:要把自己放在既重要又平常的位置》
位置:第五章第五节 网络访谈的赏析
作品链接:http://news.cnr.cn/dj/20170921/t20170921_523959362.shtml

《家,告别悬崖》
位置:第五章第七节 网页设计作品的赏析
作品链接:https://topic.scol.com.cn/2020/20xyc/

《传家宝里的新中国》
位置:第五章第七节 网页设计作品的赏析
作品链接:http://www.iqilu.com/html/zt/other/chuanjiabao/

《H5〈铁血铸军魂〉》
位置:第五章第九节 H5新闻作品的赏析
作品链接:http://www.html5case.com.cn/case/cctv/5/

《"军装照"H5》
位置:第五章第九节 H5新闻作品的赏析
作品链接:https://www.html5case.com.cn/case/people-cn/81/index2.html

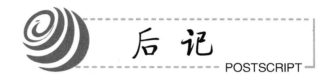

后记

对媒介新闻作品展开评析,这不仅是学习新闻业务的应行之道,也是重要的媒介批评话语实践。通过媒介批评实践,可促进新闻界进步,有利于产出更多的新闻佳作。临摹佳作是学习美术创作的规定动作,赏析甚至抄写优秀的新闻作品是学习新闻业务的捷径。善于向优秀作品学习的人,往往容易成为卓越的新闻传播人才。

出版与时俱进的新闻作品赏析图书,供新闻院系师生、新闻媒体人、各单位新闻通讯员参考和借鉴,是我们编写本书的初心。

本书在2017年第一次出版。随着时间的流逝,书中案例不免有些陈旧。新闻业界在不断涌现优秀的、创新性极强的作品,因此本书就有了这次修订——主要是更换书中作品案例及其评析。编写工作是浩繁的,但我们的初心不改。

本书在众人的共同努力下,顺利得以完成。其中,南昌大学王卫明教授、胡丹副教授(负责7万字)、黄晓军副教授(负责6万字)共同主编此书;南昌大学图书馆馆员曾绯(负责5万字)、河南工业大学副教授王继发、江西中医药大学讲师李婷玉、江西科技学院助教杨雅婷、江西省爱国卫生与健康宣传促进中心助理编辑李盼、中联农业机械股份有限公司徐玲玲、湖北第二师范学院副教授邓涛、萍乡学院讲师谢欢也为本书的编写贡献良多;南昌大学新闻与传播学院江宇婧、刘冬华、颜亮、李舒健、熊苗苗等硕士生负责全书优秀作品案例的搜集、整理与观点提炼工作。

感谢华中科技大学出版社提供再版的机会,感谢华中科技大学出版社周晓方、陈培斌、殷茵等工作人员对本书出版工作的支持。

本书引用了大量的新闻作品,也参考了众多研究者的研究成果,为节省篇幅而未一一列明出处,在此向这些作品的作者及其所属单位致谢。

本书是江西省教育科学规划课题"突发公共卫生事件中高校师生的媒介信息接触、认知与传播"(21YB009)和南昌大学校级"一流本科课程"建设项目(融媒体报道)的阶段成果。

但愿诸位读者开卷受益。

编者

2022年7月

与本书配套的二维码数字资源使用说明

本书部分课程及与纸质教材配套数字资源以二维码链接的形式呈现。利用手机微信扫码成功后提示微信登录,授权后进入注册页面,填写注册信息。按照提示输入手机号码,点击获取手机验证码,稍等片刻收到4位数的验证码短信,在提示位置输入验证码成功,再设置密码,选择相应专业,点击"立即注册",注册成功。(若手机已经注册,则在"注册"页面底部选择"已有账号? 立即注册",进入"账号绑定"页面,直接输入手机号和密码登录。)接着提示输入学习码,需刮开教材封面防伪涂层,输入13位学习码(正版图书拥有的一次性使用学习码),输入正确后提示绑定成功,即可查看二维码数字资源。手机第一次登录查看资源成功以后,再次使用二维码资源时,只需在微信端扫码即可登录进入查看。